刑事司法における
薬物依存治療プログラムの意義
「回復」をめぐる権利と義務

Yasuhiro Maruyama
丸山泰弘

日本評論社

はしがき

　本書は、2010年に学位請求論文として提出された「刑事司法過程における薬物依存治療プログラムの意義：『回復』をめぐる権利と義務」を加筆・修正したものである。本書では、薬物犯罪、特に単純自己使用と単純所持に対する薬物政策を概観し、アメリカ合衆国のドラッグ・コートを研究の比較対象としながら、「回復」の主体は誰なのかを検討した。

　薬物犯罪に対して厳格な対応がなされたことで、矯正施設の過剰収容の問題がもたらされ、個々人への有効的な処遇プログラムを行うことにも支障をきたしていた。これまでアメリカ合衆国の刑事政策を追随してきた国々は、新たな薬物政策を打ち出すようになった。それは、いわゆる医療モデルを喚起させるような、一方的な薬物治療を行う国もあれば、そういった医療モデルへの批判から「同意」を前提にした薬物政策を行う国など、薬物政策にはさまざまなアプローチの方法がある。

　日本の薬物政策もこれらの国と同様に岐路に立っている。より福祉的で医療的な薬物治療プログラムが導入され始めているが、その問題点が未検討であるように思われる。こういった状態のなか、日本は今後どのような薬物政策を採るのかが注目されている。今後採るべき日本の薬物政策は、国家から薬物治療プログラムが提供されることが必要なのではないか、それは一方的な押しつけではなく回復者自身の権利として行われるべきではないか、ということが本書の検討課題となっている。

　私が龍谷大学にて刑事政策ゼミに所属し、すぐに疑問を持ったのが、なぜ薬物の単純自己使用が罪になるのか説明が困難であるということであった。当時、関西で有名な刑事弁護人に、単純自己使用罪で逮捕された人から「な

ぜ処罰されるのか？」と質問をされたらどのように応えるのか質問をさせていただいたことがある。その回答は「法律がそうなっているからだ」と返事するとおっしゃった。「その法律が間違っているのであれば、それを指摘する必要があるのではないか」と、まだ10代で若かった私は、実務家ではなく薬物政策を考える研究者になろうと思い込んでしまった。

ゼミでドラッグ・コートについて報告をした時に、「本物も見ないで『ドラッグ・コートではそうなっている』と、なぜ言えるのか」とAPARI事務局長の尾田真言氏にご指摘を受けた。当時、日本語の紹介論文は2本ぐらいしかなかったため、「それならば、本物を見に行ってから報告しよう」と決めた。大阪ダルクの支援団体であるFreedomがドラッグ・コート見学ツアーを企画していた。私は初対面でありながら、学割で参加させて欲しいとお願いに行った。自分自身でも無理なお願いであると思っていたが、理事の谷口伊三美氏は、快く応じてくれた。私が21歳の時であった。それから、当時は大阪ダルクの加藤武士氏に出会い、そして京都ダルク設立のためのお手伝いも、私自身の研究の方向性を決めるのに大きな影響を与えている。

これまで研究を続け、本書を出版するにあたっては、多くの先生方にご指導・ご支援をいただいた。特に、龍谷大学においてご指導いただいた石塚伸一先生には、大学入学時から博士後期課程修了に至るまで、そして現在においても公私にわたりお世話になっている。ある研究会発表後に、ある方から「あなたの研究には将来性がない」といった趣旨のご指摘をされたこともあった。今となっては、刑事政策として研究職に就くことが時代的に困難であるという意味でのご指摘であったかと推測するが、その時はひどく落ち込んだのを覚えている。しかし、私自身が考えていること・興味があることを相談した際に、「それは、おもしろいな」と、いつも一番に言ってくださったのは石塚先生であった。この一言で、もう少し勉強してみようという気になれた。また、龍谷大学刑事法の先生方には村井敏邦先生をはじめ、多くの方々に公私ともに大変お世話になった。龍谷大学で素晴らしい先生方に出会い、刑事法を勉強できたことを誇りに思っている。

さらに、関西刑事法学では同一大学だけに縛られずに、関西の大学院生を関西の先生方で育てていくという素晴らしい研究体制がある。その1つが刑

法読書会である。私は、この刑法読書会にて多くのことを学び、貴重な経験をさせていただいた。故・中山研一先生をはじめ多くの先生方にご指導いただいた。

アメリカ合衆国での調査においては、Peggy Hora カリフォルニア州ドラッグ・コート元判事と Jeff Rosinek フロリダ州ドラッグ・コート元判事にご協力いただいた。両氏にはご自宅にもお招きいただき、楽しい食事をご一緒させていただいた。今では、両氏に日本の息子であるとまで言っていただき、私もアメリカの母と父のように慕っている。

本書の出版にあたって日本評論社の串崎浩氏と編集部の武田彩氏にも大変お世話になった。大幅な図表の差し替えにも、苦笑い１つで応じてくださった。また、自分でも見直すことが苦痛であった拙い文章に多くのご指摘をくださった藤井剛氏、そして紙幅の関係で、一人ひとりお名前を挙げることができなかったが、本当に多くの方々にお世話になっている。この場を借りて感謝の気持ちを表しておきたい。

さいごに、昨年に急逝した父、研究を続けることを応援してくれている母、誰にも相談できないささいな出来事も笑い飛ばしてくれる妻・貴永子、そして家族に自分の勉強中心に生きてきたわがままをお詫びしておきたい。そして、これからもよろしく。

2015 年 3 月

伏見とは一味違った星空が見える熊谷の研究室にて

丸山　泰弘

※　本書のもとになった研究にあたっては JSPS 科研費 23730075「ドラッグ・コート政策の意義と諸問題〜日本におけるハーム・リダクションのあり方」（若手 B：研究代表）の助成を受けた。また、本書の出版にあたっては立正大学石橋湛山記念基金出版助成を受けた。

《目次》

はしがき　*i*

はじめに　*1*

第1章　日本における薬物政策　*9*
一　はじめに――問題の所在　*9*
二　日本の薬物問題の概要　*15*
　1　概要　*15*
　2　覚せい剤取締法の立法経緯　*17*
　3　覚せい剤取締法とその改正　*19*
　4　検挙人員の変化――第1次乱用期から第3次乱用期　*20*
　5　4つの薬物乱用防止「五か年戦略」と政府の「行動計画」　*22*
三　刑事司法システムにおける薬物事犯処遇　*28*
　1　捜査段階――検挙人員の動向　*28*
　2　裁判段階――重罰化と過剰収容　*29*
　3　矯正段階――覚せい剤受刑者の処遇　*35*
　4　更生保護段階――薬物事犯の社会内処遇　*40*
四　近年における治療的薬物政策　*46*
　1　新しい処遇とその意義　*46*
　2　新しい処遇の問題点　*49*
五　薬物依存者に対する処遇理念の変化　*52*
　1　社会復帰理念の変化　*52*
　2　簡易薬物検査を活用した保護観察　*55*
　3　積極的な社会復帰の要請　*56*
六　民間団体が刑事司法手続に関与する理由　*59*
七　考察と小括――日本の薬物政策の問題点　*61*
　1　覚せい剤取締法の目的　*61*
　2　自己決定の位置づけ　*63*
　3　犯罪者処遇の理念の変化　*64*

第 2 章　アメリカ合衆国の薬物政策　*67*

- 一　はじめに——問題の所在　*67*
- 二　国際的動向のなかの薬物問題
  　——アメリカ合衆国がもたらした規制　*68*
- 三　アメリカの薬物政策とその帰結
  　—— the National Drug Control Strategy の薬物政策　*70*
  - 1　アメリカ国内の薬物規制の変遷　*70*
  - 2　米国薬物戦略　*73*
  - 3　「薬物との戦い（War on Drugs）」とその結果　*75*
- 四　薬物事犯　*77*
- 五　厳罰政策下の回復者支援団体の誕生と発展　*81*
  - 1　厳罰化のなかでの回復者自身の活動と国家による保護　*81*
  - 2　回復者自身の果たす役割　*84*
- 六　小括　*86*

第 3 章　ドラッグ・コート・ムーヴメント　*89*

- 一　はじめに——問題の所在　*89*
- 二　ドラッグ・コート　*91*
  - 1　ドラッグ・コート以前の薬物戦略——アンスリンガーの時代　*91*
  - 2　ドラッグ・コート以前の薬物戦略——薬物依存は罪でないと認めた判例　*93*
  - 3　ドラッグ・コートの概念　*95*
- 三　ドラッグ・コート・ムーヴメントの登場　*104*
- 四　問題解決型裁判所　*106*
- 五　治療的法学とドラッグ・コート・ムーヴメント　*109*
- 六　小括　*111*

第 4 章　刑事司法手続における処遇と同意　*115*

- 一　はじめに——問題の所在　*115*
- 二　処遇モデル論とドラッグ・コート型処遇　*118*
  - 1　医療モデルと司法モデル　*118*
  - 2　福祉モデルとドラッグ・コート型処遇　*120*
- 三　刑事司法手続における処遇　*123*
  - 1　人権保障　*123*

2　自由刑純化論と残された問題へのアプローチ　124
  四　刑事司法手続における同意　126
  五　強制による薬物治療プログラム　128
    1　直接強制と間接強制治療プログラムの区別　128
    2　「薬物治療プログラム」と「薬物検査」という間接強制　131
    3　間接強制の概念的問題　132
    4　間接強制の犯罪学的問題——次世代における薬物政策　137
  六　小括　140

第5章　処遇主体と同意——ドラッグ・コート型処遇モデルの諸問題　145
  一　はじめに　145
  二　処遇主体としての司法、医療と「本人を中心とした多機関連携」　148
    1　司法による処遇主体と「同意」　149
    2　処遇主体としての「医療」　150
    3　処遇主体としての「本人を中心とした多機関連携」　151
  三　ネット・ワイドニング論　154
    1　ダイバージョン概念の登場　154
    2　ダイバージョンの発展と本書での定義　156
    3　ダイバージョンに対する批判　157
    4　これまで対象とされてこなかった人へのネット・ワイドニング　160
    5　家族ないしは支援団体が請け負うことになるネット・ワイドニング　162
  四　刑事司法化する福祉と福祉化する刑事司法
       ——刑の一部執行猶予　163
    1　刑の一部執行猶予　163
    2　刑の一部執行猶予制度の概要　165
    3　制度導入の意義と問題点　168
    4　制度導入に伴う諸問題　171
    5　刑事司法の民間委託と通告義務　174
  五　小括　177

第6章　結論——刑事司法手続における薬物依存者の処遇　181
  一　ここまでの考察　181
  二　日本における近年の法改正と薬物政策の転換　183
    1　近年の薬物政策　183

2　近年の薬物政策の問題点　*184*
　三　**同意を前提にした薬物政策の問題点**　*189*
　　1　次世代の薬物政策　*189*
　　2　同意を前提にした薬物政策における問題点——間接強制問題　*190*
　　3　薬物治療プログラムによる監視　*191*
　四　**薬物治療プログラムの提案**　*192*
　　1　次世代の薬物政策における５つの要件　*192*
　　2　薬物事犯から見る刑事政策の変化　*195*

むすび　*199*

索　引　*206*

はじめに

　依存性のある薬物の規制が国際的に試みられたのは、1901年の上海阿片委員会（The Shanghai Commission）からである。法律によって規制することを推し進めたアメリカ合衆国内では、19世紀からすでに依存性の高い薬物が法律によって規制されていた。アメリカ合衆国によって先導して行われた薬物の廃絶運動は、1961年にニューヨークで結ばれた「麻薬に関する単一条約（Single Convention on Narcotic Drugs of 1961）」に結実するなど、全世界中に推し進められていった。その後、法律によって薬物を規制することから、むしろ、薬物を使用し続ける人は「病人」であり、それら薬物使用は病気であるとして、医療的な介入により治療が提供されるべきであるとの考え方が提示され、治療が優先されるようになる。また、1970年代に全盛期を迎えた医療モデルの登場とそこで展開されたのが社会復帰思想の台頭があった。しかし、この社会復帰思想に基づく刑事政策は、過度に長期間の国家による介入をもたらすこと、および治療が強制的に行われることから批判されるようになった。これら医療モデルへの反省から、厳格に公正に刑事政策が行われなければならないとして1980年代に司法モデルが支持されるようになる。司法モデルによって、裁判官の裁量による対象者に対する長期の介入問題は解消されたかのように思われた。

　しかし、一方的な国家による厳格な対応がなされたことによって、矯正施設の過剰収容の問題がもたらされ、個々人への有効な処遇プログラムを行うことにも支障をきたし始めたのである。そこで、1990年代後半から、これまで薬物犯罪に対してアメリカ合衆国型の刑事政策に追随してきた国々は、新たな薬物政策を打ち出すようになった。それは、再び医療モデルを喚起させるような、一方的な薬物治療を行う国もあれば、医療モデルへの批判から

「同意」を前提にした薬物政策を行う国などさまざまなアプローチの方法などであった。

　日本においては、アメリカ合衆国型の刑事政策の追随から他の国々でも生じた矯正施設の過剰収容問題と、それに伴い個々人への処遇プログラムにも影響が出ている。こういった状態のなか、日本は今後どのような薬物政策を採るのかが注目されている。

　本書では、以上のような現状のなか、次のことを明確にすることが目的となる。すなわち、今後採るべき日本の薬物政策は、国家から治療的なプログラムが提供されること。それは、回復者自身の権利として行われることを前提としなければならないこと。それら薬物治療プログラムは国家からの一方的な義務としての治療の強制ではなく、あくまで回復者自身の同意を元にして行われなければならないということである。

　第1章では、日本の薬物政策を概観することで以下のことを明確にする。すなわち、第1点は末端使用者への徹底した取締りが行われた結果、薬物依存者[1]が矯正施設に何度も入所する現状があることである。第2点は、そう

1　本書における「薬物乱用」、「薬物依存」、「薬物中毒」の意味については以下のとおりである。すなわち、「薬物乱用」とは、薬物を社会的規範から逸脱した目的や方法によって自己摂取すること。法律で規制されている薬物を1回でも使用することは「薬物乱用」である。例えば、未成年がタバコや酒を1回でも使用することは「薬物乱用」である。そもそも社会的規範という曖昧な概念がともなうために、国際的な基準（例えば、ICD-10など）には「薬物乱用」という用語は存在しない。次に、「薬物依存」とは、薬物乱用の繰り返しによって生じた状態のことであり、薬物摂取への渇望により自己のコントロールを喪失した状態のことである。WHOの定義によると、第1に「薬物による快感を得るために、あるいは周期的に薬物を使わずにはいられない状態であり、薬物の継続使用によって、自分ではどうしても薬物をやめられない状態」であるとする。さらに、薬物依存という概念は、身体依存と精神依存の2つに分けられる。身体依存とは、体が薬理作用に順応し、薬物が切れるとさまざまな症状を引き起こす状態を指す。身体依存になると、薬を絶つ時に身体的、精神的苦痛に耐えられずに薬物摂取を渇望するようになる。これはヘロインやアルコール依存症に多い症状である。一方、精神依存とは、薬物摂取に対するコントロールを喪失し、「やめたくてもやめられない」状態で薬物を使用してしまう症状のことである。いずれによる場合でも、薬物を手に入れるために行動するようになり、それは薬物探索行動といわれる。ほとんどの薬物依存は、この精神依存であり、先に例としてあげたヘロインおよびアルコールも精神依存を伴う。精神依存の代表格が覚せい剤である。さいごに、「薬物中毒」とは、急性中毒と慢性中毒とがある。急性中毒は、アルコールの一気飲みのように、薬物の直接的薬理作用による精神的・身体的異常状態であり、依存状態の有無にかかわらず、急性の中毒になりうる。一方、慢性中毒は薬物依存状態にありながら、薬物乱用を繰り返すことで生じる精神的・身体的

いった厳格に対応することによる重罰化がある一方で、これまで単純執行猶予になる対象者であっても特別遵守事項付の保護観察になる可能性が生じ、法改正などによる必罰化の現象があること。そして、第3点は矯正施設では、監獄法の改正により改善指導が義務化されたと議論されていること、および見守り型の保護観察から薬物検査を用いた監視型に変更することによる薬物依存者への処遇理念の変化が見られることである。上記はいずれも、国家による積極的な社会復帰の要請が押し付けられることから生じる処遇プログラムの強制が行われているという問題がある。

　第2章では、依存性の高い薬物に対し規制をすることで先駆け的な役割を果たしたアメリカ合衆国において、その明確な制度変更が行われるまでの歴史的展開を概観する。アメリカ合衆国では特にニクソン大統領が打ち立て1980年代のレーガン政権によって拡大された「薬物との戦い（War on drugs）」による大規模な薬物政策が展開されている。この薬物政策では、当時の社会復帰思想批判と時を同じくして、犯罪行為に対し厳格に対応する法律が次々と制定されていった。こういった犯罪に対して厳格に対応することでもたらされた問題は、矯正施設の過剰収容であり、伝統的な刑事手続から外すダイバートをしたとしても、国家からの介入を受ける対象者を大幅に増加させたことである。なお、アメリカ合衆国において注目すべきもう1つの点として、薬物犯罪に対しては厳格な取り扱いがなされるなかで、薬物問題を抱える依存症者に対しては、治療を行う制度およびそれらを支える回復支援者団体が大きく発展したという経緯を持つことである。これら回復者支援団体はサービスプロバイダとも呼ばれ、1990年代以降主流となる薬物専門

な異常状態のことである。その中毒症状が原因となった薬物の摂取を止めても自然回復は原則的に望めない状態である。医学的な側面からは、覚せい剤による幻覚妄想状態や有機溶剤による無動機症候群も、喫煙に伴う肝硬変や肺癌も同じ慢性中毒である。和田清『依存性薬物と乱用・依存・中毒～時代の狭間を見つめて～』（星和書店、2000年）2〜4頁、同「薬物乱用・依存の現状と鍵概念」（『こころの科学』第111号、2003年）19頁を参照。和田によると、幻覚・妄想などの覚せい剤精神病の症状は、3カ月以内の治療で約80％は治すことができるが、それら幻覚・妄想状態が治まったといっても、依存状態から脱したわけではないと指摘し、「薬物依存」と「薬物中毒」を分けて考えることを訴える。本書においても、基本的にはこれらを分けて考察し、やめたくてもやめられない状態として「薬物依存者」を対象とする。

裁判所（ドラッグ・コート）を支える重要なものの1つとなる。

　第3章では、アメリカ合衆国において一大ムーヴメントとして展開されるドラッグ・コートを中心に考察がなされている。ドラッグ・コートとは、1989年にフロリダ州マイアミ市で裁判官をはじめとする実務家が中心となって始められた薬物犯罪専門の裁判所である。薬物事犯者に対して、薬物テストや治療的な処遇プログラムを提供し、それらトリートメント修了時まで裁判所が関わるという制度である。アメリカ合衆国がドラッグ・コート制度を始めたことに注目する意義は、次のような点にある。すなわち、第1点は、伝統的な刑事司法手続において薬物犯罪として対応されることを選ぶのか、または薬物治療プログラムを継続的に受け、無事にプログラムを修了すれば罪としては問われないドラッグ・コート制度を選ぶのかを起訴される段階で本人が決められることである。そして第2点は、回復支援者団体がドラッグ・コート制度の中心的な役割を果たし、それら治療プログラムを提供することができることである。以上のように、ドラッグ・コートは、その本質を刑事司法として存在させながら、対象者の治療プログラムへの参加意思を前提にして開始される薬物政策であるということが明確となった。

　続く第4章では、これら薬物治療プログラムを受けることは、義務なのか権利なのかという問題について考察を行っている。いわゆる「受刑者」などの刑事司法制度の中に含まれる人びとは、拘禁刑および保護観察などの一定程度の自由の剥奪を含めた制限を受けると同時に、一般市民としての権利を有している。この2つの側面を有していることで当然に、刑罰によって直接的および間接的な制限を受ける一方で、人間の尊厳および幸福追求権並びに社会復帰をする権利を有している。つまり、社会復帰が前提とされるうえでの刑罰は対象となる人にとって、一過性のものに過ぎず、一過性のものである以上は、国家は個人の社会復帰を保障しなければならない。あくまで主体は治療プログラムを受ける人にあり、自由を奪うことで生じる弊害についての補償や、これら治療プログラムを提供する義務は国家にある。こういった治療機会の提供は国家の義務であるものの、強制的な押し付けになることは、医療的観点、福祉的観点、国際的拘禁制度の観点、および医療モデルでの歴史的観点から否定される。つまり、同意が前提となって初めて可能となるの

である。

　第4章では、上記のように「権利と義務」、「強制と同意」の関係性が土台となったうえで、たとえ、治療を受けることが権利として保障され、その治療プログラムを同意として開始されたものであるとしても次なる問題が派生することも考察を行った。それは、すなわち、「間接強制」の問題である。一般社会において薬物プログラムを受けるのか、伝統的な刑務所に収容されるのかという選択肢は、選択肢として存在せず、その治療プログラムは間接的な強制が用いられていることの指摘である。たとえ、治療的なプログラムが同意を前提に開始されようとも、これら間接強制の諸問題を念頭に置き、注意深く行われなければならないことが明確となった。

　第5章では、上記の関係を土台とした治療プログラムを行う処遇主体についての考察が行われている。たとえ同意を前提にした治療プログラムであっても、その処遇主体が「司法」であるのであれば、間接強制の問題は根強く、同意を前提にした治療が求められる以上、その運用には限界が生じる。その処遇主体が「医療」である場合、強制に行われる場合は医療モデルへの批判が考えられ、そして日本においては保安処分論への批判がある。一方で、同意を前提にした場合であっても、処遇主体が司法から医療になったところで、情報格差は当然に生じ、その背後にある権力性により同意が壊れやすい構造を持つ。そこで、その処遇主体を民間を含めた多機関の連携に求めた場合はどうであろうか。その治療プログラムが強制で行われる場合は、そもそも刑事司法制度のような特殊な権力関係を民間に委託することは不可能であるし、完全な民間であっても初期の治療共同体が暴力的な強制に陥る失敗を重ねてきた。しかし、これら対象となる人が主体となり、民間を含めた多機関の連携が主体となり、同意を元に行われることが、一貫した社会復帰への支援を重視したバランスのとれた薬物政策にふさわしいことを確認する。

　以上の考察により、第6章では、現在の日本の薬物政策が抱えている問題は、一方的な治療の強制であること、それらはそもそも同意を前提としないものであり、本来治療プログラムの提供は、回復者自身が権利として有しているものであることを確認する。さらに、それら治療プログラムの機会を得たとしても、それは押し付けによるものではなく同意が前提とされなければ

ならず、同意を前提にしたとしても間接強制などの諸問題をいかに解決するかが、次に採られる薬物政策にとって重要なことである。ただし、近年の医療的・福祉的側面を押し出した医療・福祉制度の刑事司法化や、医療・福祉施設が刑事司法の下請けとならないように注意を払うべきである。

　なお、本書は単純所持罪および単純自己使用罪についての刑法学的な考察は行っていない。しかし、ここで基本的な立場を示しておきたい。上記のように薬物依存症を病気であると捉えなおし、その病気に必要なのは刑罰ではなく、治療であると位置づける立場からは、単純所持罪および単純自己使用罪を非犯罪化し、刑事司法外での薬物治療が提供されるべきであると考えられる。特に、単純自己使用を犯罪として規定する国は多くなく、日本においても大麻取締法では単純使用については罰則規定がない。たしかに、刑事司法過程で治療を行うことの限界点が指摘され、それらを解決する方法の1つとして非犯罪化が選択肢の1つとなりうるように思われる。さらに、強制採尿などによる刑事訴訟法上の問題との関係で単純自己使用罪を犯罪行為として置いておくことの問題点なども挙げられよう。単純自己使用罪によって侵害される法益の面[2]からも単純所持罪の規定によって保護が図られる可能性がありえ、単純自己使用罪に関しては非犯罪化の検討がなされるべきである。しかし、単純所持罪については、依然として処罰規定を置いた刑事司法の問題で取り扱う必要性があるのではないかと考える。なぜならば、覚せい剤取締法の法律の目的は、「この法律は、覚せい剤の濫用による保健衛生上の危害を防止するため、覚せい剤及び覚せい剤原料の輸入、輸出、所持、製造、譲渡、譲受及び使用に関して必要な取締を行うことを目的とする」としており、厚生省薬務局麻薬課は「覚せい剤の濫用は、急性中毒時における錯乱、幻覚、妄想並びに、長期的継続使用により精神的依存を発現し、次第に幻覚・妄想を主とする精神病状態を引き起こすばかりか、廃薬後も、持続型精神病状態、再燃型精神病、不安神経症様状態、人格変化等の残遺症候群が残存する場合もあり、<u>使用者自身の精神や身体を蝕み、ひいては以下の覚せい</u>

2　厚生省薬務局薬務課「覚せい剤取締法」古田佑紀＝齊藤勲『大コンメンタールⅡ薬物五法』（青林書院、1996年）13頁における「第一章総則」を参照。

剤関連社会的障害を引き起こし、社会全体に甚大な被害をもたらすものである。本法は、こうした危害を防止するため、覚せい剤及び覚せい剤原料の輸入、輸出、所持、製造、譲渡、譲受、使用の各行為を原則的に禁止した上、研究と治療のために必要とされるきわめて限定された範囲内に限り禁止を解除するという非常に厳しい規制法制を採っている」（下線部は筆者）としている。つまり、覚せい剤取締法によって保護されるべき法益は、①個人的・直接的な保健衛生上の問題と、②社会的・間接的な保健衛生上の問題に対し及ぼす累積的な危害をその内容に含んでいるのである。①の観点からは、より治療的な介入が求められ、②の観点からは取締りの強化および社会防衛の観点から規制が求められる。これらの法益を保護するためには、単純自己使用罪における法益は、単純所持罪によっても保護することは可能であると思われるが、単純所持罪における法益は、第三者へと違法薬物そのものが譲渡されていく危険性を含んでいるために②の観点が依然として残り、本人への治療目的から非犯罪化することは困難であると思われる。そのために、単純所持罪については、自己使用のためだけの所持であるのか、第三者へと譲渡がありうる所持であるのかを区別するために所持量によって規制に方法を分けるという方法が検討されるべきである[3]。そして、第三者への譲渡といった可能性のない、単純自己使用のような依存症が原因となっている者に関しては、より治療的な介入が行われるべきであろう。

　以上のように、本書での基本的な立場としては、処罰よりも治療や回復プログラムが提供されるべきであるとの立場にあり単純自己使用罪は非犯罪化が望ましいと考える。しかし、単純所持罪についての介入の端緒として違法として取り扱い、自己使用目的である少量の所持であると判明すれば非刑罰化し、治療プログラムの提供がなされることが望ましいとの立場から考察を行う。

　たしかに、いわゆる責任能力との関係で上記の犯罪をどう構成するのか、

---

[3] ドイツでは大麻などのソフトドラッグに関して、自己使用目的での少量所持については、連邦憲法裁判所によって刑事訴追の免除の可能性が示され、後にドイツ麻薬罪法第31条aにおいて具体化されている。金尚均『ドラッグの刑事規制——薬物問題への新たな法的アプローチ』（日本評論社、2009年）23〜27頁。

治療が与えられる存在であるならば、なぜ犯罪になるのか等々の問題を法的解釈および立法によって考察することは重要である[4]。さらには1961年の麻薬に関する単一条約との関係もあり、これも別の機会に考察することとしたい。しかし、「やめたくてもやめられない」薬物依存症者は依然として実務においては再犯による厳罰化がなされる対象となっている。さらには、非犯罪化および非刑罰化政策を進める国においても、初めて薬物を使用する者への予防のため、国家が個人に介入する端緒となるため、等々の理由から所持については犯罪として規定がなされているのが現状である。上述したように、現在、日本はどのように薬物依存者に対して政策を採るのかという選択の時期にある。そのため、本書では、今後採られるべき薬物政策のあり方を考察することに重点を置き考察を進める。以上のことから、現在の違法薬物を規定する法律に示されていることを根拠に刑事司法で扱われる薬物は、違法なものであり、薬物使用は犯罪として扱われていることを前提に考察を行いたい。

　なお、DSM-5 によって「物質依存」というカテゴリーは削除され、従来の薬物依存症は「物質使用障害」として分類されるようになっている。これらのカテゴリー分けや文言の使用方法については、それぞれ説が分かれており重要な議論であるが、本書ではこれについての考察は行わず、「薬物依存症」で統一し議論を進めたい。

---

[4] 「精神保健及び精神障害者福祉に関する法律」の第5条では、精神障害者を「この法律で『精神障害者』とは、統合失調症、精神作用物質による急性中毒又はその依存症、知的障害、精神病質その他の精神疾患を有する者をいう」と定義している。本条文は2005年に改正され、精神作用物質による依存症も、その対象に含まれたのである。このように、医療現場では、薬物依存症に対する考え方を変え始めている。

第1章

日本における薬物政策

一　はじめに――問題の所在

　依存性のある薬物は、法律によって規制されているものだけではない[1]。最近では、精神科医療で処方される薬物の依存性が研究者を中心に問題視されるようになっている。近隣のドラッグ・ストアで購入できる市販の薬物でさえ、その副作用として依存症や中毒症状を引き起こすものが指摘されている。本書で取り扱う「薬物問題」は刑事司法手続における薬物事犯の問題であるが、「日本の薬物問題」という捉え方をすれば、それら現在は合法とされる薬物も範疇に入ることになる。これまでも司法の分野以外に薬物問題の解決策として、医療や福祉からのアプローチがあった。それらさまざまなアプローチを無視した状態で「日本の薬物問題」とはいえないかもしれない。

　しかし、国家的薬物政策である「薬物乱用防止五か年戦略」をはじめとして、内閣総理大臣を本部長とする薬物乱用対策推進本部が掲げる諸目標にお

---

[1] アメリカ合衆国の国立薬物乱用研究所（the National Institute on Drug Abuse: NIDA）では、2006年に全国50,000人以上の学生、400以上の学校を対象に調査を行った。その報告書によると、2006年の10代の若者たちについて薬物乱用に関するよいニュースと悪いニュースがあるとしている。よいニュースは、違法薬物使用者の減少が確認されたことであったが、それに対し、悪いニュースは、合法薬物（市販薬や処方箋）の使用者数が調査以来過去最高の数を記録したということであった。

いては次のような関係図から主目的が見えてくる。すなわち、関係機関に挙げられる各省庁などは、内閣府、警察庁、法務省、文部科学省、および厚生労働省の順に名が連ねられ、国としても捜査・取締と矯正・保護を優先に考えているように思われる。これらの現状からは、より「司法」、「医療」、および「福祉」のバランスが取れた制度を主張する必要がある[2]。

そこで、まず刑事司法の枠組みに囚われずに、日本全体での薬物問題はどうなっているのかを確認する。

司法の枠組みで処理されている検挙人員や矯正施設の新規受刑者人員として公式統計に表れる薬物事犯者とは別に、日本全体での薬物使用者の数を把握しようという試みがある。主なものに、国立精神・神経センター精神保健研究所の薬物依存研究部が行っている「薬物使用に関する全国住民調査」[3]、社会安全研究財団委託調査である「覚せい剤乱用者総数把握のための調査研究」[4] などがそれにあたる。

前者の「薬物使用に関する全国住民調査」は、厚生労働省科学研究費補助

---

[2] 例えば、石塚伸一は薬物対策の司法分野、医療分野、福祉分野での社会的コストの不均衡や、それぞれに分配されるダイバージョン制度を示している。石塚伸一「薬物対策のコスト・ベネフィット（対費用効果）——バランスのとれた薬物対策」石塚伸一編著『日本版ドラッグ・コート——処罰から治療へ』（日本評論社、2007年）236〜242頁。

[3] 平成19年度厚生労働科学研究費補助金（医薬品・医療機器等レギュラトリーサイエンス総合研究事業）「薬物乱用・依存等の実態把握と『回復』に向けての対応策に関する研究」研究報告書（代表：和田清）1〜21頁を参照。および平成25年度厚生労働省科学研究費（医薬品・医療機器等レギュラトリーサイエンス総合研究事業）「『脱法ドラッグ』を含む薬物乱用・依存状況の実態把握と薬物依存症者の『回復』とその家族に対する支援に関する研究」（代表：和田清）1〜17頁を参照。

[4] 統計数理研究所の田村義保を代表に1999年から2004年にかけて調査されたものである。特徴としては、その研究目的に「特に覚せい剤に焦点をしぼり、その情勢を広く一般的に訴え、薬物問題に対する認識を深めるための情報を集めることを目的としている。検挙人員の増加という事実から『乱用期』であると言うのではなく、世論調査を行い、実際に乱用者数が多いかどうかを推定している」としているように、暗数とされている実際の数の推定に着目している点が挙げられる。さらに違法薬物を対象としているために、調査に関係なく捜査機関に逮捕されることで調査者が恨みをかうことや、正直に常用していることを認める可能性も低いと考えられることから、「使用しましたか？」といったような直接的な質問ではなく、「使用している人を知っていますか？」という客観的に答えることが可能な質問用紙を作成し、実数把握に努めているところにある。社会安全研究財団のホームページから調査結果をPDFファイルデータで取得可能である。（2009年3月末日現在）http://www.syaanken.or.jp/02_goannai/05_yakubutsu/yakubutsu.htm

金により実施され、1992年から千葉県市川市を対象に開始されたのが始まりで、1995年以降からは隔年で全国住民調査として行われている。本調査では、精神科医を中心とした研究チームが中心となり、日本の薬物乱用・依存の実体を多面的に把握すること、乱用防止対策および薬物依存者対策の基本資料として使用されることを目的としている[5]。「飲酒生涯経験率」、「喫煙生涯経験率」、「精神安定剤の1年経験率」などを中心に調査が行われた。2013年に行われた本調査によると、特に、精神安定剤の経験率は、その増加を示しており、常備薬の1年経験率も風邪薬（65.1％）、鎮痛剤（60.8％）、目薬（49.5％）、湿布薬（45.1％）、胃腸薬（40.3％）の割合で高いことが指摘してされている。また、普段常備薬として使用する薬物であっても、覚せい剤や有機溶剤症例と比較して医薬品症例では「依存症例群」の占める割合が著しく高いことの報告がなされている。例えば、1954年にドイツで発売が開始された「リタリン」は、当初「うつ病、抑うつ性神経症」への効能として承認されていたが、その高い依存性と、幻覚・妄想状態やパニック状態を呈すこと、乱用目的での使用が見られるケースが増加したことが問題視されるようになった。その後、そういった効能からうつ病に関わる部分が一部削除されるなど流通管理が厳格化されている状態にある。このように、法律によって規制されている薬物以外にも依存性の高い薬物の問題性が指摘される。一方、2007年の調査では違法薬物についての聞き取り調査も行われており、大麻の生涯経験率が過去2番目に高かったことを受けて、薬物乱用情況が有機溶剤優位から、大麻優位に変化が見られるのではないかと推察をしている。また、2013年の調査では、「脱法ドラッグ」（2014年7月より「危険ドラッグ」という名称になった）を含めた薬物乱用・依存状況の実態把握に関する研究が行われ、次のように報告している。すなわち、違法薬物の使用経験については、初めて有機溶剤の乱用を抜いて大麻の使用が1位となり、同時に有機溶剤と並んで脱法ドラッグ（危険ドラッグ）が2位となった。同時に、初めての使用に至る年齢は40代がほとんどであるのに対し、脱法ドラッグ（危険ドラッグ）については、33.8歳と若いことが指摘されている。

5　前掲註3、3頁参照。

しかし、2007年の調査では研究チーム自身も認めていることであるが、第1次予防である啓発活動が進み、取締りの強化が叫ばれるなかで、回答者が本当に真実を答えるかには疑問がある。アンケート調査の協力を要請する説明文には、「ランダムに対象者が抽出されたこと」、「回収に関して特定することはできず、回答内容を知ることはできない」旨の記載をしている[6]が、特に違法薬物の1年経験者率に関しては、違法な薬物の使用を正直に答えられないという心理的問題が影響していることは否めないだろう。つまり、あくまで本調査は、合法であっても依存性の高い薬物の使用が増加していることや、それらの合法薬物を使用し続けることへの警鐘として集約されることになる。

　一方、上記のアンケート調査が抱えていた心理的な問題をよりクリアにし、世論調査によって実際の薬物乱用者の数を推定しようとしたものが社会安全研究財団（現日工組社会安全財団）委託研究調査を行った「覚せい剤乱用者総数把握のための調査研究」[7]である。本調査では、回答者自身に経験を直接尋ねるのではなく、「周りで使用する人がいると思いますか」というような質問に徹底している。あくまで「薬物使用した人を知っている人＝乱用者の数」という仮説を土台としてなされているものである。この調査によると、いわゆる違法薬物の乱用者は1998年の調査開始から調査が終了された2003年の調査までで、誤差は当然あるものの約100万人から約230万人になっていると推定し、乱用者対策に経費を投入する必要性を指摘している。違法薬物に対する質問であることから、直接的な質問形式ではなく、「使用者を知っていますか」という質問によるもので、薬物乱用者の数を推定することに努めており、対象薬物も覚せい剤に特化した質問になっている[8]。

　これら各調査が示唆しているのは、合法薬物であっても依存性の高いものがあり、それらの使用が増加傾向にあるということであった。そして、カッコつきではあるが、違法薬物の使用も増加傾向にあると考えることができる。さらに、現在は合法であっても、数年先には、何かの薬物法違反として刑事

6　前掲註3、83頁参照。
7　ウェブページにおいて、第1回から第6回㊊までのPDFファイルを参照することができる。
　　https://www.syaanken.or.jp/?cat=7　（2014年10月31日閲覧）

罰が設定される可能性もあることを考慮すると合法の薬物であっても依存性の高い薬物全体に目を向ける必要がある。

　現在では、特別刑法によって規制がなされていない薬物がある。むしろ、医療からの視点ではそちらの方が、日本の薬物問題として重要であるとの指摘があるであろう。それらの指摘は当然で、合法か違法かだけが問題ではないのかもしれない。その点から見れば、刑事司法にかかわる薬物使用者は全体の一部に過ぎず、その多くが刑事司法以外の問題として社会問題化している面もある[9]。

　しかし、本書では「刑事司法手続における」薬物問題に特化して考えたい。なぜならば、本書の問題関心は、国家と個人との間で刑罰の１つとして行われる「治療」にあるからである。一般社会の医療現場は、インフォームド・コンセントを用いた治療が、情報による格差があるとしても医療従事者と患者とに対等な立場で行われる。しかし、ひとたび刑事司法手続に組み込まれることで、治療は違法行為に対するサンクションとして行われることになる。ここに刑事司法手続における薬物依存者への対応の問題性が存在している。

　近年の国際的な違法薬物を取り巻く政策は変動しており、日本における薬物政策もそれら国際的な影響を受け「五か年戦略」をはじめとして、変化の兆しがある。法律で規制することによって司法制度に取り込むことがメインとなる薬物政策は、その規定や取締りが強化されるにつれて、医療よりも司法の問題として拡大されていった。その後、これら問題を解決するために世

8　あくまで「知っている人＝乱用者数」という仮説を前提とした推定であることを確認しておく必要がある。たしかに、本来ならば直接に「使用経験」を答える質問形式にするのが妥当かもしれない。しかし、公的もしくは完全に独立した第三者機関が、責任をもって、回答者の秘密を保持しつつ、司法捜査機関に情報が漏れないという保証を確保して、大々的に調査をすることで、初めてより具体的な推定が可能になる。また、国際的な調査方法としては、直接的な質問形式のものがスタンダードであり、国立精神・神経センターが行っている「全国住民調査」でも、直接的な質問を行っている。どちらの調査方法であっても、調査対象が違法薬物であるということから、正直に答えていない可能性はぬぐいきれない。

9　本田は、ドラッグ問題はニュースや新聞などで目に見える問題として表面化しているのではなく、当事者や家族が抱える問題が多く、そちらを無視したままでドラッグ問題を語ることに警鐘を鳴らしている。本田宏治『ドラッグと刑罰なき統制――不可視化する犯罪の社会学』（生活書院、2011年）

界中でさまざまな方法が採られるようになっている。例えば、治療的な関わりによって害悪を減らす政策に切り替えた国、裁判関係者の活動によって、厳罰化に一石を投じた国など、薬物問題に対する関わり方は、司法が役割の一端を担うことを前提としながらも、その介入および干渉の方法を変更している。どの国の薬物戦略を見ても、基本的には主要目的の中に「第1次予防」として、初回使用者への徹底した薬物指導が設定されている。この第1次予防への刑罰の効力を無視することは困難であり、薬物犯罪に寛容な政策を採るとされる国々であってもそれは変わらない。

つまり、厳罰ではなく治療を優先する国々であっても、初期使用者を使用させないようにする第1次予防のための目的は有しており、その後の介入の仕方が大きく厳罰志向の国とは異なる。使用者への介入端緒としてのみ薬物依存者が刑事司法手続に含まれるということになる。

一方で、医療の問題を考えると、いまや一般生活における薬物治療はもちろん、インフォームド・コンセントを用いたものが主流になっており、本人の治療意思に基づいた治療が行われることを前提としている。しかし、近年の刑事司法で扱われる薬物依存者への「治療」は、むしろ本人の意思に関係なく積極的に治療することが要求される。この傾向は、日本においても現れ始めている。前述のように「薬物問題」とは合法・違法に区別されるものではないが、筆者の関心は、ひとたび刑事手続に乗ることで、「社会復帰」が要請される薬物事犯者にある。ここに一般的な薬物問題として考えるのではなく、「刑事司法における薬物」に限定する意味が存在する。そういった立場にある薬物事犯者への積極的な社会復帰への要請と見られる薬物政策が近年行われるようになっている。

以下では、まず概要として刑事司法手続のなかにある薬物事犯者の人員および件数を概観し、法律によって規制されるに至った経緯から「五か年戦略」および「近年の薬物政策」の順に整理する。そして、次章以降の議論の土台となる今後の日本の薬物政策が向う方向性の推察と検討を行うこととする。

二　日本の薬物問題の概要

1　概要

　依存性のある薬物を法律によって規制する傾向は、日本から始まったものではない。アメリカ合衆国を筆頭とする国際的な統制が背景に存在する。すでに1907年に中国において「上海阿片委員会（The Shanghai Opium Commission）」が開催され、世界で初めての薬物に対する規制について国際的規模で議論がなされた。日本政府もその会議に出席をしている[10]。しかし、当初は、使用や所持を禁じようとしていたアメリカ合衆国の思惑とは別に、参加した国々の間では貿易や流通における規定を定めるものとして理解されていたようである[11]。ちなみに実質的に依存性のある薬物の所持を禁ずる規定をしたアメリカ合衆国のハリソン法は1914年に制定されている。

　日本において薬物乱用が社会問題化したのは第二次大戦後のことである。終戦時の混乱とともに社会問題として取り上げられた薬物の乱用は、現在も大きな社会問題の1つであり、『麻薬及び向精神薬取締法』（以下、「麻薬取締法」）、『覚せい剤取締法』、『あへん法』、『大麻取締法』そして『毒物及び劇物取締法』（以下、「毒劇法」）などの法律によって罰則を用いて規制されている（【表1　戦後の主な日本の薬物対策】参照）。

　これらいわゆる薬物五法といわれる法律によっていくつかの薬物が規制されているが、本書では日本の薬物問題として覚せい剤を中心に考察をすることにする。なぜなら、この半世紀にわたる薬物事犯の動向を検挙および送致[12]の人員からみてもわかるように、覚せい剤取締法違反の検挙人員数が他の規制薬物犯罪よりも著しく多い。2012年では、いわゆる薬物五法の検挙・送致の総人員を100％[13]とすると、覚せい剤取締法違反での検挙人員が

10　国際的な薬物規制の動きについて、詳しくは次章で触れる。
11　佐藤哲彦『ドラッグの社会学――向精神物質をめぐる作法と社会秩序』（世界思想社、2008年）149～151頁。
12　法務総合研究所編『平成26年版・犯罪白書』（2014年）によれば、2013年の覚せい剤取締法違反の検挙人員は11,127人、大麻取締法違反が1,616人、麻薬取締法違反が540人、あへん取締法違反が9人、毒劇法違反の送致人員が404人であった（178頁～179頁）。

【表1　戦後の主な日本の薬物対策】

年	【薬物対策に関する法制定及び対策】
1948年	大麻取締法及び麻薬取締法が制定される。
1951年	覚せい剤取締法が制定される。
1953年	麻薬取締法が制定される。
1954年	あへん法が制定される。
1955年	覚せい剤問題対策推進本部が設置される。
1962年	麻薬対策推進本部が設置される。
1970年	薬物乱用対策推進本部が設置される。本部長は総理府総務長官（現在は内閣官房長）。
1988年	国際連合条約締結【麻薬及び向精神薬の不正取引の防止に関する条約】。
1990年	麻薬取締法改正。法律名が「麻薬及び向精神薬取締法」に変更される。
1991年	国際的な協力の下に規制薬物に係る不正行為を助長する行為等の防止を図るための麻薬及び向精神薬取締法等の特例等に関する法律が制定される。【一般的には『麻薬特例法』】
1997年	薬物乱用対策推進本部が設置される。本部長は内閣総理大臣。
1998年	薬物乱用防止五か年戦略が制定される。
2003年7月	薬物乱用防止新五か年戦略が制定される。
2003年7月	薬物密輸入阻止のための緊急水際対策が制定される。
2003年12月	政府の犯罪対策閣僚会議「犯罪に強い社会の実現のための行動計画—『世界一安全な国、日本』の復活を目指して」に、薬物対策が重要施策として位置づけられる。
2006年7月	「薬物乱用防止新五か年戦略」及び「薬物密輸入阻止のための緊急水際対策」がフォローアップされる。
2008年	第三次薬物乱用防止五か年戦略が制定される。
2013年	第四次薬物乱用防止五か年戦略が制定される。
2013年	薬物事犯者に対する刑の一部執行猶予法が規定される。

82％、ついで大麻取締法違反が 11％、毒劇法違反が 3％、麻薬取締法違反が2％、あへん法違反が 1％未満となっている。本章に後掲されている【図1】のように、昭和 20 年代の戦争直後は覚せい剤事犯者の検挙数が約 55,000 人にまで達している。さらに、昭和 30〜40 年代の高度経済成長期には約 20,000 人に達した。これらを指して、前者は第 1 次覚せい剤乱用期とされ、後者は第 2 次覚せい剤乱用期とされた。1995 年ごろに再び検挙人員が上昇したことを受け、この時期は第 3 次覚せい剤乱用期と呼ばれている。1998 年には「薬物乱用防止五か年戦略」が策定され、その取締りが強化されており、取締り対象としても覚せい剤事犯に重きが置かれている。近年の大麻取締法違反で検挙される者の数が急激に上昇していることを鑑みても、依然として日本では覚せい剤取締法違反で検挙される者の数が圧倒的に多い。そのため、刑事司法手続における薬物問題を論じる本書では、「日本での薬物問題」として、特に言及がないかぎり、覚せい剤を中心に議論をすることとする。

2　覚せい剤取締法の立法経緯

覚せい剤であるメタンフェタミンは、長井長義によってエフェドリンから合成され、1893（明治 26）年に薬学雑誌に発表された物質である[14]。1935 年には医療用に臨床治療薬としてアメリカ合衆国で使用されたのが初めとされている[15]。日本では、1941 年にはメタンフェタミンが「ヒロポン」[16] などの

13　毒劇法についてだけが「検挙人員」でなく「送致人員」として犯罪白書に掲載される。犯罪白書によると「検挙人員」とは、「警察等が検挙した事件の数をいい、検察官に送付・送致した件数の他、微罪処分にした件数を含む」としている。一方、「送致人員」とは、「警察が送致・送付した事件の被疑者の数をいう」としている。この相違があることについて明確に記されていない。しかし、1 つの要因として少年事件がその 7〜8 割を占める毒劇法違反において、微罪処分を含む場合、その数は膨大に膨れ上がることから、毒劇法違反だけが「送致人員」として表示されることになっているのではないだろうか。石塚伸一『刑事政策のパラダイム転換』（現代人文社、1996 年）48 頁も参照。

14　長井長義博士（1845-1929 年）により麻黄研究物質第 33 号として合成された。一方、アンフェタミンは 1887 年にエデレモ（Edelemo）によって合成されている。嶋根卓也「コラム：覚せい剤を作った長井博士」石塚伸一編著『日本版ドラッグ・コート――処罰から治療へ』（日本評論社、2007 年）47〜48 頁。

【表2 薬事法に基づく規制措置】

1948年 7月	覚せい剤を「劇薬」に指定。
1949年 3月	覚せい剤の表示書の変更。
1949年 5月	覚せい剤が「国民医薬品集」から削除され、注射剤以外の製剤の製造販売中止。
1949年 10月	覚せい剤の製造全面禁止。
1950年 2月	覚せい剤を要指示医薬品に指定。

商品名で、アンフェタミンは「ゼドリン」などの商品名で市販されている。第二次世界大戦中は軍用目的としてのみ使用されていた。戦後は一般の薬局でも手に入る「疲労防止薬」として販売された。この自由販売政策が、戦後期に多くの依存症者を生み出す結果をもたらした[17]。

その後、『旧薬事法』[18]の下で覚せい剤は「劇薬」に指定され、取扱いや販売の面での規制が始められた。製造に関しては、厚生大臣からの製造許可制になり、同時に同大臣の定める基準を満たしていなければ、販売も認められないようになる。併せて、製造業者に対して覚せい剤の製造、販売が全面的に中止されるようになった。これら、規制による対処でも覚せい剤の乱用が収まらないことから、1951年に覚せい剤取締法が制定公布・施行[19]されることになる（【表2 薬事法に基づく規制措置】参照）。

---

15 藤原英俊「覚せい剤取締法」大久保一得＝山本健次＝森田成満編著『薬事関連法規・制度——薬と社会と法2』（法律文化社、2007年）148頁。
16 体のだるさを取り除き、目を覚まさせる」と謳われ大日本製薬（現・大日本住友製薬株式会社）から販売された。上記の長井博士は、当時この製薬会社で技師長を務めたこともある。
17 佐藤は、国会で審議がなされている時においても、なお覚せい剤の使用自体は問題視されていたわけではなく、密売や製造を取締ることが目的であったと分析する。アメリカがマリファナやコカインを規制するにいたった時と同様に、外部からの勢力を駆逐するために展開されたナショナリズムの影響が大きいと指摘する。（佐藤：2008年）前掲註9、174～178頁参照。
18 『旧薬事法』（昭和23年法律197号）。ちなみに、『旧々薬事法』（昭和18年48号）時代から、覚せい剤は、すでに劇薬に指定され販売・取扱いの面で規制が始まっていた。旧薬事法においても、その基本的な立場は維持された。
19 『覚せい剤取締法』（昭和26年6月30日法律第252号）。

3 覚せい剤取締法とその改正

　制定当時の覚せい剤取締法は、覚せい剤の使用を医療と学術研究とに限定し、それ以外の乱用を防止するため、「輸入」、「所持」、「譲渡」、「譲受」、「使用」などに禁止または制限を加えるものであった。現行法と比較するといくつかの相違があった[20]。その後、現行法に至るまで8次の改正が行われている（【表3　覚せい剤取締法の第1～8次改正の主な改正事項】）。

【表3　覚せい剤取締法の第1～8次改正の主な改正事項】

第1次改正	厚生省関係法令の整備に関する法律（昭和29年法律136号）によって、第29条が改正され、製造業の1ヶ月ごとの報告が4半期報告とする改正が行われた。
第2次改正	覚せい剤取締法の一部を改正する法律（昭和29年法律177号）によって、以下のような規定がなされた。すなわち、①禁止行為をした場合の法定刑を、3年以上の懲役又は5万円以下の罰金、情状による罰金の併科刑から、5年以上の懲役又は10万円以下の罰金、情状による罰金の併科刑に引き上げ。②営利の目的又は常習として禁止行為を行った場合の加重規定を新設し、7年以下の懲役又は情状により7年以下の懲役及び、50万円以下の罰金刑に処すことができるようにした。③覚せい剤の定義を、従来のものから政令で指定する物及び、その物を含有するものを含めた。④遺失物法の規定により保管する物件が覚せい剤である場合にその交付を受けるものがないときは、所有権を国庫に帰属する旨の規定を設けた。⑤15条3項違反（製造業者による指定数量以上の覚せい剤の製造）、20条1項ないし3項、5項違反（覚せい剤施用機関、研究者等による違法な覚せい剤施用）に対する罰則を新設した。
第3次改正	覚せい剤取締法の一部を改正する法律（昭和30年法律171号）として、以下のような改正を行っている。すなわち、①「輸出」を禁止し、その違反に対する罰則を輸入禁止違反のそれと同じとした。②覚せい剤原料の「製造」、「所持」、「譲渡」、「使用」などに対し規制を行い、罰則等を整備した。③常習として又は営利の目的で禁止行為をした場合の法定刑を7年以下の懲役又は50万円以下の罰金、情状による併科刑から、1年以上10年以下の懲役、情状により1年以上10年以下の懲役及50万円以下の罰金の併科刑に引き上げた。
第4次改正	遺失物法等の一部を改正する法律（昭和33年法律5号）として、遺失覚せい剤の帰属に関わる第22条の2の規定を廃止した。

第5次改正	薬事法（昭和35年法律145号）によって、新しい薬事法の制定に伴い字句上の調整を加えた。
第6次改正	許可、認可等の整理に関する法律（昭和45年法律111号）によって、国庫に帰属した覚せい剤に関する第27条の1部を修正した。
第7次改正	毒物及び劇物取締法等の一部を改正する法律（昭和47年法律103号）によって、従来薬物監視員が行っていた立ち入り検査や収去などを、麻薬取締官及び薬物監視員の中から厚生大臣又は都道府県知事があらかじめ指定する覚せい剤監視員が行うことにした。
第8次改正	覚せい剤取締法の一部を改正する法律（昭和48年法律114号）によって、以下のような改正を行った。すなわち、①覚せい剤原料に対する規制の強化、②覚せい剤及び覚せい剤原料の違反行為を「輸入」、「輸出」、「製造」と、「所持」、「譲渡」、「譲受」、「使用」とに二分し、それぞれの罰則を強化した、②覚せい剤原料に関しても営利の目的での「輸入」、「輸出」、「製造」、「譲渡」、「譲受」、「使用」した場合の刑の加重規定を設けた、③「輸入」、「輸出」及び「製造」について、その予備罪を罰する規定を設けた、④覚せい剤原料中のエフェドリン及びメチルエフェドリンの規制除外範囲を従来の50％以下から10％以下とした、⑤営利の目的により覚せい剤施用機関の医師が覚せい剤を不正施用した場合の加重規定を新設した、⑥覚せい剤又は覚せい剤原料の「輸入」、「輸出」、「製造」に要する資金、土地、航空機などを、その情を知って提供する行為を処罰する独立幇助犯の規定を新設した、⑦従来、覚せい剤の「輸入」、「輸出」、「製造」、「所持」、「譲渡」、「譲受」、「使用」については、常習犯、常習営利犯に対する刑の加重規定がおかれていたが、削除し、代わりに単純犯と営利犯のみとしたなどである。

注）古田佑紀＝齊藤勲編『大コンメンタール薬物五法Ⅱ』（青林書院、1996年）を参照。

4　検挙人員の変化——第1次乱用期から第3次乱用期

　覚せい剤事犯の歴史を振り返ると、1951年の覚せい剤取締法が制定されて以後、警察による取締りが始まった。ピーク時の1954年には検挙人員が

20　例えば、制定当初は、規制の対象物に覚せい剤原料が、対象行為に「輸出」が含まれていなかった。禁止行為（ここでいう「禁止行為」とは、覚せい剤の輸入・所持・製造・譲渡・譲受・使用である。）の法定刑は、3年以下の懲役または5万円以下の罰金、情状による罰金の併科刑と現在よりは軽かった。営利の目的の場合の加重規定や予備罪の規定、独立幇助罪や周旋罪の規定がなかった。また覚せい剤の「没収」の規定がなかった。

約 55,000 人に上るほどであった[21]。これが、第 1 次覚せい剤乱用期である。また、この時期においては国内で密造も行われていたが、原料の規制や取締りなどが行われたことにより 1957 年には 1,000 人を切るほどまでに減少した。その後 1970 年代ごろまで検挙人員は、つねに 1,000 人を切る平穏な状態であった。

ところが、1976 年に検挙人員が 10,000 人を超え、1984 年には約 24,000 人に達する。これが第 2 次覚せい剤乱用期である[22]。第 2 次乱用期において特徴的なのは、韓国や台湾などからの密輸が増加し、暴力団の資金源として密売されたことや、薬物使用者による事件[23]が起こったことなどが挙げられる。ここでも厳しい取締りが行われ検挙人員等若干の減少傾向が見られたが、乱用は完全に鎮静化したとはいえなかった。

さいごに、1989 年ごろから 15,000 人前後で推移してきた検挙人員が 1997 年頃に約 20,000 人に達する勢いで上昇したことを受けて、第 3 次乱用期と呼ばれるようになった[24]。第 3 次乱用期において特徴的なのは、韓国や台湾に加えて中国、北朝鮮において密造されたものが流入するようになったことが挙げられる。さらに、暴力団に加え、イラン人等の外国人の密売組織が増

21　後述の【図 1】参照。また、覚せい剤使用者への取締りが強化された背景として、覚せい剤使用者が殺人事件を起こしていることが新聞等で社会問題として取り上げられている。第 1 次乱用期とされる 1954 年においても、大きな社会問題となった事件がある。例えば、同年 4 月東京において、女子児童が覚せい剤使用者によって殺害された事件（いわゆる「鏡子ちゃん事件」）、同年 6 月大阪の中津運河において通りすがりの成人・子ども合わせて 6 人を覚せい剤使用者が次々と運河に突き落とし、そのうち子どもの 3 人が命を落としている事件などが厳罰化へと拍車をかけている。しかし、1950 年の富山化学事件の問題視のされ方から、その当時は覚せい剤使用者への厳罰というよりも、それらを供給する密売者などが所持をすることを禁じるための規定であって、使用者に向けられたのは、より後のことであると佐藤は指摘する。詳しくは、佐藤哲彦『覚醒剤の社会史――ドラッグ・ディスコース・統治技術』（東信堂、2006 年）332〜334 頁。

22　その原因として、覚せい剤やヘロインの密売で逮捕された暴力団員等が刑務所から出てきたことや、台湾や韓国で覚せい剤の密売が行われ、日本に配給するルートができたことなどを挙げるものもいる。山田好孝「薬物乱用防止対策の推進方策」（『警察学論集』第 53 巻第 5 号、2000 年）31 頁〜32 頁。

23　例えば、1981 年に起こった「深川通り魔事件」が、当時において薬物使用者の事件として大きく取り上げられ、社会問題になった。新聞各社はその裁判過程も取り上げ注目された。

24　1995 年から 1997 年まで 3 年連続で覚せい剤事犯者の検挙件数が増加し、年間 2 万人という大台に接近したことを受けて、1998 年に「第 3 次覚せい剤乱用期」への突入が宣言された。

加した。そして、中・高生を中心とする若年層にファッション感覚で乱用が広まったことなどが挙げられる[25]。

5　4つの薬物乱用防止「五か年戦略」と政府の「行動計画」

第3次乱用期の一刻も早い終息を目指して、1998年に「薬物乱用防止五か年戦略」（以下、旧戦略という。）[26]が、2003年7月には「薬物乱用防止新五か年戦略」（以下、新戦略という。）[27]が、そして2008年8月には「第3次薬物乱用防止五か年戦略」（以下、「3次戦略」）が、2013年には「第4次薬物乱用防止五か年戦略」（以下、「4次戦略」）それぞれ内閣総理大臣を本部長とする薬物乱用対策推進本部によって、政府の薬物対策基本方針として策定された[28]。同時並行的に、2003年12月には政府の犯罪対策閣僚会議が決定した「犯罪に強い社会の実現のための行動計画──『世界一安全な国、日本』の復活を目指して」（以下、行動計画という。）[29]においても、「組織犯罪等からの経済、社会の防護」の中の「薬物乱用、銃器犯罪のない社会の実現」の項（第4の2）で薬物対策を重要施策として位置づけている。

「旧戦略」と「新戦略」の違いは、「青少年における薬物乱用防止」でみられる。旧戦略で取り上げられていた青少年への啓発活動が見直しされたのである。つまり、実際には少年の覚せい剤事犯の検挙人員の約8割が児童・生徒ではない有職・無職少年であり、これまでの学校・教育機関を中心に行われていた教育・啓発活動に加えて、児童生徒以外への教育・啓発機会の確保が強調されたこと、および、薬物依存・中毒者本人の支援に加えて、その人たちの家族への支援が盛り込まれたこと、などが挙げられる。

25　第2次および第3次乱用期の原因については、「薬物防止五か年戦略」の中で取り上げられている。詳しくは、註26のウェブサイトを参照。
26　下記の薬物乱用対策推進本部のウェブサイトを参照。http://www.kantei.go.jp/jp/singi/yakubutu/980701yakubutu.html
27　下記の薬物乱用対策推進本部のウェブサイトを参照。http://www8.cao.go.jp/souki/drug/sinsenryaku.html
28　薬物乱用対策推進本部は、本部長を内閣官房長官として1970年に設置され、1997年に本部長を内閣総理大臣へと格上げしたことに伴い、改めて設置された。
29　下記の犯罪対策閣僚会議のウェブサイトを参照。
http://www.kantei.go.jp/jp/singi/hanzai/kettei/031218keikaku.pdf

さらに、薬物乱用対策推進本部は「新戦略」に、覚せい剤の大量押収が続いている海路での密輸入を阻止するための施策をまとめ、「薬物密輸入阻止のための緊急水際対策」を策定した。これらを受けて、警察は、「警察の行う薬物対策の大きな柱は、『供給の遮断』と『需要の根絶』である」[30]としている。

　2003年に打ち出された「行動計画」は、「国民の治安に対する不安感を解消し、犯罪の増勢に歯止めをかけ、治安の危機的状況を脱する」という目標を持って、次の３つの視点からそれを推進しようとするものであった。すなわち、「国民が自らの安全を確保するための活動の支援」、「犯罪の生じにくい社会環境の整備」および「水際対策を始めとした各種犯罪対策」である。行動計画では上記の３つの視点を前提としつつ、５つの重点課題を設定し、「行動計画」が策定された。この５つの課題の中の「組織犯罪等からの経済、社会の防護」において「薬物乱用、銃器犯罪のない社会の実現」として、薬物問題が重要施策として挙げられている[31]。

　そこで、薬物対策について「第４　組織犯罪等からの経済、社会防護」の中の「２　薬物乱用、銃器犯罪のない社会の実現」とする一項で薬物問題に関する箇所を取り上げてみると以下のように示されている。

　「啓発の充実等による青少年の薬物乱用の根絶」、これは青少年に対する薬物乱用防止教育を充実するとともに、各種啓発活動の全国展開等薬物乱用の根絶等を訴える広報啓発活動を効果的に推進することとした。「薬物密売組織の壊滅」、これは麻薬特例法などを活用して、組織中枢に位置する者に対する取締り、厳正な科刑の獲得など総合的な組織犯罪対策を推進することに

30　なお、その具体的な活動の中身として、次のように挙げられている。すなわち、供給の遮断については「国際的な情報収集」、「水際での薬物流入の阻止」、「密輸・密売の組織壊滅」であり、需要の根絶として「末端使用者の徹底検挙」、「広報・啓発活動」、そして国際対策の推進として「薬物犯罪取締セミナー；これは、国際協力機構（JICA）との共催で、捜査技術の研修、情報交換などを行い、毎年世界各国の薬物取締担当官を招いて開催している。」、「国際薬物分析情報システム構築のための調査研究」、「JICA専門官の派遣」などである。

31　５つの重点課題は、第１「平穏な暮らしを脅かす身近な犯罪の抑止」、第２「社会全体で取り組む少年犯罪の抑止」、第３「国境を越える脅威への対応」、第４「組織犯罪等からの経済、社会の防護」、第５「治安回復のための基盤整備」である。また、それぞれに個別具体的な説明が加えられている。

より、薬物密売組織を壊滅させるとした。「末端薬物乱用者の取締りの徹底」、これは薬物の密売を支える需要を生み出している末端乱用者に対する取締りを徹底するとともに、相談活動を充実するなどの末端乱用者の薬物への依存を断たせるための取り組みを強化するとしたものである[32]。「薬物密輸の水際での阻止」では関係機関が連携して、港や空港等における監視体制の強化、密輸組織・密輸ルートの解明等に取り組むことにより、薬物の密輸を水際で阻止することとした。「薬物対策に関する国際協力の推進」では、日本への薬物の供給源となっている密造地域等における取り組みへの支援を強化し、世界的な薬物乱用問題の解決に積極的に貢献するとした。「治療、社会復帰支援による薬物乱用の防止等」は、薬物中毒者等の治療、相談体制の充実、保護観察対象者に対する事案に応じた簡易尿検査の実施等により薬物中毒者等の社会復帰を支援するとともに、その家族を対象とした相談体制を充実させるなど、再乱用の防止のための取り組みを強化するというものである。「いわゆる脱法ドラッグ対策の推進」は、使用しても法令に抵触しないとして堂々と販売されている脱法ドラッグについての監視や製品買い上げ分析調査などを実施し、必要なものについて麻薬等への指定を行うといったものであった。

　2008年の「第3次戦略」が策定される前に、以上のようないくつかの施策が採られていることが確認された。これらからは薬物犯罪に関する国の政策が、大きく2つの視点から行われているのがわかる。すなわち、薬物密売組織の壊滅や水際での密輸入を阻止する「供給側中心の政策」と、青少年等への啓発活動や徹底した末端薬物乱用者の取締り、治療・社会復帰支援による薬物再乱用防止を行う「需要側の政策」である。

　しかし、いずれの施策においても取締りを強化することが掲げられ行動に移されているが、薬物依存症という病気をケアするという姿勢は見ることは困難であった。そもそも、矯正施設のような物理的に薬物を入手できない状態での不使用が続いているだけで、依存症そのものの治療が十分に行われて

---

[32] 相談活動の中身として、薬物自己使用者の検挙といった司法寄りの中身から治療に向けた医療寄りのアドバイスや、更生施設の紹介といった福祉的なものなど、さまざまな相談がありうるが、ここでいう相談活動とは、薬物事犯者の捜査の端緒としての相談活動であると考えられる。

いない状態であった。いずれは、矯正施設から出所し、薬物が物理的に存在する社会内においても使用しないことを目指すのであれば、薬物依存症からの回復を目指す専門的で医療的な支援が施設内でも必要であろう。併せて、世界的にその効果が期待されている薬物使用からの離脱の手段として治療共同体や自助グループなどの活動とそのサポート体制も不十分なままである。そして福祉的な援助の側面も圧倒的に不足している状態にあるといえる。戦略の施策として相談活動を充実させるとしているが、例えば精神保健福祉の相談窓口で相談を受けた担当の者がその後の対応として使用できる方法は限られており、回復に向けた支援は絶対的な不足状態にある。

　上記の政策には構造的および本質的欠陥がある。その理由としては、徹底した取締りや啓発活動では、薬物を初めて使用する者や、まだ依存症になっていない者に対して第1次的な予防の役割を果たすことがあるかもしれないが、依存症という症状に対してはあまり意味があるものだとはいえない[33]。たとえ、相談活動などを踏まえた、使用者の再乱用を防止することを戦略などとして掲げても、取締りに偏った政策のままで薬物依存症を支援する医療的側面と福祉的側面が欠けていれば、再乱用を防止するには困難であろう。

　そういった問題を抱えていたが2008年に策定された3次戦略は、少しずつではあるが、国際的な薬物戦略とのバランスや日本の薬物戦略の方向性が示されつつあるように思われる[34]。具体的な提案においても「旧戦略」および「新戦略」とは異なる方向性が見て取れる。3次戦略におかれる基本目標は「再乱用防止等に向けた行政機関及び民間団体の間の連携の強化」、「組織犯罪対策の効果的な推進」、および「密輸動向に応じた的確な対処」の3点を取上げ、これまでの徹底した取締りから、乱用防止支援にも重点を置くことを定めている。もちろん、戦略目標を見ていくと、①「青少年による薬物乱用の根絶及び薬物乱用を拒絶する規範意識の向上」としており、依然とし

---

[33]　そもそも重複障がいや激しい躁鬱から覚せい剤使用に至った人への支援は薬物乱用防止五か年戦略からは見えてこない。初期使用を防止するためなのであれば、啓発活動だけでなく、これらの症状によって覚せい剤を使用するに至った/至る可能性のある人への支援も「第1次予防」であるはずである。

[34]　拙稿「薬物乱用防止五か年戦略の成果と課題——医療化・福祉化の先にあるもの」『現代思想』（青土社、2010年）209〜217頁。

て最優先課題は第1次予防においている[35]。しかし、引き続き①と同等のレベルで、②「薬物依存・中毒者の治療・社会復帰の支援及びその家族支援の充実強化による再乱用防止」することが目標の1つ目に掲げられている[36]。明文として薬物依存症の治療と社会復帰は連続した流れの上にあること、その社会復帰は依存症の治療と不可分であることが記されており、民間の薬物依存支援団体等との連携を持って実施することが謳われている。国際的にも再乱用防止に向けた支援が国家的薬物戦略として、目標の2番目に掲げられていることから、これによって戦略は回復への支援という点で国際的な標準に並んだようにも思われる。さらに、厚生労働省が中心となり治療方法の研究の推進をすることも盛り込まれている。ただし、3次戦略には相談体制の充実が記されている箇所で中心となる関係省庁を見ると、内閣府の次に、警察庁、文部科学省、厚生労働省の順に記されており、依然として捜査機関を重視した相談窓口の設定であるかのようにも見える。ただし、すでに3次戦略が出される直前に相談窓口業務の必要性を認識していた厚生労働省によって、「薬物問題　相談員マニュアル」が各精神保健センターや役所の相談窓口で対応する人びとへの対応の仕方について記されたマニュアルが示されていた。これは、警察以外の各施設において、相談員が薬物問題を抱えて相談に来る人びとにどのように対応すればいいのか、厚生労働省としての指針を出しているものであり、その中身は大変興味深い。薬物依存とはどのような病気なのかが丁寧に記されており、医療と司法の間で悩む相談員に対して、まず、医療に繋がるように相談に応じるように説明されている。もちろん、他害行為が発生している場合など刑事司法を優先した方がいい場合もマニュアルに紹介されている。しかし、違法薬物の使用が疑われる対象者に対し、医療に繋げることが優先されるのか、違法行為であるために各地方自治体での相談窓口における公務員であるならば捜査機関への通報を優先しなければ

35　国家戦略として主要目的の1つに第1次予防を設定することは次章以下でも確認していくように、薬物犯罪に対して寛容な政策を採るといわれるような諸国においても主要課題としていることから、国際的な標準であるといえる。

36　新戦略は、2番目に末端乱用者の取締りの徹底が謳われていた。ちなみに、依存者支援は目標の4番目に設定されていた。

ならないのではないか、という迷いを抱えていた相談員に厚生労働省として具体的な指針を示したのである。ちなみに、基本的には、厚生労働省が管轄する相談窓口で取り上げられる「届出」における義務とは、基本的には都道府県知事への届出義務であって、警察署への通報義務をさしているわけではない。つまり、ここでいう届出義務とは、依存症者に対する医療的保護にあるとしている。事例ごとにその選択が迫られることになるであろうが、警察にしか相談先がなく家族を裏切ることになるのではないかと迷う家族であっても、まずは相談できる体制を作ろうとしている厚生労働省の努力が窺われる。

　2013年には4次戦略が策定された。3次戦略までとの違いは以下のような点にある。まず、目標1として「青少年、家庭及び地域社会に対する啓発強化と規範意識向上による薬物乱用未然防止の推進」を掲げている。これは従来のものとの大きな違いが見られないが、いわゆる「脱法ハーブ」の文言が記されるようになり、多様化する薬物乱用に対する啓発が謳われている。次に、目標2は「薬物乱用者に対する治療・社会復帰の支援及びその家族への支援の充実強化による再乱用防止の徹底」である。こちらは、使用者へのサポートの面で厚生労働省をはじめとする諸機関が、本人だけでなく家族支援を行うことや、脱法ハーブなどの多様な薬物使用に対応するように記されているのが従来との変更点であろう。目標3は「薬物密売組織の壊滅、末端乱用者に対する取締りの徹底及び多様化する乱用薬物に関する監視指導等の強化」としている。ここでも、脱法ハーブに関する指摘が記載されるようになっている点が従来よりも強調されているが、基本的に末端使用者への取締りを徹底するという姿勢は維持されている。そして、目標4は「水際対策の徹底による薬物の国内流入の阻止」とし、目標5は「薬物密輸阻止に向けた国際的な連携・協力の推進」である。

　3次戦略および4次戦略には、薬物依存症の治療と社会復帰は一連の流れの上にあること、その社会復帰は依存症の治療と不可分であることが明記され、民間団体等との連携を持って実施することが謳われている。これらを元に、以下で述べるような新たな薬物政策が展開されることになっていく。

　次に、薬物事犯の捜査、矯正および更生保護について（主として、覚せい

剤事犯)、その実態を確認し、近年の薬物政策を概観することとする。

三　刑事司法システムにおける薬物事犯処遇

1　捜査段階——検挙人員の動向

　まず、覚せい剤取締法違反による検挙人員の推移【図1】を見ると、1988年以降は2万人を下回っており、2000年以降は減少を続けている。その理由として、薬物政策の効果が出ているとするのは早計である。その他の薬物犯罪の検挙人員【図2および図3】を見てみると、大麻取締法違反で検挙される者が1,500人ほど（検挙者数の最高値は2009年の3,087人）であることや、押収量に目を向けると覚せい剤は大小の波があるものの、MDMA[37]等の錠剤型合成麻薬の押収量は、2007年には1,278,354錠もの合成麻薬が押収されているのである。覚せい剤取締法違反での検挙人員が減少する一方で、覚せい剤に代替する薬物への移行が背後に存在しているといえるのではないか、と推測されている。また危険ドラッグの問題も課題であろう。

　さらに、旧戦略および新戦略によると「供給側の政策」および「需要側の政策」が、日本の薬物政策の2大柱であったはずである。ところが、覚せい剤取締法違反の違反態様別検挙人員についていえば、営利犯を除いた単純自己使用者と単純所持者が総数の約9割を占めており[38]、末端使用者への取締りに偏っているようにも見れる。当然に、母数が異なるので使用者の検挙人員が多くなることはありえるが、後述のように使用者に厳罰でもって対応することの問題を引き起こすこととなる。

---

[37]　MDMAは「エクスタシー」と呼ばれることもあり、覚せい剤類似の薬理作用を目的として合成された薬物である。実際に発売されるには至らなかったが、当初は「やせ薬」として開発され、後にダンスパーティーでの使用を目的とした若者を中心に服用されるようになる。日本においても、ここ数年で大幅に押収量が増加しているが、その背景として注射器を使用する必要がなく、ほとんどが錠剤であるため、その気軽さから手を出すものが増えていることが原因の1つであると考えられる。

[38]　例えば、前掲註（12）白書によると、2013年の覚せい剤取締法違反の違反態様別検挙人員では、総数が10,909人であるのに対し、営利目的を抜いた単純自己所持が3,658人、単純自己使用が6,178人であり、90％を占めている。

図1　覚せい剤取締法違反の検挙人員

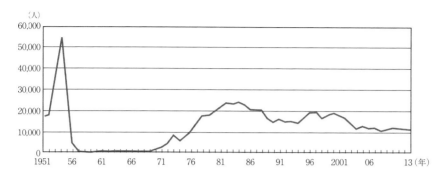

注）　法務総合研究所『犯罪白書』（「薬物犯罪」の節および巻末資料）による。

図2　麻薬取締法・あへん法違反・大麻取締法違反の検挙人員

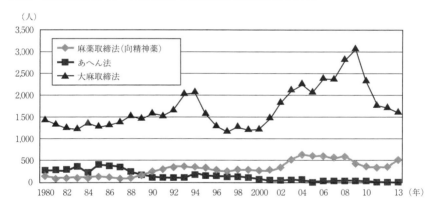

注）　法務総合研究所『犯罪白書』（「薬物犯罪」の節および巻末資料）による。

2　裁判段階――重罰化と過剰収容

　2000年代に矯正施設における過剰収容が切実な問題となった[39]。既決収容者について見れば、2000年に収容率が100％を超え、それ以後数年間にわたり100％を超えた状態が続いていた。2007年にようやく93.5％に減少したのである（【図4　矯正施設の収容率】参照）[40]。しかし、収容率が下がったことが、矯正施設における過剰収容問題の単純な解決になっているかどうかに

図3　毒劇法違反の送致人員

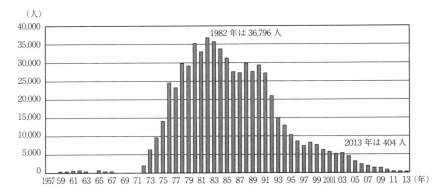

注）　警察庁『犯罪統計書』（「法令別送致件数及び送致人員」）による。

は疑問がある。従来の矯正施設から人員が減少しただけでなく、全国4箇所に新たにPFI刑務所が設立されたことや、本来なら拘置所に収容されるべき被疑者および被告人の段階の人が警察の留置場に留め置かれるいわゆる代用監獄の多用が頻繁に行われていることなどが指摘される[41]。

　1990年代前半には一定数を保っていた収容率は、90年代後半から一気に増加傾向に転ずる。この原因は、さまざまな指摘がありうるだろうが、薬物犯罪の影響もその一端を担っている。それを確認するために実際に収容されている人を罪種別で見てみる。年末受刑者の割合を罪種別で見てみると、窃

39　過剰収容の定義については、収容定員を超えている場合を過剰収容とする。日本においては、最大収容能力が、そのまま定員となっているが、その中には、通常の収容で使用する以外の部屋（教室や病室など）を含んでいる。そのため、収容率が100％であるといった時点で、限界収容数を超えた収容であると考えられる。詳しくは、浜井浩一「過剰収容の本当の意味」（龍谷大学矯正・保護過程委員会編『矯正講座』第23号、2002年）79〜137頁所収〔79〜81頁〕参照。
40　法務総合研究所編『平成17年度版・犯罪白書』（国立印刷局、2005）、98頁。また、法務総合研究所編『平成16年度版・犯罪白書』（国立印刷局、2004）は、24年ぶりに犯罪者の処遇を特集テーマとして取り上げ、矯正・保護の現状と課題について、さまざまなデータを提示しながら検討を加えている。
41　石塚伸一「『刑事訴訟実務入門』——研究者がなぜ弁護士をするのか？」（『法学セミナー』第652号、2009年）43頁。

図 4　矯正施設の収容率

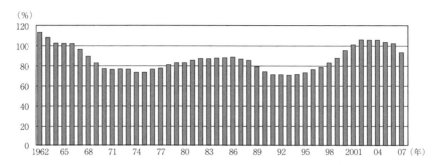

注）　矯正統計年報（概説「収容率の推移」）による。

盗（約 25％）が一番多く、次いで覚せい剤取締法違反（約 18％）である（【図 5】）参照[42]。この後に、強盗致死傷、詐欺、殺人と続くが、これらは約 5％を占めている程度である。窃盗や覚せい剤取締法違反と他罪との比較として、無銭飲食が含まれる詐欺は、不景気や高齢者の問題の影響を受け数そのものが多いこと、殺人や強盗致死傷は言渡される刑期そのものが長期に及ぶものであることから年末受刑者に占める割合が上位にくることが予想される。逆に、長期の執行刑が少ない窃盗と覚せい剤取締法違反の 2 罪が上位を占めているということは、窃盗と覚せい剤取締法違反者が全体数そのものが多いことが予想される。

　そこで、次に、新規受刑者における割合を罪種別で見てみる【図 6】参照。窃盗（約 32％）が一番多く、次いで覚せい剤取締法違反（約 20％）が続いている。その他では、詐欺（約 8％）、傷害（約 5％）、自動車運転過失致死傷罪（約 2％）などである。やはり、新受刑者でみても窃盗罪および覚せい剤取締法違反が占める割合が多く、これらが受刑者人口に与える影響が大きいものであるといえる（【図 6】を参照）。上記の仮説通りに窃盗罪と覚せい

---

[42] 上位の数罪は変動がないが、4 位や 5 位にくる罪種は年によってわずかな数字の変動によって変わる。ここで問題となっている上位 2 罪、つまり、窃盗と覚せい剤取締法違反は、約 20 年以上変動がない。ちなみに、2013 年の年末受刑者の総数は 55,316 人で、順に 14,972 人（窃盗）、13,893 人（覚せい剤取締法）、4,256 人（詐欺）、3,607 人（殺人）、3,371 人（強盗致死傷）である。

図5　年末受刑者における罪種別人員の割合（2013年）

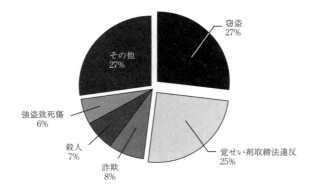

図6　新規受刑者における罪種別人員の割合（2013年）

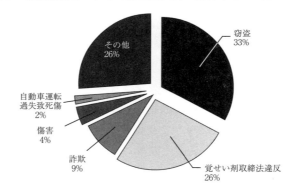

注1）　平成25年・矯正統計年報（「年末所在受刑者の罪名」）による。
注2）　平成25年・矯正統計年報（「新受刑者罪名別人員」）による。

剤取締法違反で矯正施設に入所する人の数は、母数そのものが多いということになる。

　ここで、もう1つ確認が必要なことは、覚せい剤取締法違反の検挙人員は減少傾向にあるにもかかわらず、年末受刑者に占める覚せい剤取締法違反者の数が多いということである。覚せい剤取締法違反をとりまく状況になんらかの変化が生じている可能性がある。

　それをもっとも顕著に表しているのは、通常第一審事件の有罪（懲役）人

員の科刑分布である。窃盗罪は、(【図7】を参照）図7が示すように、絶対数そのものが増えて過剰収容に影響を与えていたのに対し、覚せい剤取締法違反について科刑分布の推移を見てみると、1980年ごろまでは約70％の者が1年未満の実刑であったものが急激に減少し始め、近年では1年未満の実刑はあまり言渡されていない（【図8】を参照）ことが確認できる。それに対し、1年以上の実刑や3年以上の実刑が増えており、特に2年以上の実刑が急激に増えている[43]。覚せい剤取締法違反については、総数そのものが減少傾向にある一方で、言い渡される刑期が長期化しているために、矯正施設被収容者の数に影響を与える。ただし、これだけを持って一概に「厳罰化」が進んでいるとはいえない。なぜなら、覚せい剤事犯者の執行猶予率は高く、実務において初犯であれば執行猶予がつきやすいといわれているからである[44]。しかし、効果的な処遇が行われずに再犯をするケースが多い覚せい剤事犯であるだけに、同種再犯を繰り返す者に対しては、検察官あるいは裁判所としても、より長期の科刑を求刑言い渡すことが必然になるだろう[45]。現実の裁判では「やめたくてもやめられない」という状態は考慮されずに、ただ意思が弱いために引き起こされた再犯として取り扱われるのである。

また、覚せい剤取締法違反の再入率は窃盗罪に次いで高い水準を示し[46]、再入受刑者のなかで、規制薬物によって受刑した者が、再度規制薬物によって再入した者は1987年以降70％を越えている（【図10】を参照）。末端使用者への徹底した取締りおよび刑務所での薬物乱用に関する処遇が中心的な対

43　平成20年版・犯罪白書117頁も参照されたい。
44　石塚伸一「薬物裁判の二極化と画一的処理——薬物事件処理に関する体験的雑感（提言の若干）」『龍谷大学矯正・保護研究センター研究年報第5号』（現代人文社、2008年）87〜88頁。
45　近藤恒夫＝尾田真言「薬物事犯者に対する新しい刑事政策に関する研究」（村上優編『薬物依存・中毒者の予防、医療及びアフターケアのモデル化に関する研究　平成14年度研究報告書』、2003年）149頁によると、「覚せい剤の所持・使用については、初犯にこそ執行猶予がつくものの覚せい剤事犯で執行猶予中の再犯者に対しては、まず間違いなく実刑判決が下され、初犯時の執行猶予が取り消されて、後の裁判の刑期と合わせて3年以上服役することが多い。」と指摘している。
46　例えば、2013年の再入受刑者の総数は13,233人であり、そのうち再入する際に窃盗として再入する者は4,793人（うち前刑も同罪の者は3,618人）、以下順に、覚せい剤取締法違反が4,271人（3,089人）、詐欺849人（389人）、傷害550人（127人）、恐喝161人（23人）である。

図7　窃盗犯の通常第一審事件有罪人員(刑期区分別)

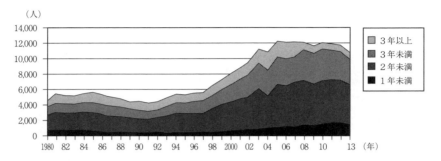

図8　覚せい剤取締法違反の通常第一審有罪人員(刑期区分別)

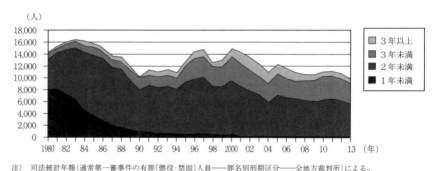

注)　司法統計年報(通常第一審事件の有罪〔懲役・禁固〕人員──罪名別刑期区分──全地方裁判所)による。

処であったが、薬物を初めて使用する者も依存症である者も「薬物乱用」として刑事司法だけで対応することで、再使用を繰り返す依存症の者に刑事司法が行えることには限界があるのではなかろうか。薬物依存症からの回復に必要な治療の対象として、薬物事犯者を位置づけていないため、依存状態の人びとが薬物を使用することを予防する、第2次予防についての効果が疑問視される。

　上記のように裁判段階での厳しい量刑によって、覚せい剤受刑者が新受刑者の約5分の1、年末在所受刑者の約4分の1を占めるようになった。【図9】のように、矯正統計年報で記録されている薬物事犯者、つまり覚せい剤取締法違反および麻薬取締法違反者の矯正施設に収容されている者の比率は、

図9　年末受刑者における覚せい剤取締法違反の割合

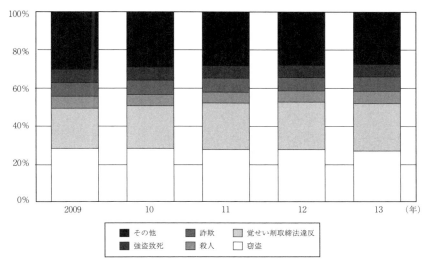

注) 矯正統計年報（「年末所在受刑者の罪名」）による。

矯正施設における被収容者の4分の1を占めた状態なのである。

3　矯正段階——覚せい剤受刑者の処遇

(1) 監獄法改正までの矯正施設と薬物処遇

いわゆる第2次乱用期へとつながる1970年代後半から1980年代にかけて、一部の施設で薬物事犯者に対する特殊な処遇が試行されるようになった[47]。やがて全国で実施され、1993年4月以降は、覚せい剤乱用防止教育が処遇類型別指導[48]として実施されている。

具体的な内容としては、各施設で異なるが、1コマ1時間の指導を週1回から月1回のペースで実施し外部からの講師を招いて実施する例もある[49]。

47　平成16年版・犯罪白書312頁。
48　処遇類型別指導とは、罪名、犯罪の原因となった性向、社会復帰の障害となる要因などに着目し、同じ類型に属する受刑者を少人数のグループに編成し、問題点を改善するための指導を行うものである。平成16年版・犯罪白書、312頁参照。

その際、全6回から12回で1クールとし、参加人数は5～15名程度で実施されている[50]。また、表3にもあるようにグループワークを取り入れる施設が増えている。犯罪白書によると、グループワークとは、少人数で覚せい剤依存者同士が、覚せい剤使用時の状態や、使用することで失ったものなどについて話し合う場を設けているようである。ダルク等のリハビリテーション施設のスタッフにグループワークへの参加を依頼する形式施設もある。今後も、「刑事収容施設及び被収容者等の処遇に関する法律」の施行に伴い、こういった外部のリハビリテーション施設のスタッフが処遇に関わることが多くなることが予想される。

　上述のように、薬物依存から離脱するための教育プログラムを充実強化し、乱用防止教育を一層高めるように努力はなされているが、その効果は目に見える形で示すことは困難である。そもそも再犯に対する調査が十分であるとはいえず、矯正の分野において調査方法が確立されていないことも十分な調査ができない理由としてあげられるであろう[51]。

　仮に、ここでは再度矯正施設に入所することを再犯と定義すると、薬物事

49　平成16年版・犯罪白書、312頁。実際に、2006年6月末日現在で、全国40施設でダルクのスタッフが薬物乱用防止教育などに関わっている。この他、捜査、公判段階においても薬物依存症からの回復を支援する市民団体「フリーダム」では、2002年より留置場や拘置所に収容されている者に回復へのメッセージを届けるインタベンションプログラムなども行っている。ダルクとは、(Drug Addiction Rehabilitation Center: DARC) の略で、1985年に近藤恒夫氏が始めた民間の薬物依存症リハビリテーション施設である。日々、薬物依存症からの回復を願う仲間が集まり、グループミーティングなどを通じて「今日1日を使わない」ことを目指して活動している。

50　平成16年版・犯罪白書、312頁。また、2006年5月24日施行の「刑事施設及び受刑者の処遇等に関する法律（平成17年5月25日法律第50号）」の82条1項において（ちなみに、2007年には、「刑事収容施設及び被収容者等の処遇に関する法律（平成18年6月8日法律第58号）」が施行され、そこでは103条において）「改善処遇」が導入された。これまでの限られた一定の収容者が受けられていた薬物教育を、特別改善指導として、より対象者が広げられ、民間リハビリ施設のスタッフを交えた、よりよい薬物教育が行われるようにするとしている。たしかに、よりよい処遇が行われることは望ましいが、これが治療や社会復帰プログラムであったとしても、自主的な参加ではなく強制的に参加させることには問題がある。詳しくは後述する。

51　例えば、Aプログラムをするグループと何もしないグループとを比較することや、地域社会内において再使用率を後追い調査することは行われていない。前者としては、平等に反し、後者は個人情報の問題が存在する。しかし、処遇効果を謳った政策を提唱するのであれば、しっかりとした倫理委員会を立ち上げるなど、権利保障を十分にし、いかなるプログラムが効果的であるかの情報を得ることは重要なことでなかろうか。

【表3　覚せい剤等薬物乱用防止教育指導計画の例】

段階	テーマ	指導内容	指導方法	担当者
1	オリエンテーション	自己紹介や、遵守事項など。	防止教育の指導目的（講義）や、感想文記述など。	職員
2	なぜ薬に手を出したのか	手を出すようになったきっかけを語らせ、その背景にある自己の弱さに気づかせる。	グループワーク及び、感想文記述。	外部講師及び、職員。
3	薬により失ったもの	失ったものを思い出させ、それでも使用を続けたいという気持ちのあることに気づかせる。	グループワーク及び、感想文記述。	外部講師及び、職員。
4	薬が自己に及ぼした影響	心身の変化を語らせるとともに、薬へ依存しなければいられなくなった現実を再認識させる。	グループワーク及び、感想文記述。	外部講師及び、職員。
5	薬により人間関係に変化があったか	使用を続けることで、周囲の人々にも影響を与えることを認識するとともに、その状況を修復する力が自己にはないことを認識させる。	グループワーク及び、感想文記述。	外部講師及び、職員。
6	本当に薬をやめたいか	離脱意思がどの程度強いか素直に語らせる。	グループワーク及び、感想文記述。	外部講師及び、職員。
7	薬を本当にやめるには	本当に離脱するというのはどういうことなのかを考えさせ、自分の決意だけでなく、民間グループで行われているプログラムが必要であることに気づかせる。	グループワーク及び、感想文記述。	外部講師及び、職員。

8	出所してからどのようにするか	出所後の希望を語らせ、その実現のために具体的にすべきことを考えさせる。	グループワーク及び、感想文記述。	外部講師及び、職員。
9	グループワークに参加しての変化	段階の2で撮影したビデオを視聴させ、その後考え方が変わってきたかを考えさせる。	グループワーク及び、感想文記述。	外部講師及び、職員。
10	民間リハビリ施設について	民間リハビリ施設の具体的な情報を与え、出所後もつなげたいという希望を持たせる。	講義やグループワーク、感想文記述など。	外部講師及び、職員。

注）法務総合研究所編『平成16年版・犯罪白書』（国立印刷局、2004年）313頁参照。

犯の再犯率は窃盗犯についで高い水準を示し、再入受刑者のなかで、規制薬物によって受刑した者が、再度規制薬物によって再入した人員の数は1987年以降70％を越えていることから、末端乱用者への徹底した取締りおよび刑務所での薬物乱用に関する処遇では、大きな成果は得られていないことになる（【図10】を参照）。制度の問題点として挙げたことと重複するが、矯正施設で物理的に薬物を手に入れることができない状況ではなく、薬物を現実的に手に入れることができる状況において、薬物を使用しないことを目的とするのであれば、その根本の問題である生活状況および薬物依存症についての改善を図る処遇プログラムが必要であろう。

(2) 被収容者処遇法下での薬物処遇

監獄法の改正によって特別改善指導を行うことが可能になったために、各施設では、さまざまな方法が試行錯誤されるようになった。「刑事施設及び受刑者の処遇等に関する法律（平成17年5月25日法律第50号）」（以下、「受刑者処遇法」という。）82条1項において「改善指導」が導入されたのである。その後、2007年には、「刑事収容施設及び被収容者等の処遇に関する法律（平成18年6月8日法律第58号）」（以下、「被収容者処遇法」という。）

図10 薬物違反で再入所した者で前回入所時も薬物違反だった者の比率

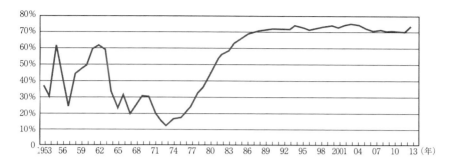

注) 1 矯正統計年報(「再入受刑者の前刑罪名別再入刑罪名」)による。
2 ここでいう「薬物違反」とは、「覚せい剤取締法違反」および「麻薬取締法違反」である。
3 前回の刑期が「覚せい剤取締法違反」または「麻薬取締法違反」であった者が、再入時に「覚せい剤取締法違反」または「麻薬取締法違反」であった比率である。

が施行され、同法において、103条において、改善指導が規定された。

改正前までは、各施設において「処遇類型別指導」が行われており、これを基に薬物乱用教育が行われていた。しかし、各施設単位での工夫と指導に拠っていたために全国統一的な薬物指導の指針は示されてはいなかった。その後、2003年に民間有識者による「行刑改革会議」が設置され、その提言を受けて、法務省矯正局では2004年から「薬物事犯受刑者処遇研究会」を開催したのである[52]。この研究会では、薬物依存治療の専門家だけでなく、民間の薬物依存回復のための自助グループのメンバーなどを構成員として行われた。この研究会のように薬物依存治療の専門家や民間の団体が「薬物依存離脱指導」のプログラム作りに参加することになった経緯や、現場の矯正職員がより治療的な処遇を行えるようになったことは、治療に向けた大きな一歩となった。この研究会で具体的に示された標準プログラムは、以下の6つの考え方に基づいて策定された。すなわち、①刑事施設に収容されたことを、薬物依存者にとって絶好の回復の機会とする。②在所中は覚せい剤等を

---

52 椿百合子「受刑者に対する薬物依存離脱指導」(『日本精神科病院協会雑誌』第27巻3号、2008年) 168〜169頁。

入手できない状態が続くため、出所後もやめる決意があればやめられると思いがちだが、薬物依存は決意だけではやめられないと正しく認識させる。③指導の観点として、薬物をやめる決意よりも、やめた状態をいかに持続させるかを重視する。④グループワークを中心とした認知行動療法のアプローチが有効である。⑤薬物依存からの回復モデルを提示することにより、受刑者に目標と希望を持たせる。⑥依存からの回復は刑事施設内で完結するものではなく、出所後に民間自助グループなどの社会資源に繋げていく必要があるという6つの基本的指針である[53]。

さらに被収容者処遇法の意義としては、従来では一部の刑事施設でしかダルクなどの民間自助グループの協力を得た指導を行っていなかったが、多くの施設で積極的にスタッフを招聘する活動が見られるようになったことも挙げられる。上記の6つの指針は示されたものの具体的な内容は各施設に任せられている。そのために、全国の矯正施設は試行錯誤を繰り返しながらも「薬物依存離脱指導」に取り組んでおり、使用可能な資源が限られるなかで、努力が積み重ねられている[54]。

このように新法によって矯正施設にもたらされた効果は大きい。現場での矯正職員が【表4】のような標準プログラムを基に、より治療的で福祉的な処遇が可能になったからである。また、各施設によって差異こそ存在するが、薬物依存治療の専門家や民間の自助グループなどとの共同体制が組まれるようになったのである。

4　更生保護段階——薬物事犯の社会内処遇

諸外国の制度では、さまざまな段階において、対象者を伝統的な刑事司法ルートから外し、社会内で処遇している。日本でも薬物事犯に対しては、起訴猶予、執行猶予、仮釈放などにおける社会内処遇が考えられる。そこで早期釈放し社会内で処遇が行われると仮定した場合にはどの程度の人数がその対象となるのであろうか。

53　矯正局成人矯正課＝矯正局少年矯正課「薬物事犯受刑者処遇研究会及び『被害者の視点を取り入れた教育』研究会報告会の概要報告」(『刑政』第117巻8号、2006年) 62〜68頁、(椿:2008年) 上掲論文、168〜169頁。

【表4　薬物依存離脱指導における標準的プログラム】[55]

項　目	指導内容	方　法
オリエンテーション	受講の目的と意義を理解させる。カリキュラムの説明、動機づけ	・講義 ・薬物使用チェックリスト作成
薬物の薬理作用と依存症	薬物の薬理作用と依存状態が形成される過程、回復のための方法など薬物依存症について理解させる。	・講義 ・視聴覚教材
薬物を使用していたときの状況	グループワークの方法を説明し、共通する問題を全員で真しに考える構えを持たせる。薬物を使用していたときの状態を振り返らせる。	・視聴覚教材 ・グループワーク
薬物使用に関する自己洞察	どんなときに薬物を使用しているのかを考えさせ、薬物に依存する背景を明確にし、自己理解を深めさせる。	・グループワーク
薬物使用の影響	薬物使用のよいところばかりではなく、周りにかけた迷惑や引き起こした問題、社会的責任など、薬物使用以外にも問題点があることに気づかせ、罪障感を喚起する。	・視聴覚教材 ・グループワーク
薬物依存からの回復	依存症の認識と再使用を防止するための方策を考える姿勢を持たせる。やめ続けることに成功した人たちとその活動について紹介し、依存症からの回復への希望を持たせる。	・視聴覚教材 ・講話 ・グループワーク ・読書指導
薬物依存離脱に関する今後の決意	薬物使用の損得について具体的にかつ現実的に考えさせ、薬物使用と自分自身のこれからの人生に関する洞察を深めさせる。	・グループワーク
再使用防止のための方策（危機場面について）	再使用防止の方策を考える第一段階として①再使用のおそれのある場面や状況、②薬物に頼りたくなる場面や状況を具体的に考える。	・グループワーク

再使用防止のための方策（対処スキルについて）	再使用のおそれのある場面や状況に関し、①薬物に頼らずに回避する方法、②その方法を身に付けるためにはどうすればいいのかを考える。	・グループワーク ・生活技能訓練
出所後の生活の留意事項と社会資源の活用	出所後の留意事項について注意を喚起するとともに、民間自助グループの活動について情報提供する。	・講義 ・視聴覚教材

　まず、薬物犯罪の起訴率を見てみると、麻薬取締法違反および大麻取締法違反における起訴率は、50～60％台であるのに対し、覚せい剤取締法違反での起訴率は約80％である（【図11】）[56]。薬物事犯に対する起訴猶予率は、5％ほどでしかない。

54　特別改善指導の現場での試みを紹介した文献は多い。その中でも各施設での「薬物改善指導」に着目したものを挙げると、阿部真紀子＝牛木潤子「『刑事施設及び受刑者等の処遇に関する法律』（新法）下における薬物依存離脱指導の取組み——福島刑務支所『薬物依存離脱指導』経過報告」（『日本矯正教育学会第42回大会発表論文集』、2006年）52～55頁および（『矯正教育研究』第52巻、2007年）57～63頁、林俊美＝野上薫＝川村真礼「特別改善指導後のフォローアップ面接の試み——薬物依存離脱指導受講者を対象にして」（『日本矯正教育学会第42回大会発表論文集』、2006年）62～63頁及び（『矯正教育研究』第52巻、2007年）69～73頁、阿部真紀子「〈実践レポート〉薬物依存離脱指導の実施状況について」（『刑政』第118巻5号、2007年）138～146頁、島田孝「松本少年刑務所における特別改善指導について」（『刑政』第118巻7号、2007年）46～57頁、三木武「高松刑務所における特別改善指導、教科指導の取組——円滑な実施を目指して」（『刑政』第118巻8号、2007年）26～35頁、高野孝＝辰巳輝昭＝木内大＝戸田晴治「名古屋刑務所における改善指導の現状と今後の課題」（『日本矯正教育学会第43回大会発表論文集』、2007年）144～147頁、飛鳥雅子＝高橋典子＝牛木潤子「福島刑務支所における特別改善指導『薬物依存離脱指導』」（『日本矯正教育学会第43回大会発表論文集』、2007年）154～157頁、宮國清＝新盛祐市＝金城義孝＝東江秀盛＝山内昌光＝城間英彰「沖縄刑務所における特別改善指導について」（『九州矯正』第61巻1号、2007年）240～248頁、平野憲治＝前田正司「新法特別改善指導の取組み状況について——長崎刑務所」（『九州矯正』第61巻1号、2007年）250～257頁、井口範清「刑事施設における薬物依存離脱指導」（『更生保護』平成20年3月号、2008年）14～20頁、豊澤恵美子「〈実践レポート〉特別改善指導・薬物依存離脱指導の取組の現状（その1）——札幌刑務支所」（『刑政』第119巻5号、2008年）114～119頁、田中孝典「〈実践レポート〉特別改善指導・薬物依存離脱指導の取組の現状（その2）——福井刑務所」（『刑政』第119巻6号、2008年）94～100頁などがある。わずか3年弱の間にこれだけ多くの現場からの報告の数があることからも試行錯誤と現場での努力が伺える。

55　（椿：2008年）前掲註52、15頁掲載の表6からの転載。

56　その他の数値は起訴猶予以外での不起訴や、家庭裁判所送致などである。

図 11　覚せい剤取締法・麻薬取締法・大麻取締法の起訴率

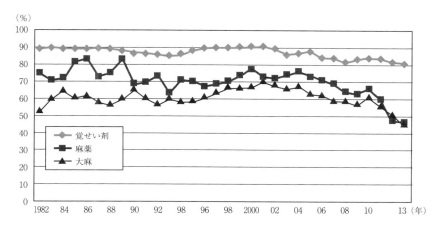

注）　検察統計年報（「被疑事件の罪名別起訴人員、不起訴人員及び起訴率の累年比較」）による。

　それでは、どの程度の人たちが有罪判決を受け、どの程度の人たちが執行猶予判決を受けているのか。【図12】に示したように、覚せい剤取締法違反事件の第１審終局処理人員を確認すると、2013年においては、執行猶予も含めた有罪判決（懲役・禁錮）人員は約8,000人であり、そのうち執行猶予判決人員は約4,000人である。有罪判決を受ける人員の約45％～55％の割合で執行猶予が認められている。
　つづけて、保護観察付執行猶予および仮釈放の段階での保護観察の運用を確認すると、覚せい剤取締法違反で１号ないし４号観察[57]に付された者は4,000人を超えており、これは保護観察対象者（46,000人〔2005年〕）の約13％にあたる。覚せい剤取締法違反で保護観察に付される者でも仮釈放による

---

[57]　１号観察は少年審判の保護処分としての保護観察（少年法24条１項１号、更生保護法48条１項１号）、２号観察は少年院を仮退院した者に本退院までの期間課されるもの（更生保護法48条１項２号）、３号観察は刑事施設を仮釈放された者が受けるもの（更生保護法48条１項３号）、４号観察は保護観察付執行猶予判決を受けた者を対象としている（刑法25条の２・１項、更生保護法33条１項４号）。ちなみに、保護観察は５号観察（婦人補導院を仮退院した者に対して行われる保護観察）も制度上存在するが、今日ではほとんど使用されていないために、主に実質的に運用されているのは１～４号観察までの保護観察である。

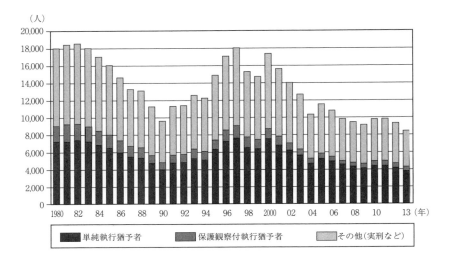

図12 覚せい剤取締法違反における有罪確定者
（実刑・単純執行猶予・保護観察付執行猶予）

注） 検察統計年報（「通常第一審事件の有無〔懲役・禁固〕人員——罪名別刑期区分——全裁判所」）による。

者（3号観察）が約80％を占めている【図13】。これらのことから実際に早期に従来の刑事司法過程から外され、社会内を主とした薬物犯罪対策を行うことになれば、これだけの人数が毎年関わることになるということが確認できる。

近年の動向として、『執行猶予者保護観察法の一部改正法律』（平成18年3月31日法律第15号）により、これまで保護観察にしか付けることのできなかった特別遵守事項を、執行猶予中の者にも課すことが可能になった[58]。さらに、2008年6月1日から施行された更生保護法（平成19年6月15日法律第88号）によって、「犯罪者予防更生法」と「執行猶予者保護観察法」が整理、統合されることとなった。この更生保護法は、これまでは仮釈放や保護処分を受けた少年たちに対する保護観察を規定していた前者と、執行猶予中の保護観察について規定していた後者が統合されたものである[59]。この更

---

58 執行猶予者保護観察法第5条の2および5条の3。

図 13　覚せい剤取締法違反の保護観察対象者数

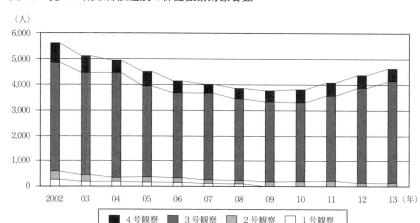

注）　保護統計年報（「観察所　新受人員の薬物等使用関係」）による。

生保護法によって社会内処遇であっても特別遵守事項で薬物治療プログラムなどが義務付けることが可能になり、簡易薬物検査をも義務化することが可能になっている。

　一方、『刑事訴訟法等の一部を改正する法律』（平成16年5月28日法律第62号）が2006年10月2日から施行され即決裁判手続が行われるようになった[60]。この即決裁判手続において、判決は原則として即日に言渡されることになり（刑事訴訟法350条の13）、判決で懲役または禁錮の言渡しをする

59　更生保護法によって「執行猶予者保護観察法」と「犯罪者予防更生法」がどのように統合され、どのような問題が生じるのかは、後述する。
60　刑事訴訟法350条の2以下。この法律により、死刑または無期もしくは短期1年以上の懲役もしくは禁錮に当たる事件以外のものについて、事案が明白であり、かつ軽微であって、証拠調べが速やかにおわると見込まれる事件につき、被疑者の同意があれば、即決裁判手続が行われることになる。同法350条の2「検察官は、公訴を提起しようとする事件について、事案が明白であり、かつ、軽微であること、証拠調べが速やかに終わると見込まれることその他の事情を考慮し、相当と認めるときは、公訴の提起と同時に、書面により即決裁判手続の申立てをすることができる。ただし、死刑又は無期若しくは短期一年以上の懲役若しくは禁錮に当たる事件については、この限りでない。②前項の申立ては、即決裁判手続によることについての被疑者の同意がなければ、これをすることができない。」

場合は、その刑を執行猶予にしなければならない（同法350条の14）。これらの法改正に伴い、薬物の単純所持や自己使用については、簡略化された手続で裁判が終結し、簡易薬物検査の定期的受診などの特別遵守事項を付した、ある種のダイバージョンが導入される制度的基盤が整っている。そういった法整備を背景に、四のような薬物政策が可能となっている。

四　近年における治療的薬物政策

1　新しい処遇とその意義

上述したように、日本の刑事司法における薬物対策は、これまで単純自己使用者および単純所持者を厳格に取り締まる政策を行ってきた。さらに、言渡し刑期が長期化するといった厳罰化とも思われる政策を採ってきた。しかし、これまでの反省を促す処罰だけであったものとは異なり、早期に伝統的な刑事司法過程から外し、薬物検査やカウンセリングなどを取り入れた認知行動療法的な方法を採る政策も始まりつつある。すなわち、主要なものは次の4つが挙げられる。①即決裁判を活用した方法、②裁判段階から更生保護的手法を活用した方法、③矯正段階での特別改善指導を活用した方法、および④保護観察所での簡易薬物検査を活用した方法である。2016年に施行される刑の一部の執行猶予を活用した薬物事犯者への介入については、第5章にて考察することとしたい。

①「即決裁判を活用した方法」とは、「刑事訴訟法等の一部を改正する法律」（平成16年5月28日法律第62号）によって、単純自己使用や所持の裁判手続が簡略化され、ある種のダイバージョンを行うことができるようになった。例えば、そのモデル事業として、警察庁による簡易薬物検査が行われた[61]。これを行う意義としては、これまで更生プログラムを受ける機会が十分でなかった人たちに回復の機会を提供するところにある。つまり、矯正施設での薬物教育を受けたり特別遵守事項として保護観察中に薬物検査を受け

61　警察庁は2007年10月26日から覚せい剤などの事件で検挙された初犯者向けに、週一回無料でカウンセリングと簡易薬物検査を警視庁管内で行っている。完全な任意による。

るようになっていた人たちとは異なり、何ら治療的な措置を受けることのなかった人たちは、本人の同意によって検査だけでなく、自助グループ等への参加やカウンセリングなどのトリートメントにつながる機会をはじめて提供されることになった。

②「裁判段階から更生保護的手法を活用した方法」とは、「執行猶予者保護観察法の一部改正法律」（平成18年3月31日法律第15号）により、これまで3号観察などにしか付することができなかった特別遵守事項が4号観察である執行猶予者にも付することがきるようになったことを土台としたものである。現在では、2008年6月1日に施行された更生保護法によって特別遵守事項として薬物検査を行うことが法的に可能になっている。これを行う意義を挙げるならば、これまで約5,000人の覚せい剤事犯の単純執行猶予者で治療が行われず、治療につなげることもされることがなかった人たちに簡易薬物検査を用いた認知行動療法的な制度を義務付けることが可能になるということである。

次に、③「矯正段階での特別改善指導を活用した方法」であるが、これはいわゆる第2次乱用期とされる1970～80年代ごろに、一部の矯正施設で薬物事犯者に対する処遇が行われるようになり、1993年4月から処遇類型別指導として実施されるようになったことに起源を有する[62]。また、2006年受刑者処遇法82条1項によって、さらに改正が行われた被収容者処遇法103条によって特別改善指導が行えるようになっている[63]。これは受刑者の改善更生と円滑な社会復帰のための指導をするためのものである。この意義としては、ダルクなどの民間グループのスタッフが法的根拠をもって施設での薬

---

62 尾田真言「資料：アパリの刑事司法サポート事業の実践――アパリの活動から見た薬物裁判の現状と課題」『龍谷大学矯正・保護研究センター研究年報第5号』（現代人文社、2008年）106頁。

63 2005年5月18日、第162回国会において受刑者処遇法が成立した。これにより従来の監獄法では同法第30条において「十八歳未満ノ受刑者ニハ教育ヲ施ス可シソノ他ノ受刑者ニシテ特ニ必要アリト認ムルモノニハ年齢ニ拘ハラス教育ヲ施スコトヲ得」と規定されてはいたが、具体的な処遇方法に関するものはなく各施設の工夫に委ねられていたものが、施設単位での改善指導が可能になった。名執雅子「刑事施設における薬物依存離脱指導――刑事施設及び受刑者等に関する法律の施行に向けて」犯罪と非行第148号（2006年）34頁～48頁。同「刑事施設及び受刑者の処遇等に関する法律における改善指導等の充実について」法律のひろば第58巻8号（2005年）24頁～32頁。

物離脱プログラムに関わることができるようになり、これまで一部の限られた断薬教育だけだったものが、個々人に目を向けた処遇につながるとされている。さらに、より体系的に、計画的にそれらが抱える問題性に働きかけた各種指導が求められるようになった。これまでの薬物予防の視点が、薬物の恐ろしさを学ばせるという初期の乱用防止である「第1次予防」だけの教育から、依存症の回復という「第2次予防」への対応もできるようになっていることである[64]。

さいごに、④「保護観察所での簡易薬物検査を活用した方法」であるが、これは2004年4月1日から全国的な施策として本人の自発的な意思に基づく簡易薬物検査を実施されているものだが、制度そのものが興味深い変化を遂げている。すでに1998年から千葉保護観察所で試験的に行われていたもので、当初保護観察所は再使用があった場合でも放置しているとの批判に対応したものであって取締りの意味合いが強かったが、「覚せい剤を使用していないことを示す結果を積み重ねさせることにより、断薬の努力についての達成感を与え、もって当該対象者の断薬意志の維持及び促進を図り、その改善更生に資すること」[65]を目的とし、再使用を減らす目的へと変更していったものである。意義としては本人の自発的な意思に基づくものであり、取締り目的ではないために、薬物検査を受けなくても処遇上の不利益にならないこと。また、努力の結果が検査によっても本人にも関係者にも明確に表れ、家族などの関係修復につながることなどを目的に開始されていた。しかし、先に挙げた更生保護法の施行により、この制度も簡易薬物検査が義務化することが可能となった。

2 新しい処遇の問題点

このように、ただ反省を促すだけでなく、少しでも回復に目を向けた制度

---

[64] 第1ないし3次予防に関してはさまざまな概念があるが、本書では「1次予防」を初期の自己使用を予防するもの、「2次予防」を依存状態の違法薬物再使用を含む薬物の影響から起こる犯罪を予防するもの、「3次予防」を莫大な資金が犯罪組織へ流れることを予防することとして論じることにする。

[65] この取組みに関して詳しくは、生駒貴弘「保護観察の新たな取組み——薬物乱用減少に向けて」罪と罰41巻3号（2004年）34頁〜41頁を参照されたい。

が日本でも運用され始めたことは、薬物依存者への刑事司法手続における関わり方が変化している世界的な薬物政策の傾向にも合致する。しかし、日本において薬物検査などを取り入れた認知行動療法[66]的な運用が始まっていることにも問題がある。

　まず、矯正施設内で特別改善指導として薬物プログラムを行うことであるが、これに参加することが義務付けであるとされていることには検討が必要である。いくら矯正施設内であるからといっても参加をさせることの是非が問われている[67]。ちなみに、上述したもの、すなわち①「即決裁判手続を活用した方法」、②「裁判段階から更生保護的手法を活用した方法」、③「矯正段階での特別改善指導を活用した方法」および④「保護観察所での簡易薬物検査を活用した方法」は、本人の同意を前提としているものは①だけである。②に関しては、更生保護法によって特別遵守事項として義務化されることで本人の同意とは関係なく行われるようになる。さらに更生保護法の施行によ

---

[66] 認知行動療法とは、「認知（物事の考え方や受け止め方など）」は、感情や行動に影響力をもっており、認知の過程を変えることで行動や感情を変化させうるということを原理として、対象となる人の気分、感情、行動および認知を自分でコントロールできるようにする方法を手助けする行動療法である。小山和己「認知行動療法の基礎知識（第一回）基本的な考え方」（『刑政』119巻6号、2008年）102～108頁、福永瑞恵「認知行動療法の基礎知識（第二回）アセスメントと心理教育」（『刑政』119巻7号、2008年）98～103頁、外川江美「認知行動療法の基礎知識（第三回）認知のゆがみの同定」（『刑政』119巻8号、2008年）106～111頁、黒川潤「認知行動療法の基礎知識（第四回）認知のゆがみの修正」（『刑政』119巻9号、2008年）94～99頁、門本泉「認知行動療法の基礎知識（第五回）行動の学習――行動に焦点を当てる」（『刑政』119巻10号、2008年）100～106頁、下山晴彦「今、なぜ認知行動療法か」下山晴彦編『認知行動療法――理論から実践的活用まで』（金剛出版、2007年）13～19頁。

[67] 特に、被収容者処遇法において行われる「特別改善指導」について改善を強制されるという見解が示されている。ちなみに日本の「特別改善指導」が義務化されたものであるとする主な議論として、名取俊也「刑事施設及び受刑者の処遇等に関する法律の概要」（『ジュリスト』第1298号、2005年）11～24頁、川出敏裕「監獄法改正の意義と今後の課題」（『ジュリスト』第1298号、2005年）25～34頁。また、義務としての改善処遇に反対する論者として、土井政和「社会復帰のための処遇」菊田幸一＝海渡雄一編著『刑務所システム再構築への指針』（日本評論社、2007年）81頁、石塚伸一「戦後監獄法改正史と被収容者処遇法――改革の到達点としての受刑者の主体性」（『法律時報』第80巻9号、2008年）55～56頁など。一方で、矯正施設で行われる「処遇」には、「治療」の意味よりも「教育」という面があるので、「強制的な治療」とはいえないという指摘もありうる。しかし、本人の改善更生を求める点では、依然として本人の同意が必要であると考える。処遇理念についての問題点は本章で後述するが、なぜ同意が必要であるかについては第5章で考察する。

り、④については、これまであくまでプログラムに参加する者の同意を前提として行われていた簡易薬物検査は、遵守事項として課されることで、義務化できる法的基盤が整うことになり、この対象となれば、これも本人の同意とは関係なく行われることになる。特に③は、嫌がる対象者の身体を拘束し治療プログラムを受けなければならないという意味ではないが、参加しないことが処遇上不利益になるということになる。

　すなわち、特別改善指導では刑事施設被収容者処遇法が84条3項の調査の結果策定された処遇要領に基づいて実施する特別改善指導を受ける法的義務があり、正当な理由なく指導を受けることを拒んだ時は、同法74条2項9号の遵守事項違反になり、同法150条1項の規定に基づいて懲罰を科せられるとされる。この規定から、改善指導は義務化されたものであるとの見解が強い。ただし、これに関しては、依然として、「義務付けではあるが、その運用に注意すべき」と指摘する意見や、「そもそも義務付けでなく、罰則も科することはできない」と指摘する意見もある。

　また、吉岡はこれら改善指導が義務付けによって強制されるものであるとの認識については、あくまで「犯罪者」処遇とすることの問題点から無理があると指摘する。すなわち、依然として再審無罪の可能性が残っている状態で「犯罪者」処遇という用語は、適切な表現ではなく、あくまで「受刑者」処遇である[68]。また、同法30条における受刑者処遇の原則は、懲役受刑者だけでなく禁錮受刑者をも含めているということに鑑みて、さらには未決（31条）および死刑確定者（32条）も並べた「処遇原則」であるのが当然であると指摘する。つまり、103条の「改善指導」とは、施設内における取扱いという一般の意味に近いのであって、被収容者の処遇として懲役受刑者の作業（92条）と禁錮受刑者の作業（93条）に規定する作業を行わせ、並びに改善指導（103条）および教科指導（104条）が並列状態にある[69]。これらの理解からは、少なくとも矯正処遇（84条1項）が懲役受刑者と禁錮受刑者を区別することなく同等に扱っていることから、矯正処遇の義務付けは、

68　吉岡一男「監獄法の改正と刑事収容施設の展望」前野育三先生古稀記念祝賀論文集刊行委員会編『刑事政策学の体系』（現代人文社、2008年）3～17頁。
69　吉岡上掲（2008年）11～12頁。

刑罰内容として「強制」を意味していない。そのため吉岡は、受刑者を含め被収容者が従うべき施設内のルールとしての意味付けであり、その範囲でのみ行われるに過ぎず、懲罰などによる間接強制はあり得ても、そのレベルは旧監獄法下におけるものと本質的に違いがないと指摘する。

　それでは、強制とならないように現場ではどのような努力がなされているのであろうか。近時は、実務の現場において動機付け面接法[70]にその努力が見られる。動機付け面接とは、両価的感情（自分の行動を変えたいけれど、今のままでもかまわない。やめたいけれど、やめられそうにないといった相反する感情）を持っていることを前提にして行われ、対象となる人と面接官が対立的構造をとるのではなく、否定的である対象者にその犯罪性除去へと気持ちを切り替えさせ、自らの意思で変わろうとすることを援助するための面接である。そのような感情にある人で抵抗の意思を示す対象者に対し、否定するのではなく共感を用いて矛盾を明らかにし、自己効力感を支持する。あくまで「抵抗は対象者の問題であり、対象者の抵抗に対決しようとするのは指導者の問題である。対象者が抵抗を示す原因は『怯え』である」と考える。これはなるべく自覚に訴え、自らプログラムを受けたいと望むようになるように面接をする技法であり、さまざまに実践がなされている。しかし、周囲から強制されると意固地になり変化を拒むこともありえることから、両価的感情を理解した上で、本人による自己決定を促すことで行動の変化が生じ、持続する。強制的な介入は効果が望めず、指導は全体として自主的な犯罪克服の試みに対する援助として位置付けるべきである。

　このような努力が施設側でも行われようとしているが、プログラムの途中でやはり「やめたい」と申し出る対象者にはどう対応すべきか。また、最初から両価的感情も併せ持たない対象者にはどうするのかといった問題が残っている。これらの問題については後述する。

　以上のように考えれば、日本で取り入れられ始めている認知行動療法的な処遇①〜④を通じて、「治療が行われる」ということだけを根拠に自由へ介

70　里見聡「動機付け面接法(前)――基本的な考え方」（『刑政』第120巻6号、2009年）98〜104頁、外川江美「動機付け面接法(後)――矯正実務における実践」（『刑政』第120巻7号、2009年）114〜119頁。

入するための根拠とすることには疑念がある[71]。その治療の目的が社会防衛的なものになるのであれば、刑法改正問題で展開された保安処分の問題が再浮上する。さらに、介入の根拠として、その程度が軽微であることや、治療であるからといった理由では不十分であり、これまで対象とされてこなかった人びとにまで介入の手が広がること（ネット・ワイドニング[72]）としての問題も考慮する必要がある[73]。これらの問題点を踏まえた上で、次節ではこういった処遇理念がどのように変化しているのかを概観したい。

五　薬物依存者に対する処遇理念の変化

1　社会復帰理念の変化

前節でも概観したように「矯正段階での特別改善指導を活用した方法」は、刑事施設被収容者処遇法によって義務としての改善指導が盛り込まれているとされる。繰り返しになるが、立法関与者によると、薬物依存者は矯正施設において薬物治療を受けることが義務付けされたものだとの見解が示されている。しかし、処遇理念としての疑問が生じざるをえない。

第1の疑問は、被収容者処遇法の想定する受刑者像についてである。立案担当者は、「受刑者は、多かれ少なかれ規範意識が欠如しており、また、心身が不健康であったり、社会生活に適応するのに必要な知識及び生活態度が備わっていない」と述べる[74]。ここに、受刑者を処遇の客体とみる受刑者像

---

[71] 被収容者処遇法により改善指導が義務化されたとの解釈がなされる一方で、実務の最前線は、さまざまな工夫が見られる。例えば、先にも挙げた「動機付け面接法」の実施である。対象者が自分の置かれた状況を把握させ、新たな課題に取り組もうとする意欲の涵養を目的として行われる面接であり、決して押し付けで行われるものではない。これは、同法が第30条で受刑者処遇の原則はその自覚に訴え、改善更生の意欲の喚起および社会生活に適応する能力の育成を図ることを旨として規定されたものだからである。この動機付け面接法のような現場での努力は今後も活かされていくべきである。詳しくは、第6章を参照されたい。

[72] 国家による統制の減少をもたらすために導入された制度が、むしろ以前には介入を受けることのなかった人びとにまで干渉及び介入が行われるようになることとする。詳しくは第五章を参照。

[73] 例えば、①「即決裁判手続を活用した方法」、②「裁判段階から更生保護段階を活用した方法」などの全件において保護観察付執行猶予が付され、その中に特別遵守事項として薬物検査をすることになれば、なんら検査などを強制的に受ける必要のなかった薬物事犯者の単純執行猶予者（毎年、約5,000人ほど）が保護観察官の下で薬物検査を受けなければならないことになる。

が示されている。その結果、改善指導を受ける人に「自覚させ」、「培わせ」、「習得させる」として、施設側が受刑者に「～させる」という点を強調する論者も存在する[75]。そのため、被収容者処遇法103条についても、「刑事施設の長が行う受刑者の改善更生・社会復帰に向けた指導に法律上の根拠を付与し、受刑者がその指導を受ける義務があることを明確にしたものであり、改善更生・社会復帰のための処遇を充実していくうえで極めて重要な意味がある」という解釈が生まれる[76]。

しかし、被収容者処遇法30条は、受刑者の処遇は、「その者の資質及び環境に応じ」、「その自覚に訴え」、「改善更生の意欲の喚起及び社会生活に適応する能力の育成を図る」ことを旨として行うものと規定する。その者の資質および環境に応じることが求められることから、処遇の個別化が求められている[77]。さらに、同法30条がいうように「自覚に訴えること」が求められるので、自主性が尊重されなければならない。当然のことながら、そこには主体的な受刑者像が想定されている。このことが前提となって初めて、改善更生の意欲の喚起および社会生活に適応する能力の育成が図られる。これらを踏まえて、刑務作業、改善指導および教科指導を用いた矯正処遇が行われなければならない。

第2の疑問は、処遇プログラムが科学的根拠に基づいているかどうかである。立法関与者は、改善指導は、「科学的、体系的に標準的なプログラムを策定し、これに基づいて、効果的な指導を行う」とする[78]。しかし、はたして「犯罪の責任を自覚させること」、「健康な心身を培わせること」および「社会生活に適応するのに必要な知識及び生活態度を習得させること」（103条）が科学的根拠に基づいた処遇プログラムであるといえるのであろうか。

このように国家によって「積極的に社会復帰をさせる」という考え方が、近年では所々に見受けられる。この被収容者処遇法以外でも、次に取上げる

74 　林眞琴＝北村篤＝名取俊也『逐条解説刑事収容施設法』（有斐閣、2011）499頁。
75 　名取（註67）11～24頁、川出（註67）25～34頁など。
76 　林ほか（註74）500頁。
77 　鴨下守孝『受刑者読本：明らかにされる刑務所生活』（小学館集英社プロダクション、2010年）176頁。
78 　林ほか（註74）501頁。

保護観察の理念の変更や、薬物事犯者に対する簡易薬物検査の導入もその一端であると考えられる。

　2005年7月20日第1回「更生保護のあり方を考える有識者会議」が開催された。その目的は、「治安の回復が大きな社会問題となっている中、保護観察対象者による重大再犯事件が相次いだことを契機として、保護観察の実効性を実現するために、幅広い観点から更生保護制度全般について検討する」ことであった[79]。すでに法務省により2005年2月22日に「再犯防止のための緊急的対策」がまとめられていたが、同年5月に起こった女性監禁事件により、世間の注目が保護観察の実効性や再犯防止に集中し、あるべき更生保護とは何かについて方向性を示す必要性が生じたと説明された。当時この女性監禁事件をはじめ、仮釈放中の者が殺人事件を起こすなど、続けて事件が発生したために、治安の悪化、更生保護制度の問題性が指摘されたことで更生保護のあり方を考える有識者会議が始まっている。更生保護のあり方を考える有識者会議では「保護観察付執行猶予者が4人の女性に対し、監禁事件を起こしたことを受けて、本人の行状を見守って遵守事項を守ることを基本とする現在の『見守り型』の保護観察では立ち入り調査権もなく、対象者の再犯リスクが高い場合には限界があるとの指摘がある」[80]と更生保護のあり方を考える有識者会議で問題提起がなされている。ソーシャル・ワークとして社会復帰を見守る立場である「補導援護」と、違反行為のないように注意して関わり、社会復帰を促進するという「指導監督」の両面の性格を併せ持つとされた保護観察に対し、これまでの保護観察制度は「補導援護」に偏っており、より再犯防止を前面に押し出し監視を高めるべきであるとの指摘がなされたのである。

　では、本当に世間が注目するほどに、保護観察の制度は適切に運用されていなかったのであろうか。更生保護のあり方を考える有識者会議に提出された資料によると、2004年の段階で、仮出獄者の保護観察終了人員は16,539

---

[79] http://www.moj.go.jp/KANBOU/KOUSEIHOGO/ ちなみに、この有識者会議が開催されるまでに、すでにさまざまな更生保護に関する国会付帯決議や政府の方針および提言などが行われている。「更生保護のあり方を考える有識者会議」第1回会議、説明資料(4)を参照。
[80] 「更生保護のあり方を考える有識者会議」第1回会議議事録3～4頁参照。

人であり、期間満了で修了している者が93％であった。遵守事項違反や再犯で取り消しになっている者で6.2％である。執行猶予者で保護観察が付された者は5,324人であり、期間満了で終了している者は66.1％、取り消しになっている者が31％である。その31％の内訳は、住居侵入や窃盗、詐欺、傷害、覚せい剤の順に多く、世間が再犯の心配として注目した殺人罪については、わずかに2件であった。その10年の平均件数でも3.8件であった[81]。これまでの保護観察が単なる見守りに過ぎず、再犯に対して何も効果を果たしていないのではないかという疑問から始まった専門家の会議であったが、これらの資料を見れば、治安の悪化による保護観察の甘さがあるという視点には疑問を持たざるをえない。

2 簡易薬物検査を活用した保護観察

特に、薬物事犯に対する保護観察のあり方には顕著な変化が見られる。2004年4月から、「覚せい剤事犯対象者につき、本人の自発的意思に基づく簡易尿検査を実施し、覚せい剤を使用していないことを示す結果を積み重ねさせることにより、断薬意志の維持及び促進を図り、その改善更生に資すること」を目的として保護観察所での簡易薬物検査が導入された。これは、受刑罪名に覚せい剤取締法違反が含まれている2号観察対象者で保護観察所へ定期的に通所ができる対象者に対し、本人の自発的な意思に基づいて実施されたものである[82]。

この保護観察所での簡易薬物検査は、対象となる人が断薬に向けて努力すること誓い、希望した場合に保護観察所で定期的に出頭して行うというものである。初回は保護観察開始の2週間後、それ以後は毎月1回ほどの出頭を要請し、緊急時における検査キットを使用して行うというものであった[83]。

---

81 「更生保護のあり方を考える有識者会議」第3回会議統計資料(1)参照。
82 全国的な規模で開始されたのは2004年であるが、すでに千葉保護観察所では1997年から、名古屋保護観察所では2003年から覚せい剤事犯の対象者に試験的に簡易薬物検査を行っている。千葉の試みについては、尿検査導入検討チーム「紹介 覚せい剤事犯者の保護観察における尿検査の試みについて」(『更生保護と犯罪予防』第137号、2001年) 96～119頁。名古屋の試みについては、長尾和哉「事例から見る覚せい剤事犯者に対する簡易尿検査の効果について」(『更生保護と犯罪予防』第145号、2005年) 26～33頁。

導入された当初は、あくまで対象者自身の自発的な意思に基づいて行われるものであることが強調されており、これを強制することや処遇上の不利益な扱いをすることは許されていなかった。そして、大前提として、検査の導入は制度の趣旨と具体的な約束を理解した者の同意があることであった。この簡易薬物検査が導入された時、具体的な約束事項として次の６点が挙げられていた。すなわち、①検査を行うかどうかは対象者の自由意思に委ねられていること、②検査を拒否したことによって処遇上不利益な取扱いを受けることはないこと、③検査開始後も対象者の申し出によって検査を中断することができること、④簡易尿検査を実施することおよび検査結果については、家族・引受人・担当保護司・本人を収容する更生保護施設の職員等の関係者に連絡すること、⑤結果が陽性であった場合に、即日警察に自ら出頭すること、⑥警察に自ら出頭しない場合は、保護観察官において警察に通報すること、の以上６点である[84]。しかし、これも見守り型の保護観察制度に対する逆風のなかで、新たに改正された更生保護関連の法改正により、執行猶予者であっても特別遵守事項として薬物検査が付されるだけでなく、本人の意思とは関係なく義務として薬物検査を付することが可能になったのである。

3　積極的な社会復帰の要請

　行刑改革会議や更生保護のあり方を考える有識者会議で話し合われたのは、対象となる人に対して積極的に社会復帰を要請することであった。特に薬物事犯者に対するものを取り上げると、矯正施設では特別改善指導として薬物治療・プログラム[85]を受講することが義務化され、社会内処遇では簡易薬物

83　大阪保護観察時報（第404号、2004年6月20日）2頁。
84　佐久間佳枝「簡易尿検査の法的位置付け」（『保護月報』第209号、2004年）1～6頁。
85　「処遇」という言語は、広義と狭義に意味を分ける必要がある。広義での「処遇」とは、いわゆる日常的に使用する待遇の意味であり、取り扱いの仕方といったもので、これが「トリートメント」である。刑事司法手続に関連する人びとに、どのように接するのか、いかに人道的に接するのかという意味が広義の「処遇」であり、「被拘禁者最低基準規則」で使用される「処遇：トリートメント」がこれにあたる。それに対し、狭義の「処遇」とは、受刑者の社会復帰が念頭に置かれた待遇の意味である。（石塚：1996年）前掲註13、59頁参照。そして、「薬物トリートメント」の用語は、本書において、「刑事罰または治療を用いて、もしくはその両方を用いて刑事司法手続において行われる狭義の処遇」の意味で用いる。

検査を盛り込んだ薬物治療・プログラムを受けることが要請されたのである。そこで想定される「主体」は市民ではなく国家であった。それに伴って、保護観察所によって開始された簡易薬物検査は、これまでの保護観察の理念を変化することとなった。あくまで監視・取締り目的ではなく対象者の断薬に向けた自主的な努力を支援するための処遇方法として当初は導入されたものであり、これが犯罪者予防更生法 35 条や執行猶予者保護観察法 7 条に規定されている「指導監督」であるとされていた[86]。つまり、対象者の自力による断薬を支える処遇方法として実施されることから、伝統的な保護観察の理念に沿うものだと考えられていたのである。

たしかに自力で回復したいと進み出る者に対して、検査を通じて、その努力を称え一緒にその回復を分かち合うという面では保護観察の理念に沿っていると思われる。他方、これが義務付けされることで、本人の意思とは関係なく治療プログラムを受けることになり、保護観察官が「ともに回復を見ていく存在」から、「定期的に薬物使用があるかないかをチェックする監視役」になるおそれがある。暖かく見守り社会復帰を支援するソーシャル・ワークとしての「補導援護」と、間違った方向に向かないようにチェックする「指導監督」の両面で成り立っていた保護観察の理念が、ここ数年で「指導監督」に偏り始めているといえる[87]。

こういった「積極的な社会復帰の要請」は、これまで何の治療的な対応がなされていなかった人びとに対し、厳罰ではなく治療が行われることで正当化されるのではないかという議論が当然にありうる。次章以降で確認していくことになるが、薬物事犯者への対策は、多くの国々でまず法律によって規制が始まり、医療的な関わりを中心とした社会復帰思想の発展と衰退を経て、公正な方法による厳格な対応というみちすじを辿っているといっていい。つまり、「法律による統制型」から「医療による介入型」、そして「司法による厳格な対応型」への変遷である。そして、現在は国際的にも司法による厳格な対応型への反省から、より治療的な介入が導入されようとしている。本書

86　佐久間佳枝「簡易尿検査の導入について」(『罪と罰』第 163 号、2004 年) 72～74 頁。
87　拙稿「社会内処遇の新たな方向性——薬物事犯者を中心に」(『龍谷法学』第 43 巻 1 号、2010 年) 176～208 頁。

は、より治療的な方向へと進む傾向を否定するものではなく、その治療的な介入の方法がどのように行われるべきであるのかを問うものである。

　上述のように薬物犯罪に対して、日本は厳罰のみで対応することから、より治療的な関り方をすることで対応することに政策の方向性を変化させ始めている。刑事司法ではなく公衆衛生上の分野として薬物問題を扱う欧州諸国のハーム・リダクション政策を除けば、今や多くの国々で積極的に治療を要請する傾向にある。特に、アジア諸国やオーストラリアなど、刑事司法手続のなかで強制的な薬物治療を課すところも存在する。これらは、国家から治療が提供されるが絶対的な善であるとして強制的な実施を行っている。しかし、アメリカ合衆国では違った一面を見せる。アメリカ合衆国では、「薬物との戦い（War on drugs）」に顕著なように、特に薬物犯罪に対しては厳格な対応をしてきた。他の国々が違法な薬物が「存在する」ことを前提に、より弊害が少なくなるように方向性を変更しても、アメリカ合衆国では、違法な薬物そのものが「存在してはならない」ことを前提に厳格に対応する政策を推し進めてきた。ただ、アメリカ合衆国に見られる他の国々との差異は、国家によって厳格な対応をされてきたなかで、薬物依存者自身やそれらを支える回復者たちのグループが生まれ、発展し、現在の国家的薬物政策においてもなくてはならない存在になっているところにある。社会復帰思想への批判から司法による厳格な対応を採った国々はここ数年でより治療的な政策へと変更していることが多い。ただその次に採られる戦略と方法が、国家が主体で、国家からの「治療的提供型」にするのか、国家からの提供と、薬物依存者自身を含めた民間団体との市民が主体の「官民協力型」なのか、というところに違いがあるのである。

　日本は、3次戦略や4次戦略からもわかるように、治療的な政策を採るところまで進められてきた。主要目的の1つにも、第2次予防に力を注ぐことが確認できる。ここで、次に目指す方向が、アジア諸国・オーストラリアのような国からの一方的な治療の提供である「治療提供型」なのか、アメリカ合衆国のような国家からの治療の提供と薬物依存者自身を含めた民間団体との「官民協力型」[88]にするのか、もっと市民が主体となるものなのか、日本は大きな選択時にあるといえる。3次戦略の中には、本章「二」でも確認し

たように民間団体との協力を得ることが謳われており、実際にダルクをはじめ、さまざまな民間団体が身元引受人になるだけでなく、全国の矯正施設で薬物指導プログラムに参加するようになっている。基本的な戦略は4次戦略でも維持されている。こういった理念と実務を行うためには、「官民協力型」を採っているアメリカ合衆国の制度や実務を概観すること、そして現在行われているドラッグ・コート制度を考察することが重要な意味を持つ。

六　民間団体が刑事司法手続に関与する理由

　3次戦略にも記されているように、経済的な理由からだけでなく、その処遇効果を期待されて民間の団体が刑事司法手続に関わり活動をすることが望まれるようになってきた。本章ですでに確認されたように、多くの矯正施設でダルクなど民間の薬物回復支援団体が処遇に関わっている。また、NPO法人アパリ[89]は矯正施設に収容されている人びとに通信教育を行ったり、裁判段階での保釈プログラムなどを積極的に行っている[90]。特に、薬物依存という問題を抱えている人にとって、実際の回復者が回復のモデルとして目前にいることは、回復途上者にとって重要な効果をもたらし、目標として捉えることができる。さらに、近年はこれまで縦割りの関係になりがちであった、司法と福祉の関係性を修正するために用いられる「一貫した社会復帰への支援」概念は、矯正施設への収容段階で民間施設のスタッフと関わりを持つことで、出所後にまた問題を抱えた時に保護観察所や更生保護施設以外に相談できる場所として、社会復帰への一連の流れとして、より支援を与えること

88　本書では、国などからの一方的な治療の押し付けを「治療提供型」とし、そうではなく、あくまで治療を受ける権利は回復者自身にあり、それは国だけでやることではなく、回復者だけがやることでもないという意味で「官民協力型」とした。これについての詳しい考察は具体的には第4章以降に展開されるが、本書の目的は、これら治療の提供の義務と回復者の権利、それら治療の提供は放置されるのではなく一方的な押し付けをされるものでもないということを確認することにある。
89　NPO法人アジア太平洋地域アディクション研究所（Asia Pacific Addiction Research Institute: APARI）は、ダルクから派生して作られたNPO法人である。
90　尾田真言「処遇をめぐる爽やかな風(2)——アパリ」石塚伸一編著『日本版ドラッグ・コート——処罰から治療へ』（日本評論社、2007年）196～210頁。

ができる。また、社会内処遇においても同様のことがいえる。

　刑事司法手続によって施設収容であれ、社会内処遇であれ自由を何らかのかたちで制限されている人は、それら手続に身を置かれる権利制約や刑罰の執行を受ける権利と同様に、一般市民としての権利をも併せ持つ[91]。憲法13条（幸福追求権）および同25条（生存権）に基づき社会復帰をする権利を有していることからも、一過性でしかない刑罰だけが与えられるべきではなく、彼らが帰るべき地域社会を念頭に置いた社会復帰の支援が得られるべきである。こういった帰るべき地域社会を念頭に置くことから、一貫した社会復帰への支援が要請され、ここに民間団体が刑事司法手続に関与する意義が生じる。

　しかし、刑罰を執行する国家とその刑罰を受けるべき地位を有する個人との間には、特殊な権力関係が存在する。かつて監獄法においては、特別な権力関係が主流であった。現在は、基本的人権の尊重といった憲法のもとに国と刑事司法手続におかれる人との関係性を包括的支配や服従関係として捉える特殊な権力関係論は否定する見解もある[92]。たしかに、全面的な服従関係は否定されようとも、国と個人との間には特殊な権力関係が維持されていることを否定することはできない。それは、特に刑務作業を行わせることをはじめとした、強制的に何かを行わせる場面での問題となる。こういった特殊な権力関係は、罪刑法定主義や適正手続などが保障されて初めて認められる必要最低限度の範囲での関係である。

　これら特殊な権力関係は、いくら刑事司法手続のなかであるとしても民間団体に委託することはできない。例えば、刑罰権自体を民間企業に全てを委託している国は存在しない。日本のPFI刑務所は刑罰権の執行の委託はせず、問題が起きれば民間の職員が国の刑務所職員に伝達をし、直接的な権力関係が発生する場面では刑務所職員が対処をすることになっている[93]。そう

91　葛野尋之『刑事手続と刑事拘禁』（現代人文社、2007年）143～146頁。
92　（葛野：2007）上掲書、143頁。葛野は、現在では特別権力関係が否定される以上、社会復帰への援助が恩恵的に与えられるとすることは否定し、拘禁者自身の自立的人格が尊重され、本人の理解と同意をもって初めて改善処遇が行われるべきであるとする。さらに特別権力関係否定からは、刑法12条にいう作業を強制させることにも疑問が残ると指摘する。

いった制限のなかで、民間団体が関わることによって、対象となる人の「同意」が必要になる。つまり、その効果面や法律上の必要性から民間の団体が刑事司法手続に導入されることとなったが、あくまで直接的な権力関係に関る場面での特殊な権力を行使することは不可能であり、そういった民間を含めたシステムであるために「同意」が前提となるのである。なぜ「同意」が必要になるであろうか。民間が加わることで生じる問題[94]などの考察は、第4章以降に委ねることにする。

七　考察と小括──日本の薬物政策の問題点

1　覚せい剤取締法の目的

　薬物事犯に対して厳罰主義が採られる根拠として、いわゆる薬物取締法の目的が不十分なことが挙げられる。単純自己使用と単純所持罪については特殊な問題がある。

　覚せい剤取締法の1条は、同法の目的として「覚せい剤の濫用による保健衛生上の危害を防止するため、覚せい剤及び覚せい剤原料の輸入、輸出、所持、製造、譲渡、譲受及び使用に関して必要な取締を行うこと」を掲げている。ここでいう「保健衛生上の危害の防止」とは、何をさすのであろうか。これには、2つの解釈が可能である。すなわち、「薬物使用者自身について生ずる危害」（自傷）と「他の第三者あるいは社会全体に対して与える危害」（他害）である。前者については、(ｱ)自己使用者自身の健康、生命をむしばむものであり、過度に摂取を続けるとそれら薬物による中毒につながる。さらに、他の疾病や感染症にかかることなどを防ぐこともこれに含まれる。後者については、(ｲ)薬物によって生じた行動により他人が殺傷等の被害を受けることが考えられる。また、(ｳ)他の者への乱用の習慣を与え易くすること、それが拡がれば社会全体の健全性に悪影響を与えること、などが挙げられ、

93　刑事立法研究会編『刑務所民営化のゆくえ──日本版PFI刑務所をめぐって』（現代人文社、2008年）242～243頁。
94　特に刑の一部の執行猶予制度の運用については、民間の回復施設が刑事司法の下請けとなることが懸念されるため、第五章において検討する。

違法薬物の不正な流通は暴力団組織と密接な関係があり、それらが暴力団等の資金源になっているとの指摘もなされている[95]。

　本法でのすべての禁止行為は、自傷および他害の目的のために禁止されているともいえる。しかし、これを個別に検討していくと、単純所持および使用については(ア)と(イ)の防止を目的とし、それ以外の禁止行為については、主に(イ)と(ウ)の防止を目的としていると考えられる。しかし、(ア)については、未だ使用経験の無い者を使用させないように予防する「第1次予防」としての意義はあるしても、薬物依存状態にある者の再使用を予防する「第2次予防」、に関しては徹底した取締りに問題があることをすでに指摘した。

　上述の「予防」を自己使用者についてのみの「予防」であるとすると、一方で(ア)または(ウ)は、覚せい剤取締法の目的としての「予防」、自己使用する者への予防を「第1次予防」、薬物使用の影響で次々へと犯罪をすることを予防するための「第2次予防」、そして、莫大な資金が組織犯罪へと流れることを予防する「第3次予防」と考えることもできる。ここでの第2次予防について興味深いデータがある[96]。

　2003年の覚せい剤に起因する二次的な犯罪の総数は80人で、検挙人員の総数1,504,436人の0.005％に過ぎない。個別犯罪でも、例えば、殺人罪では覚せい剤に起因する殺人の検挙人員は4人で、殺人罪の検挙人員件数1,366人の約0.3％であり、一番多い住居侵入罪でも、覚せい剤に起因する検挙人員14人は、総検挙人員7,820人の約0.17％なのである。したがって、このことから、覚せい剤の単純自己使用及び所持罪の厳しい処罰が第2次予防に

95　千葉裕「麻薬及び向精神薬取締法」（平野龍一他編『注解特別刑法5―I（医事・薬物編〈1〉）』青林書院［初版］1983年；［第二版］1992年）1～222頁所収）19～20頁。
96　平成16年版までの犯罪白書では覚せい剤に起因する犯罪として二次犯罪による検挙人員の推移を検討していたのに対し、平成17年以降のそれでは、「薬物常用者」という定義を新たに作り、それを「覚せい剤、麻薬、大麻、あへん及び向精神薬を常用している（中毒症状にあるか否かを問わない。）並びにトルエン等の有機溶剤又はこれらを含有するシンナー、接着剤等を常習的に乱用している者（中毒症状にあるか否かを問わない。）をいう」としている。
　くわえて、2004（平成16）年版までの『犯罪白書』では「覚せい剤に起因する犯罪の罪名別検挙人員」であったが、2005（平成17）年のでは「薬物常用者による犯罪」に変更されている。カウントの仕方が、人員から件数に変更されたため、「（過去5年間の）平均の犯罪総数」が132.6件から、7,325.2人へと「見かけの上」大幅に増加したように表現されるようになった。

大きな寄与をもたらすとはいいがたい。

2 自己決定の位置づけ

前述【図12】で確認されたように、現在、年平均で4〜6,000人が覚せい剤取締法違反で執行猶予付きの懲役刑を言渡されている。そのうち保護観察が付されるのは平均で1,000人ほどである。もし、執行猶予にすべて保護観察が付き、特別遵守事項で処遇が義務付けられると、これまで保護観察に付されなかった単純執行猶予者約4,000人の自由が制限されることになる。

何の措置も講じられないまま放置されるよりも、何らかの治療が行われる方が望ましいとする論者もあるかもしれない。しかし、自由を制限する以上、何らかの根拠が必要で、曖昧な根拠で対象者の権利を制限することはできない。パターナリスティックな論拠だけでは十分でなく、社会防衛的な論拠によれば保安処分ではないかとの疑念も生じる。また、介入の程度が軽微であるということで正当化されるのであれば、これまで介入の許されなかった人たちの監視の目を広げるという「ネット・ワイドニング（net-widening）」の問題が生じる。

たとえ科学的根拠によって薬物依存症の治療に有益であると認められた処遇技法で[97]であっても、患者を強制的にそのプログラムに参加させるには、もう1つ別の正当化根拠が必要である[98]。医療の分野では、治療に際して「インフォームド・コンセント（informed consent）」（適切な情報に基づく同意）が基礎となるとの考え方が支配的であるが、薬物依存症からの回復においても、最終的には本人の自己決定が尊重されなければならない。

---

[97] 科学的根拠に基づく犯罪・非行対策は、「エビデンス・ベイスト・ポリシー（Evidence-Based Policy：EBP）」と言われている。数年前から注目が高まり、2004年に開催された第31回日本犯罪社会学会においては、日本の刑事政策関連立法・施策において、その政策目的および政策手段が科学的根拠を用いて行われているのかということをテーマとして、シンポジウムが行われた。

[98] 津富は、「エビデンス・ベイスト・ポリシーを信奉している犯罪学者は、『EBPこそが唯一の王道である』と考えているとするのは間違いで、あくまで『エビデンスをつくり、更新し、提供する』ことが目的であり、政策決定過程を支配することにはない」とし、あくまで、政策決定に使用されるエビデンスをより質のよいものにすることにEBPの目的があるとする。津富宏「エビデンス・ベイスト・ポリシーにできること」（『犯罪社会学研究』第30号、2005年）89頁参照。

3 犯罪者処遇の理念の変化

近年の犯罪者処遇を取り巻く法改革は、めまぐるしく変化している。特に、約100年ぶりに監獄法を改正して制定された「刑事施設被収容者処遇法」の施行、並びに「犯罪者予防更生法」および「執行猶予者保護観察法」を統合する形で改正された「更生保護法」の施行である。凶悪犯罪といわれるような犯罪類型には、より厳格な判決が言渡され、そうではない犯罪類型には積極的な社会復帰が要請されるようになっている。積極的な社会復帰の要請という面から例を挙げると、薬物事犯者に対して、矯正施設では特別改善指導として薬物治療プログラムを受けることが義務化され、社会内処遇では薬物治療プログラムに加えて簡易薬物検査をも義務付けが可能になるように法整備されている。

こういった再犯性の高い犯罪類型には、積極的な介入や干渉が行われ、それらは社会復帰が絶対的な「善」であるとういことを背景に推し進められている傾向にある。アメリカ合衆国が先導的な役割を演じ、法整備によって依存性の高い薬物を法律によって規制する薬物対策が世界中に普及され、それまで各地の現地では問題とされていなかった薬物が規制されるようになっていく。その後、法律だけの規制では限界があるとし、医療モデルを中心とした社会復帰思想が1970年代ごろから全盛期を迎える。それら社会復帰思想への批判からもたらされた司法モデルによって、裁判官の恣意性のない公正なモデルとして用いられ、それが厳格に用いられた。その後、ただ薬物依存者に対して、ただ厳罰をもって対処をすることに限界を感じ、新たな方法を採る国々が現れ始める。薬物政策の根本的な方向性として、より治療的な処遇を用いて、これらの問題解決に取り組むという見方ができる。

しかし、具体的には次章以降の検討になるが、その方法に大きな違いが生じている。新たな医療による介入型とも言うべき制度が運用される諸国がある。たとえ刑事司法手続のなかでの処遇であっても強制的な治療によって薬物依存者に国家が介入するという方法を採るオーストラリアやアジア諸国のような国がそれにあたる。保安処分を採用する国にとっては議論の余地が存在するかもしれないが、日本は刑法改正時に反対とする議論が巻き起こり、二元論は採用していない。

また、これらの国では、「福祉的であるから」といった理由や「治療が提供されているから」という理由で、これらの介入を容認する傾向にある。たしかに、司法モデルによって展開されたように厳罰を持って対処するだけでは、解決しない問題だといえる。しかし、その解決方法が医療モデルへの逆戻りなのであろうか。一方、アメリカ合衆国では依存性の高い薬物を法律によって規制することを先導的に試みてきたにもかかわらず、回復途上者や回復者支援団体の活動が活発である。また、厳格な対応だけでは何の解決にもならないことに疑問を感じていた裁判官自らドラッグ・コート制度を生み出している。これは、対象となる人の同意を前提に開始される制度であり、国家からの一方的な治療の提供ではなく、市民団体との共同の元で行われる。いわば、新たなモデルの形成である。

　日本での新しい処遇問題を確認したように、現在の日本の傾向は医療による介入型への逆戻りなのではないか。これら薬物依存問題は一方的な治療の提供や義務付けで解決する問題なのであろうか。そこへの疑問は、民間支援団体の協力、そして薬物依存問題を抱えている回復者、および回復途上者の協力なくしては困難であることが、3次戦略で「民間との共同」から示されている。

　このように法律モデルから医療モデル、そして司法モデルによって引き起こされた現実問題を解決する糸口は、再び医療モデルなのであろうか、それともアメリカ合衆国が展開する新たなモデルなのであろうか。そのモデルには問題がないのか。あるとすれば、日本はどのようなモデルを目指すべきなのか。次章にて、アメリカ合衆国の薬物政策を確認することとしたい。

第2章

アメリカ合衆国の薬物政策

一 はじめに——問題の所在

　国家的に薬物対策の戦略が組まれ、「供給の削減」および「需要の削減」を目的としている国は多い。薬物乱用防止を目的として乱用を繰り返す人びとに、刑事司法手続の早い段階で処遇プログラムを導入し、多用なダイバージョン・プログラムを用意している[99]。例えば、オーストラリアは1985年に「全国薬物乱用対策キャンペーン（The National Campaign against Drug Abuse、NCADA）」[100]を策定し90年代以降においては乱用者治療を優先的に行っている。また、カナダにおいては1987年以降に継続的に「薬物戦略（Drug Strategy）」[101]策定し、当初から予防だけでなく、治療や社会復帰に目を向けたものになっている。さらに、アメリカ合衆国でも全米薬物統制政策オフィス（Office of National Drug Control Policy、ONDCP）（以下、ONDCP）が策定した「全米薬物統制戦略（National Drug Control Strategy）」（以下、

99　法務総合研究所研究部報告34「薬物乱用の動向と効果的な薬物乱用者の処遇に関する研究——オーストラリア、カナダ、連合王国、アメリカ合衆国」（2006年）参照。
100　http://www.nationaldrugstrategy.gov.au/
101　カナダでは4年おきに見直され、現在（2008年12月末日段階）では第4期に位置する。
　　http://www.cicad.oas.org/Fortalecimiento_Institucional/esp/planes_nacionales/canada.pdf

米国薬物戦略）を大統領が議会に提出することになっており[102]、全米の国家的な戦略として第1次予防並びに薬物市場の壊滅、および最重要項目として乱用者に対する処遇資源の提供を挙げている。

　特に、アメリカ合衆国においては、全米薬物戦略が策定された当初、徹底した取締りを活用した薬物政策が採られていた。しかし、現在では、若干の差異があるものの、第2次予防に向けた薬物政策の主たる柱として、「薬物専門裁判所（ドラッグ・トリートメント・コート）〔Drug Treatment Court〕」（以下、ドラッグ・コート）が生み出され、展開されている[103]。本章では次章で展開されるアメリカ合衆国発祥の新たな薬物政策であるドラッグ・コート制度が始まるまでの薬物政策の歴史を踏まえ、薬物問題の現状を概観することを目的とする。特に、「薬物との戦い」で示された方向性と、それによって引き起こされたさまざまな刑事司法手続での問題を概観する。例えば、矯正施設の過剰収容と刑務所に送致したところで再犯を繰り返す現象「刑事司法の回転ドア」がある。そういった背景を確認し、併せて、国家が厳格な薬物政策を採っているにもかかわらず、薬物依存者やそれらを支える回復施設などの市民団体の活動が活発になっていく経緯を確認する。

二　国際的動向のなかの薬物問題──アメリカ合衆国がもたらした規制

　薬物に対する国際的な規制が初めて問題とされたのは、1901年に中国の上海で行われた「上海阿片委員会（The Shanghai Commission）」であるとされる。続けて、1909年に開かれた同委員会に、当時植民地政策を行っていた主要国家が出席し、植民地における薬物貿易の規制と生産量の規制を目的

102　2008年版ファイルデータ http://www.whitehousedrugpolicy.gov/publications/policy/ndcs08/2008ndcs.pdf
103　アメリカ全土において、2014年末日現在で、2734のドラッグ・コートが運営されている。その内訳（2008年当時）は、成人用1253、少年用459、家族用（家庭裁判所）328、インディアン等の民族専用79、酩酊運転用144、キャンパスドラッグ・コート4、再社会化ドラッグ・コート30などである。詳しくは第3章を参照。全米ドラッグ・コート専門家会議（National Association of Drug Court Professionals: NADCP）ウェブページ http://www.nadcp.org/whatis/ 参照.

として委員会が開かれていた[104]。当時は、主唱国であったアメリカ合衆国以外の国々は、薬物の法的な規制について感心がなく、アメリカ合衆国自身が自国の薬物問題に悩まされていたようである[105]。ここで出された条項に基づいて、各国に法制化を求めるための「ハーグ国際阿片会議（The Hague International Opium Conference）」が1911年にオランダのハーグで開催される。ここでも参加国が少ないことや、各国が法制化は望ましくないとの態度を採ったことから、アメリカ合衆国が主張する依存性の高い薬物を規制するための法制化が進むことはなかった。しかし、1913年に再度、オランダのハーグで行われた「第二回ハーグ国際阿片会議」においてアヘンとコカインの貿易および生産に対する議定書が作成されるに至り、各国が次第に法制化を進めるようになったのである[106]。この第二回ハーグ国際阿片会議の最終議定書を受けて、各国に求められたのが、薬物の流通を統制する法制化であった。これを受けて、アメリカ合衆国では1914年に「ハリソン法（Harrison Narcotics Tax Act）」が制定されている[107]。ハリソン法の基本構造は流通に関する規制として課税を課すことなどが規定されたもので、そのセクション8において所持を制限し、セクション9においてそれらの罰則を定めている[108]ことから、実質的な使用禁止となっている。

---

[104] 出席した国は、中国、フランス、ドイツ、イギリス（大英帝国）、日本、オランダ、ポルトガル、ロシア、シャム（タイランド）、そしてアメリカ合衆国であった。詳しくは、（佐藤：2008年）前掲註11、149頁。佐藤はあくまでアメリカ合衆国以外は、貿易の統制と自国における薬物使用に関心がなく、アメリカ合衆国自身が薬物問題に悩まされていたからであると指摘する。

[105] 1875年にはすでに「サンフランシスコ阿片法（San Francisco's opium ordinance of 1875）」が、1877年にネバダ州でそれぞれ阿片法が法制化されていた。さらに1900年の段階では、他にアリゾナ、モンタナ、ノース・ダコタ、サウス・ダコタの各州で法制化されていた。Joseph F. Spillane "The Road to the Harrison Narcotics Act: Drugs and Their Control, 1875-1918", edited by Jonathon Erlen and Joseph F. Spillane, "Federal Drug Control", Pharmaceutical Products Press, 2004, p11.

[106] （佐藤：2008）前掲註11、150頁。

[107] Joseph F. Spillane, op. cit., p17. ハリソン法（Harrison Narcotics Act）は1914年12月14日に議会を通過している。9のセクションから構成されている。ハリソン法は、http://www.druglibrary.org/schaffer/history/e1910/harrisonact.htm においてフルテキストで見ることができる。

[108] ibid, p17. セクション9では「2,000ドル以上の罰金もしくは、5年の自由刑」が罰則として規定されている。

上述のように、当初はアメリカ合衆国以外の各国は主に流通に関する規定として捉えていたことから、薬物の使用禁止については国によって異なっていた。実際に、国際協定として使用禁止する体制を整えたのは、1961年にニューヨークで結ばれた協定「麻薬に関する単一条約（Single Convention on Narcotic Drugs of 1961)」からであった。これには71カ国が参加し、アメリカ合衆国が主導する「薬物廃絶運動」が展開されることになる[109]。

　引き続き、1971年には「向精神薬に関する条約（Convention on Psychotropic Substance of 1971)」、1987年には「麻薬および向精神薬の不正取引の防止に関する国際連合条約（UN Convention Against Illicit Traffic in Narcotic Drugs and Psychotropic Substances)」[110]が結ばれ、同様に「薬物廃絶」が主張されが。国際的に薬物を規制することがアメリカ合衆国によって整えられていく。

三　アメリカの薬物政策とその帰結
　　　── the National Drug Control Strategy の薬物政策

1　アメリカ国内の薬物規制の変遷

　アメリカ合衆国における各州単位での薬物の取締りは、19世紀後半から行われていた。上述のように、連邦による法的規制が始まったのは、1914年のハリソン法によってである。ハリソン法ではアヘン系薬物およびコカインの医療目的以外での販売および使用を規制することを含んでいたが、主には医師や製薬会社、製造業者などが流通などを行う際に連邦政府に登録、納税することなどが主な目的であった。その後、ハリソン法が約50年に渡り薬物の規制及び違反行為に対する取締りの基本とされ、度重なる改正が施され、規制が強化されていくことになる[111]。1960年代頃から、嗜好的薬物使用が問題視されるようになり、1970年に従来の薬物規制法を統合する体裁

---

[109] 佐藤によると「薬物廃絶パラダイムとは、端的にいえば、個人は社会が許容するような形でドラッグを使用することは不可能であって、使用は必然的に常用へといたるがゆえにこれを廃絶することが求められるという考えかたである」とされる。（佐藤：2008）前掲註11、151頁。

[110] 3つの国際協定、すなわち「麻薬に関する単一条約」、「向精神薬に関する条約」、「麻薬及び向精神薬の不正取引の防止に関する国際連合条約」はいずれも日本が批准しているものである。

をとる「1970年包括的薬物乱用防止及び規制法（Comprehensive Drug Abuse Prevention and Control Act of 1970）」が制定された[112]。同法に規定される「規制物質法（Controlled Substances Act、CSA）」および「規制物質輸入法（Controlled Substances Import and Export Act）」が薬物の使用防止を規制するものであり、連邦のガイドラインを示すものになっている[113]。

1980年代に入り、レーガン政権時代には大規模な薬物政策が展開されるようになった。政策キャンペーンとして1960年代にニクソン大統領が始めた「薬物との戦い（War on drugs）」を大々的に推進している。1982年10月には、レーガン大統領がラジオ演説において「薬物との戦い」を国民に訴えかけている[114]。続けて、1984年の「犯罪取締法（Crime Control Act of 1984）」、1986年の「薬物乱用対策法（Anti-Drug Abuse Act of 1986）」、1988年の薬物乱用対策法の改正、さらに1990年には犯罪取締法の改正が行われた。

まず、1984年の犯罪取締法によって、薬物関連の重大な犯罪に対する保釈金が増額され、必要的懲役刑の設立、薬物事犯者に対する刑罰の強化などが盛り込まれた[115]。さらに、1986年の薬物乱用取締法は、薬物の取締りに対して、地域レベルから国際レベルに至るほどに徹底されたものであり、「予防および治療活動を支援するために、大規模な連邦予算をつけること」、「違法なマネーロンダリングに対する規制の強化」、マリファナの「大規模な

111　William B. McAllister "Habitual Problems: The United States and International Drug Control", edited by Jonathon Erlen and Joseph F. Spillane, "Federal Drug Control", Pharmaceutical Products Press, 2004, p188-201.

112　Joseph F Spillane "Federal Policy in the Post-Anslinger Era: A Guide to Sources. 1962-2001", edited by Jonathon Erlen and Joseph F. Spillane, "Federal Drug Control", Pharmaceutical Products Press, 2004, p214.

113　小島まな美＝桑山龍次「アメリカ合衆国」法務総合研究所研究部報告34『薬物乱用の動向と効果的な薬物乱用者の処遇に関する研究——オーストラリア、カナダ、連合王国、アメリカ合衆国』（2006年）211頁。

114　清水新二「アメリカの薬物戦争政策の現状と問題点」（『犯罪と非行』第123巻、2000年）54頁。

115　岡部泰昌「アメリカ連邦刑事法改正の概要——『1984年の"包括的犯罪規制法（Comprehensive Crime Control Act of 1984）"』の紹介」（『判例タイムズ』第36巻4号、1985年）18頁。

密売に対する刑務所収容の復活」、「新たに製造される脱法ドラッグの取締りの対称にすること」、「州および市町村の自治体に対して取締り活動を支援する助成金制度の創設」、および「国際的な薬物取締りの強化」が掲げられている。

そして、1988年の薬物乱用対策法の改正では、密造および密売といった供給側に対する罰則の強化だけでなく、使用者および所持者といった需要側への罰則が適用され、強化されると同時に、海外への供給体制への撲滅活動も重要な課題として取り上げられている。

しかし、1990年代に入り、上述のような一貫した取締り強化から、異なる流れが起きはじめる。1990年の犯罪取締法改正によって連邦政府は教育現場での薬物問題の指導を取り入れる施策を推進し始めた。さらには、1994年の「暴力犯罪統制及び法執行法（Violent Crime Control and Law Enforcement Act of 1994）」は、いわゆる「三振法（three strikes you are out）」として有名な立法[116]であるが、薬物犯罪に対して新たな視点から立法を行っている。すなわち、薬物犯罪においては不法取引者への罰則引き上げなどの厳格な取締り方法を規定した一方で、受刑者への処遇プログラムや後述するドラッグ・コート・プログラムの拡充など、薬物使用者側の回復に大きく寄与している。

なお、2009年にはONDCPの代表であるG・ケルリコウスキ氏がオバマ大統領によって指名され就任し、その就任早々の演説において「薬物との戦い」を終結させるとの宣言を行った。また、欧州のハーム・リダクション政策の影響やDPAなどの活動の影響もあり、徐々に刑事司法ではなく公衆衛生の問題で解決すべきであるとの見方も登場する[117]。こういった流れのなか

116　岡本美紀「アメリカ合衆国における『1994年暴力犯罪統制及び法執行法』について──いわゆる『三振アウト』条項を中心として」（『比較法雑誌』第29巻4号）30～31頁。三振法とは、裁判所における量刑判断でガイドラインに沿った量刑を定める際に、三度目の有罪判決を受ける者に対して、終身刑以上が課されることなどを必要的懲役とする法律である。

117　拙稿「アメリカ合衆国(2)：薬物政策の過去・現在・未来」石塚伸一編著『薬物政策への新たなる挑戦──日本版ドラッグ・コートを越えて』（日本評論社、2013年）131～155頁。本書では、言及しないが、アメリカ合衆国内においても非犯罪化に向けた活動が注目されるようになってきている。

で、三振法の対象犯罪の中から薬物関連犯罪を削除する州も登場している。

2 米国薬物戦略

連邦政府としての薬物対策は、現在ONDCPが中心となっている。このONDCPは、各関係機関の活動や調整、監督を行っており、中核的な薬物対策統括機関である[118]。ONDCPは、1988年の薬物乱用対策法によって5年間の制限をもって設立された。引き続き1994年暴力犯罪統制および法執行法、1998年および2006年の「全米薬物統制政策オフィス再授権法（The Office of National Drug Control Policy Reauthorization Act of 1998/2006）」によって、それぞれ延長が認められており、現在に至っている[119]。このONDCPに与えられている権限の主なものが米国薬物戦略の策定、およびその調整、監督である[120]。

この米国薬物戦略はONDCPが策定し、大統領が議会に提出することから始まり、その戦略を元にして薬物関連諸政策の具体的なプログラムとともに、国家として採る全米薬物戦略の方向性が決められていく[121]。これは日本で行われている「五か年戦略」に近いものである。しかし、日本とアメリカ合衆国を含む諸外国との「薬物戦略」には、相違点がある。まず、日本の「戦略」と同様なのは、啓発活動などを通して、初めて使う人への予防である「第1次予防」を主要目標に置いているという点である。なお、日本およびアメリカ合衆国以外で薬物政策について治療を最優先にする国であっても同様で、オーストラリア、カナダ、イングランドおよびウェールズなどでも、「薬物戦略」の主目的の1番目にくるのは、「初回使用者になる前の啓発活動（Stopping Drug Use Before It Starts）」すなわち、第1次予防である[122]。し

---

118 http://www.whitehousedrugpolicy.gov/about/index.html
119 http://www.whitehousedrugpolicy.gov/about/authorizing_legislation.html
120 Franklin E. Zimring and Gordon Hawkins "The Search for rational drug control", Cambridge University Press,1992. は、アメリカ合衆国の薬物戦略がどのように議論されて、策定されてきているのかを、法律家、一般公衆衛生、コスト・ベネフィットの点から検討する。
121 大統領は戦略が十分でないと判断した時に、いつでもONDCP局長と協議の上で、改定することができるとされる。また、大統領の交代時、ONDCP局長の交代時であっても改定することができるとされている。

かし、明確に違いが生じるのは、それら主目的の中に、需要者軽減に向けた治療的な介入方法を置いていることであり、オーストラリア、カナダ、イングランドおよびウェールズの薬物戦略ならまだしも、日本のように頑なに違法薬物は存在してはいけないものとして厳格に対応しているアメリカ合衆国でさえも、主要目的の三本柱の第2番目に「薬物使用者への治療（Intervening and Healing America's Drug Users）」[123]を用意している。すなわち「第2次予防」について規定している。この、アメリカ合衆国の「薬物戦略」を中心に見ていくと、主要目的の第2では「精神保健乱用サービス局（the Substance Abuse and Mental Health Services Administration's: SAMHSA）」によって、回復に向けたサービスが提供され、司法省に対してもドラッグ・コート・プログラムについて重要項目として予算がつけられている。

　第1章で確認したように、日本でも3次戦略や4次戦略から「薬物依存・中毒者の治療・社会復帰の支援及びその家族への支援の充実強化による再乱用防止」が置かれ、それまでの「戦略」では乏しいとされていた本人や家族の相談体制や、支援の充実に向けて厚生労働省などが関われるようになっている。たしかに日本の薬物戦略も世界的標準に達したとの主張がありうる。しかし、日本の薬物戦略の具体的な体制を見ると、内閣府に続いて、文部科学省や厚生労働省よりも警察庁が先に表記されており、さらに、目標3では薬物密売組織の壊滅だけでなく、末端乱用者に対する取締りの徹底が警察庁を中心に行われることが表記されている。これらのことから目標3では、医療的および福祉的なものを国際的な状況から組み込んだようにも思えるが、

122　オーストラリアの「全国違法薬物戦略（National Illicit Drug Strategy）」http://www.nationaldrugstrategy.gov.au/internet/drugstrategy/publishing.nsf/Content/home、カナダの「薬物戦略（Canada's Drug Strategy）」http://www.phac-aspc.gc.ca/index-eng.php、イングランド及びウェールズの「新薬物戦略（Updated Drug Strategy）」は、http://drugs.homeoffice.gov.uk/publication-search/drug-strategy/drug-strategy-2008 でそれぞれ、ダウンロード可能である。
123　"National Drug Control Strategy 2008 Annual Report", p23-32. ちなみに、三本柱とは①「使用前の防止（Stopping drug use before it starts）」、②「薬物使用者への癒し（Intervening and healing America's drug users）」、③「違法薬物の市場の破壊（Disrupting the market for illegal drugs）」である。本書でいう「第1次予防」、「第2次予防」、「第3次予防」にそれぞれ適合する主目的であると思われる。

あくまで使用者には徹底した取締りを行うことが前提になっている。

3 「薬物との戦い（War on Drugs）」とその結果

　上記のような取締りと矯正施設への収容を中心とした薬物対策が「薬物との戦い」としてセンセーショナルに展開され[124]、1990年には当時の父ブッシュ大統領によって薬物との戦いに対する「勝利宣言」が出されていた時期がある[125]。たしかに、1990年からの数年間は抑止効果があると見ることができるような現象が起きた（【図16】を参照）。薬物犯罪および薬物関連の暴力犯罪が同時に減少していったのである。しかし、数年後には、また薬物事犯者の逮捕者は増加することになる。薬物犯罪および薬物関連犯罪を起こす者への厳格な取締りと、矯正施設への収容が結果的に薬物犯罪とその関連犯罪を減らしているかのように思われた[126]。しかし、逮捕者中の薬物反応テストで約60％の陽性反応が出るといわれるアメリカ社会においては、薬物事犯者を一定期間の長期的隔離をすることで、一見、薬物犯罪も一般刑法犯も減少しているかのように思われたのだが、それと同時に「犯罪率は低下したが、受刑者は急増した」という現象を引き起こしたのである。

　実際に、ジェイル（Jail）および刑務所（Prison）における収容人員[127]は、1980年に両所併せて503,586人であったものが、1990年には1,148,702人、2000年には1,937,482人、2002年に2,000,000人の大台を超えて、2013年末段階では2,293,157人にまで達している（【図14】を参照）。もう一方で注目すべきは、執行猶予者の数が1980年には118,097人であったものが、2013年には約3,910,600人へと約30年間で30倍に爆発的に増えていることであ

124　Jeff Yates, Gabriel J. Chin and Todd A. Collins "A war on drugs or a War on immigrants? Expanding the definition of "Drug Trafficking" in determining aggravated felon status for non-citizens", Maryland law review, 2005. p2-3. http://papers.ssrn.com/sol3/papers.cfm?abstract_id=774866#

125　Public Papers of the Presidents of the United States, at 1038. (United States Government Printing Office: 1991)

126　（清水：2000年）前掲註114、55〜56頁。

127　Bureau of Justice Statistics Correctional Surveys のウェブサイトを参照。　http://www.ojp.usdoj.gov/bjs/prisons.htm. Jail の人口統計は一日平均で表されているが、prison の人口は年度末受刑者で算出されていることは留意点である。

図14　矯正施設における成人の数

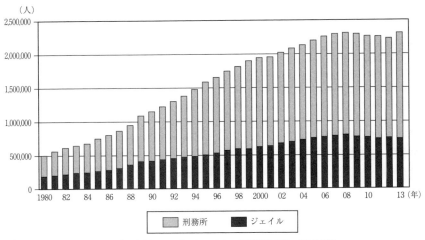

注） 1　Bureau of Justice Statistics (Adult correctional population, 1980-2013) のデータから作成
　　 2　http://www.ojp.usdoj.gov/bjs/correct.htm

図15　刑事司法手続における成人の数

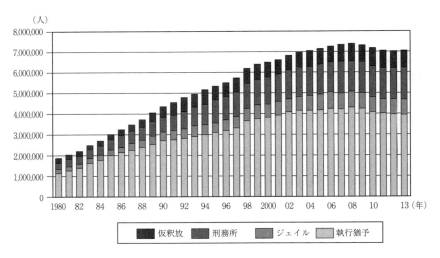

注） 1　Bureau of Justice Statistics (Adult correctional populations, 1980-2013) のデータから作成
　　 2　http://www.ojp.usdoj.gov/bjs/correct.htm

る（【図15】を参照）。

　刑務所改革に関する文献を多数執筆する犯罪学者であり、英国の上院議員でもあった Vivien Stern は「この時代遅れなアメリカ合衆国の過剰な政策は、産業社会における多様な役割のなかで逸脱していると見られている。それでもアメリカ合衆国は、それらの非難に対して反抗的な政策を継続している。なお、巧妙に、あらゆる方法により、犯罪及び刑罰に関する問題が異なる国々においても承認され、彼らの政策が、政策や文化的風潮を部分的に変更し継承され続けている。国際的な議論の場において『薬物との戦い』がプレッシャーを与えているように、アメリカ合衆国が国際社会の先導者としての役割があると見られる事例が存在している。我々は、貧困を脅威として見る見解や、複雑な犯罪原因の分析による境界を阻止する方法を用いて、犯罪政策を政治的な場で議論するアメリカ式のモデルが広く採用され増加していることもまた見続けている。（中略）我々が、今後数年において、産業社会国家及び発展途上国の両方において、アメリカ式モデルに黙従するのか、それとも反抗するのかということが、それぞれの国々において犯罪及び社会政策の形が今後数年でどのようになるかに深く影響するということが確認できるだろう。」と指摘している[128]。グローバル化する社会のなかで、市場の拡充を推し進めたアメリカ合衆国が、市場だけでなく、法的な価値観を押し付けていることに対する Stern の指摘は妥当であろう。特に、アメリカ式の薬物政策は、それまで宗教的・民族的な儀式として薬物を使用していた少数派民族の文化的な使用をも違法行為として彼らにその価値観を押し付け、刑事規制の対象とすることで、さまざまな国々で過剰収容をもたらす一要因を担っているのである。

四　薬物事犯

　薬物事犯者の検挙数を見ると（【図16】を参照）、1990年の前後数年間は、

128　Vivien Stern "The International Impact of U. S. Policies", edited by Marc Mauer and Meda Chesney-Lind "Invisible Punishment: The Collateral Consequences of Mass Imprisonment", The New Press, 2003.p279-280.

当時のブッシュ大統領が「勝利宣言」を発したように減少傾向を示していたが、それ以降、増加し続けている。それら薬物事犯者を犯罪類型別に見てみる（【図17】を参照）。売買および製造による違反者は、1986年で206,800人、1996年で375,000人、2006年で330,700人であった。1990年前後までは増加傾向にあったのだが、それ以降は比較的横ばいの傾向を示している。しかし、所持による違反者の数は1992年以降に増加の一途をたどり、その末端使用者への取締りが強化されたことなどを受けて、薬物法違反による検挙人員の約80％以上が所持による違反者である。

こういった政策は、どのような結果を生み出しているのだろうか。州の刑務所人口に占める薬物事犯者の割合を見てみる（【図18】を参照）。1980年の段階で薬物事犯者が占める割合は全体の6.4％であった。その後1990年には21.8％を占めるようになり、そのまま約20％を超える水準で薬物事犯者が占めるようになる。そして、2005年には約37％を占めており、全体の3分の1にまで達している。他の犯罪との増加率を見比べると、暴力犯罪の爆発的な増加と薬物犯罪の急激な増加が確認される。さらに、「必要的懲役刑（mandatory minimum sentence）」により、前科などの組合せで、単純所持の事例であっても5年の懲役刑が科される事例が存在し、末端の売人であってもそれら量刑基準を組み合わせることで20年の懲役刑が言渡される事例までが生じる可能性が指摘されている[129]。これらの現象を踏まえて、アメリカ合衆国での矯正施設の人口増加は薬物犯罪が主な原因の1つであるとの主張がなされている[130]。

たしかに、それら要因が矯正施設人口増加を促している。しかし、地方裁判所レベルでの薬物事件処理件数の増加（【図19】を参照）も確認しておく必要があろう。暴力犯罪の事件処理数は1980年から2005年までで約3,000件の前後を行き来するのみで、大きな増加はしていない。それと対照的に、公的秩序違反が1980年の15,638件から2005年には38,578件となり約2.4倍になっている薬物事犯の事例が1980年の7,119件から2005年の30,129件

129　（清水：2000年）前掲註114、58〜66頁。
130　藤本哲也「アメリカにおける刑務所人口の増加とその要因——アメリカ犯罪学会の全米政策白書を中心として」『法学新法』第108巻4号、2001年）1〜59頁など。

図16　薬物事犯者の検挙人員

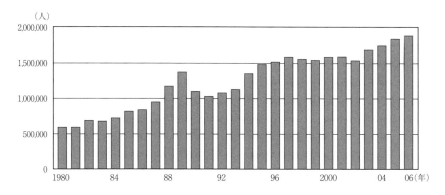

注）1　Bureau of Justice Statistics (FBI, Crime in the United States, annual, 1980-2006) のデータから作成
　　2　http://www.ojp.usdoj.gov/bjs/glance/drug.htm

図17　薬物事犯者における「売買および製造」と「所持」の罪件数

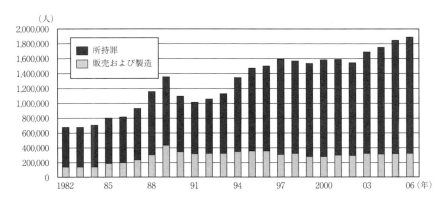

注）1　Bureau of Justice Statistics (FBI, Crime in the United States, annual, 1980-2007) のデータから作成
　　2　http://www.ojp.usdoj.gov/bjs/dcf/enforce.htm#dru

で4.2倍に急激に増加している。アメリカ合衆国では薬物事件として処理される絶対数そのものが爆発的に増加していることが確認できる。

また【図15】で確認したように執行猶予者の爆発的な増加を踏まえると、刑務所人口に占める割合が減少傾向にある公的秩序違反にあたる者が社会内

図18 矯正施設に占める犯罪名別収容人員

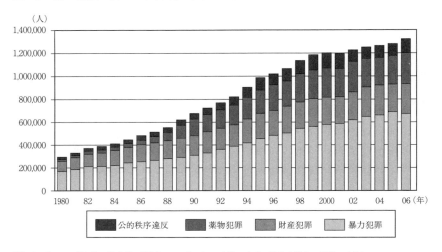

注) 1 Bureau of Justice Statistics (Adult correctional populations in the United States, 1997, and Prisoners in 2007) のデータから作成
2 http://www.ojp.usdoj.gov/bjs/glance/corrtyp.htm

図19 巡回裁判所等地裁レベルの事件処理数

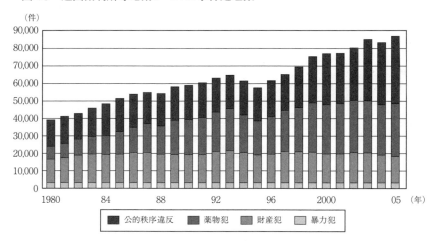

注) 1 Bureau of Justice Statistics (Compendium of Federal Justice Statistics, annual and Federal Justice Statistics, 2005) のデータから作成
2 http://www.ojp.usdoj.gov/bjs/dcf/glance/fedtyp.htm

処遇に処せられていることが確認できる。このように、急激な刑務所人口の増加をもたらし、執行猶予判決によって社会内処遇として取り扱われ、これらに影響を与えている犯罪の1つが薬物事犯者であるといえる。ただし刑務所収容が中心の処遇から執行猶予を主体とした社会内処遇が重視されていることが伺える。ただし、刑務所への収容以外の政策を採っているだけであって、施設収容以外の方法で多くの対象者を刑事司法手続に抱え込み、国家からの何らかの介入があることになる。

　Sternは、刑務所人口を増加させるだけのアメリカ型の刑事政策を批判し、アメリカ合衆国の刑事政策のインパクトを受け続けているカナダやオーストラリア、そしてイングランドおよびウェールズは、その後を追わないと主張していた[131]。しかし、イングランドおよびウェールズは、たしかに刑務所人口を増加させないために政策を行っているように見受けられるが、その一方で社会内処遇や電子監視を付した処遇がその主を占めるようになっている。刑務所人口を減らせばいいということが目的であれば、達成しているかもしれないが、施設の外であっても国家からの介入または干渉が行われていることへの留意が必要であろう[132]。そして、イングランドおよびウェールズは、施設内で矯正される対象者の過剰拘禁について、効果的な戦略を採っているとSternは指摘するが、その半面に社会内で奉仕活動や電子監視が付された状態での対象者を増加させていることにも注意がいるであろう。

五　厳罰政策下の回復者支援団体の誕生と発展

1　厳罰化のなかでの回復者自身の活動と国家による保護

　アメリカ合衆国では、薬物犯罪に対する厳格な対応がなされていた背景を持ちながら、回復者を支援する団体、および自助グループ（セルフ・ヘルプグループ）が誕生し、展開がなされていることも重要な特徴である。後に、このセルフ・ヘルプグループは、ドラッグ・コート制度を支える市民側の原

131　Stern, op. cit., p288-292.
132　例えば、薬物治療プログラムへの参加によって生じる社会内処遇での問題点は第4章において考察する。

動力として、またドラッグ・コートのプロバイダーとしてなくてはならない存在になる。

　自身も回復者の一人であり、セルフ・ヘルプグループのスタッフである歴史研究家の William L. White は、なぜアメリカ合衆国で回復者自信とそれを支える市民グループが誕生し発展してきたのかを次のように分析している。すなわち、①「医学的ないし精神医学的展開」、②「地域支援型プログラムの展開」、③「宗教的アプローチの台頭」、④「NAの誕生と発展」、⑤「回復者に指導される治療共同体の発展」である[133]。順にそれらを確認していく。はじめに、アルコール依存症の問題がすでに存在していたアメリカ合衆国において、従来のアルコール依存症の治療から、薬物依存症の治療が開発されたことが挙げられる。つまり、メサドンによる治療などを用いた依存薬物の代替療法による治療方法の開発である。初期の医療は、強制的な治療であるばかりか、前頭葉切除術による薬物症状の緩和などがなされた時代である。そういった強制的な治療について、大きな議論が巻き起こり、痛烈な批判がなされた。さらに、病院内に収容するのではなく地域社会を中心とした治療方法の開発が望まれた。強制的な治療をすることを批判された病院関係者が、こういった脱入院化の活動の中心を担っていた。しかし、急に病院施設から出され、社会での生活を求められた薬物依存者は、行き場がなかったのである。その地域社会を基盤とした活動のなかで、行き場のない薬物依存者たちを受け入れたのが、キリスト教会をはじめとする宗教的な施設が多かった。宗教的な活動を通して、集まれる場所を提供し、司法、医療、福祉に関するサービスを提供し始めたのである。また、こういった教会などの施設では相談所やカウンセリングの役目を果たしていたことも確認されている[134]。これらの社会的活動を行う生活環境で提供される回復支援および回復場所において、回復者自身が主体となって、回復する活動が生み出されたのである。こうい

133　〔翻訳〕特定非営利活動法人ジャパンマック『米国アディクション列伝――アメリカにおけるアディクション治療の回復と歴史』(2007年)〕246～264頁、〔原書：William L. White "Slaying the Dragon", Chestnut Health Systems/Lighthouse Institute, 1998.

134　(White：1998年)上掲書、249頁。ホワイトは、この宗教的なアプローチが入ったことで、肉体の不可侵性を汚す宗教的な罪としての影響と、教会で行われることによる毎日のライフスタイルや社会活動の場の再構成が大きな役割を果たしていると分析する。

った経緯が顕著に現れているのが、アルコール依存からの回復プログラムの1つであった、AAミーティングの誕生、およびNAミーティングの展開であった[135]。このNAの存在が回復途上の薬物依存者にとって、貴重な社会的資源になっていったのである。こういった背景の下に、回復者自身が治療のための治療共同体[136]を形成していった。この治療共同体の考え方は、薬物依存症という問題に対し、その回復者および当事者をカウンセラーとして導入するといった1つの回復手法の土台となっている。

一方、薬物犯罪が政策的に厳格に対応されるなかで、こういった薬物依存者に対して、国家による保障も同時に展開されることとなった。薬物依存者そのものを保護するプログラムが展開された。1962年に合衆国連邦最高裁判所で「薬物依存それ自体は犯罪ではない」とし、薬物依存を理由に処罰することは修正憲法第14条に反する残酷な刑罰に当たると、それまでの政策から方向転換を促すような判決（ロビンソン対カリフォルニア判決）がなされた[137]。あくまで、本判決は薬物依存症が病気であり、依存症者それ自体は罪ではないとした。ただし、薬物依存症が病気であると最高裁で認識されたからといって、決して拘禁する必要がないと示したものではなかった。治療ではなく刑罰として身体拘束が行われていることを違法としただけであった。つまり、その目的が「社会を守るため」の治療であるならば、身体拘束はありえ、治療が行われるべきであるとの見解を示したのである。

この判決が出た4年後の1966年に「薬物依存及び社会復帰法（Narcotic Addiction and Rehabilitation Act）が成立し、薬物事犯者に対し拘禁刑の代わりに自主的でない入所施設および通所施設での治療・プログラムを受けさせる権限が裁判所に与えられている[138]。違法薬物の蔓延やそれに関連する行

---

135 AAとは、「Alcoholics Anonymous（無名のアルコール依存症者たち）」の略で、アルコール依存症からの回復を目的とした非営利のグループである。NAは、「Narcotics Anonymous（無名の薬物依存者たち）」の略で、薬物依存症からの回復を目的とした非営利のグループである。
136 初期の治療共同体として「シナノン」が挙げられる。しかし、初期のシナノンは、発展し、その活動が拡大するにつれ、薬物依存者たちを地域社会で復帰させるとうい命題よりも、シナノンという共同体そのものの維持や人格を再構成させることに力点が置かれるようになったのである。（White：1998年）前掲註133、255頁。
137 Robinson vs. California、370 U. S. この判例については、第3章で検討する。

為は犯罪であるが、薬物依存症それ自体が罪ではないとする最高裁の判決を受けて、薬物依存症者自身には治療が提供されることが決められたのである。

　他の点として、保健給付金の適用が拡大されたことも民間施設が展開することに大きな意味があった。1980年代から1990年代にかけて、非営利活動または営利的活動の薬物依存回復支援プログラムが増加している。こういった増加の要因として、利益を生み出すベンチャー産業として民間企業がプログラムの開発に関わったことも重要な要因であったようである。これらの背景の下で、各地の医療関係施設、NAの活動、シナノン[139]における実践などの回復者による治療共同体が誕生し発展をしているのである。

2　回復者自身の果たす役割

　上述のように展開された治療共同体という概念はその後のセルフ・ヘルプグループにとって重要な意味を持つ。回復者自身がスタッフとして機能することで、回復途上にある人たちに[140]、「実際に薬物を使用しないでも生きていける」目標として示されたからである。これらスタッフと回復途上の人び

138　James L. Nolan, Jr., "Reinventing Justice: the American drug court movement", Princeton University Press, 2001, p35. 〔邦訳：小沼杏坪監訳『ドラッグ・コート～アメリカ刑事司法の再編』（丸善プラネット株式会社、2006年）〕

139　「シナノン」とは、1958年にアメリカ合衆国カリフォルニア州で始められた「SYNANON」と呼ばれる薬物依存の問題を抱える者たちの自助的な共同体運動によって組織された自助グループのことである。AAプログラムなどを用いた回復者自身の共同体で、多くの回復者を生み出した。しかし、地域社会との軋轢や、組織内での抗争などによって、最終的には共同体そのもののあり方などが問題となる。現在では、薬物依存者問題の解決という目的から離れてしまった。一方で、このシナノンで示された治療共同体のあり方が治療的処遇の新たな視点として注目され、アメリカ合衆国国内だけでなく、広く薬物依存者処遇の不可欠な社会的資源としての役割を担っている。宮永耕「薬物依存者処遇におけるサービスプロバイダとしての治療共同体について」『龍谷大学矯正・保護研究センター研究年報』第5号（現代人文社、2008年）20頁。

140　ダルクの考え方には、「Just for today」というものがある。これは、回復者として支援を行っているスタッフも含め、回復途上の状態であり、とにかく「今日一日だけは使わない生活をしよう」というスローガンである。こういった理解からは、たとえ「回復者」として表現されるスタッフであっても「回復途上中」ということになる。医学的にも、完全に治癒することは難しいとされる薬物依存症においては、この理解が正しいものと考えるが、本書においては「薬物を使用しないでも生きる方法を見つけ、薬物を使用しない日を重ねている人」という意味で、その生き方を示している人を「回復者」とし、そういった生き方を模索中である回復施設にいる人びとを「回復途上」とする。

とは、治療者と被治療者の関係で接するのではなく「先ゆく先輩」といったような関係性が築かれていく。回復途上の人びとも回復者スタッフも自分自身の行動に責任を持ち、社会生活にフィードバックされていく。また、主に行われるミーティングやカウンセリングでは、同様の経験をしているスタッフやメンバーがいることが、薬物依存というアイデンティティを土台としていた過去から、新しい回復というアイデンティティを受け入れやすくさせるとWhiteは指摘する[141]。

　この治療共同体という形態は、回復者自信が自助的な活動によって、それまでの治療的処遇に代わる必要不可欠な社会的資源として注目を集めた。その回復者自らが回復する支援を行うという手法は現在でも重要視され、アメリカ合衆国内だけでなく、広く世界中に広まった概念であった。ただし、初期の治療共同体は閉鎖的な文化を持つところが多く、それら治療共同体としての特殊な関係性が生じていることにも触れておかなければならない。これら初期の治療共同体内部では身分的階層の抗争が激化していた。初期の治療共同体では、特殊な関係性が築かれた治療共同体での長期に及ぶ生活がもたらされるために、その生活に馴染めない者も当然に存在した。これら初期の治療共同体は、運営自体が困難を極め、その後修正された形で新たな治療共同体が形成されるに至るのである[142]。そのため、あらゆるニーズに応える形で、治療共同体の鍵概念を引き継いだ新たな治療共同体が形成されている。これら修正された治療共同体は、従来の回復者だけが身分的階層によって形成していた体制を大きく変えることとなった。つまり、これら修正された治療共同体は、回復者自信がモデルとなって回復途上の人たちと相互関係に回復する場を提供し彼らのモデルとなるという鍵概念を継承しつつ、矯正、医療、ソーシャルワーカー、家族・児童ケアの専門家などを踏まえた新たな人材配置を兼ね備えた治療共同体を生み出したのである[143]。

141　(White：1997年) 前掲註133、262頁。
142　(宮永：2008年) 前掲註139、29〜31頁。宮永は、それら初期の治療共同体を「伝統的TCモデル」とし、さまざまなニーズに沿って発展する新たな治療共同体を「修正TCモデル」とする。
143　(宮永：2008年) 前掲註139、27頁。

厳罰化のなかにあっても、こういった経緯で展開された薬物依存の回復者集団とそのニーズに応える修正が繰り返され、さまざまな自助グループや回復者支援をするグループが生み出された。薬物依存者が自ら回復する活動があり、それを支える団体があるからこそ、次章で採り上げるドラッグ・コート制度が実際に運用可能になっているのである。

六　小括

　多くの研究者によって、アメリカ合衆国は、薬物犯罪に厳格な対応をしていることが指摘されてきた。たしかに、すでに国内レベルでは19世紀からサンフランシスコの立法化を筆頭に、各州レベルでの薬物を規制が行われていた。そして、依存性のある薬物を規制するために国際的な条約の締結へとアメリカ合衆国が先導した。1980年代の「薬物との戦い」の厳化は、薬物犯罪に法律で厳格に対処するといったかたちで行われ、その頑なな取締りは矯正施設の爆発的な人口の増加を引き起こすに至っている。しかし、アメリカ合衆国は厳格な薬物政策を採ると同時に、需要者削減への政策へと明確に舵を切っていた。そこには、薬物問題の悲惨さを痛感している本人たちからの自助グループの誕生および発展があった。また、国際的な戦略の目標にも依存者の回復が三本柱の1つとして入っていることからも回復の機会が提供されなければならないということが明確に示されている。

　日本の薬物政策では言渡し刑期が長期化することによってもたらされた過剰収容が問題視された。しかし、アメリカ合衆国での過剰収容は日本のように、1つひとつの事犯者に対し厳格に対処してきたことだけによる過剰収容ではない。アメリカ合衆国の薬物問題は、必要的懲役刑と絶対数そのものの増加によって過剰収容状態を引き起こしていた。そういった全体的な数が増加するなかで、事件処理をいかにスムーズに行うかが思考されていたのである。それは実際に裁判を行う裁判官たちの行動から引き起こされたドラッグ・コート制度に繋がっていく。多くの国々がこういった司法による厳格な対応の反省から強制的な治療を含めた新たな医療による介入へと移行するなか、アメリカ合衆国において展開されたドラッグ・コート制度は、単なる医

療モデルへの先祖帰りではなかった。国際的に運用されているように、薬物犯罪に対してあくまで犯罪であることを根拠にして規制するといった手法を選ぶならば、薬物依存者は刑事司法手続に関わることになり、刑罰が科されることになる。これは第1次予防を目指すためにも避けられず、むしろ国際的には共通となっている。しかし、第2次予防としてそこで提供されるものは、治療を基本とした処遇なのである。一方的に国家から治療を押し付ける政策を採用する諸国が多いなかで、あくまで厳罰によって対処してきたアメリカ合衆国は違ったアプローチを採る。その背景には、厳格な薬物政策下で発展した薬物依存者自身の回復する権利としてのあり方とただ単に刑罰だけを与えていても意味がないと感じた実務の最前線にいる裁判官たちの戦いの日々からもたらされている。

　次章では、この新たなアプローチであるドラッグ・コート制度を取り上げることとしたい。アメリカ合衆国の薬物政策の礎を築いた Yong Harry J. Anslinger が行った薬物政策までさかのぼり、ドラッグ・コートが生まれるに至ったもう一つの側面から、ドラッグ・コート制度が巻き起こした「ドラッグ・コート・ムーヴメント」を採り上げることとする。

第3章

ドラッグ・コート・ムーヴメント

一　はじめに――問題の所在

　ドラッグ・コートとは、薬物関連犯罪[144]をおかした薬物乱用者に対し、伝統的な刑事司法手続で対処するのではなく、より治療的なプログラムを提供し、裁判官の下で継続的に治療過程を審理されるものである。それらプログラムを修了した被告人に対し刑事手続を終結させるというもので、これまでの刑事司法、医療、福祉、それぞれの各分野だけでは停滞気味であった薬物犯罪問題に対して行われる画期的な制度である[145]。ここでは裁判官の下に、治療プログラムを土台にして継続的審理が行われ、それまでの伝統的な刑事裁判とは大きく異なる。

　ドラッグ・コート制度は、瞬く間に全米に広がり、その効果に関する研究や、コストに関する研究などを含めた一大ムーヴメントを巻き起こした[146]。ドラッグ・コート制度は1989年にフロリダ州マイアミ市のデイド郡におい

144　詳細な部分は州によって異なることもあるが、薬物関連犯罪とは、薬物犯罪とは別に、薬物に起因して生じた窃盗などを指す。
145　ドラッグ・コートについて日本語で紹介がされる書籍としては、石塚（註2、2007年）、翻訳書として（小沼：2006年）前掲註138、拙稿「刑事司法における薬物依存症の治療――ドラッグ・コート政策の展開と諸問題」（『龍谷法学』第42巻3号、2010年）734～763頁など。本章は、この拙稿を加筆修正したものである。

て、裁判官を中心とする実務家が中心となって始められたのが発端である。後に1994年の「暴力犯罪統制及び法執行法（Violent Crime Control and Law Enforcement Act of 1994）」[147]（以下、犯罪統制法という。）によって、連邦政府から正式に容認されている。犯罪統制法は各州に向けて、ドラッグ・コート・プログラムの拡充および薬物乱用者のリハビリテーション・サービスを充実させる制度作りのために、国家レベルで依存症者に援助がなされることが明記されている。さらに、今日では国家戦略の3つの目的の1つである「アメリカの薬物使用者に対する治療」による政策として司法省からの援助を受けるまでに至っている[148]。

　上述のように、国家からの薬物使用者に対する支援は、各国で薬物対策の戦略が組まれ、治療を盛り込んだ制度が運用されている。アメリカ合衆国以外でも、英語圏の国を中心に裁判所の監視下において総合的な監督、薬物治療プログラム、および薬物検査を用いて薬物事犯者に関する事件を取り扱うドラッグ・コート制度が運用されている。これらは社会内処遇とダイバージョン、認知行動療法を併用したものである。各国のそれらは、異なる部分も存在するが、その根本は、ドラッグ・コート政策に派生する面が大きい。まず、対象となる人の薬物依存からの回復が目指されることで、これまでの省庁における縦の関係であった司法、医療、福祉が相互に関連しあい、薬物依存症からの回復という同一のゴールのために運用されているのがドラッグ・コートなのである。このように展開されたドラッグ・コートではあったが、当初は理念的土台を持ち合わせてはいなかった。後にドラッグ・コートの理念となる「治療的法学（Therapeutic Jurisprudence）」（治療的司法ともいわれる）は、実務家によって運用されていたドラッグ・コートとは、別の分野

---

146 Peggy Fulton Hora, William G. Schma and John T. A. Rosenthal, "Therapeutic Jurisprudence and the Drug Treatment Court Movement: Revolutionizing the Criminal Justice System's Response to Drug Abuse and Crime in America", Notre Dame Law Review, 1999, Vol 74, 448-449.
147 以下のウェブページで全文をPDFファイルで見ることができる。http://frwebgate.access.gpo.gov/cgi-bin/getdoc.cgi?dbname=103_cong_bills&docid=f:h3355enr.txt.pdf
148 National Drug Control Strategy 2008, ファイルデータ p29-32.http://www.whitehousedrugpolicy.gov/publications/policy/ndcs08/2008ndcs.pdf

から理論が登場する。そのドラッグ・コートの一大ムーヴメントの背景には1970年代以降、批判を受けて衰退した社会復帰思想に取って代わる「治療的法学」の役割が大きい。

　しかしながら、当事者主義にある刑事司法手続において、裁判官の役割が第三者的な立場にあり、その場において公平であろうとすることがコモン・ローの要請であるならば、ドラッグ・コートの裁判官は司法の役割を超越しているのではないかという疑問を呈するものもいる[149]。さらに、1970年代の社会復帰思想の衰退から1980年代の「薬物との戦い」をはじめとする応報化、厳罰化の流れにあって、これら治療的な思想が高まりを見せているのはなぜだろうか。このドラッグ・コートとは一体何か。なぜそのような制度が可能なのか。巻き起こったドラッグ・コート・ムーヴメントとは何か。そこで述べられる薬物治療・プログラムとはどういう性格を持つものなのか。それらを考察するためにはJ・Nolanが指摘するようにドラッグ・コート制度と治療的法学によってもたらされた司法の意義を見直す必要がある[150]。この制度が抱えている問題とは何なのか、それらに問題があるとすればその諸問題をどのように回避できるのか、これらの問題を考察するために、まず第2章において、国際的な薬物政策に影響を与えているアメリカ合衆国を確認し、それらがもたらした結果を概観した。それらドラッグ・コートが一体どのようなムーヴメントを引き起こし、そこにはどのような問題が内在するのかについて、引き続き第3章で取り扱うこととする。

二　ドラッグ・コート

1　ドラッグ・コート以前の薬物戦略——アンスリンガーの時代

　法律によって規制するまでの薬物への関心は、医学の問題とされていた。

---

[149] J・Nolanは、ドラッグ・コートの裁判官による積極的な行動によって、コモン・ローの概念は緩まり、その功利主義的な発想や実際に対象となる人びとの回復を手助けする役割を担っているということが、理論として乗り越えなければならない諸問題を超越して正当化されていると指摘する。Nolan, op. cit., p110.

[150] ibid., p204-208.

特に、モルヒネによる害悪を19世紀までの医師たちは認識していなかったために、こういった治療を行うことで患者たちのモルヒネ依存に大きく関与していた[151]。モルヒネを使った医療行為は鎮痛剤として治療方法の一部として利用されることが多かったうえに、南北戦争などの軍隊での痛み止めとしても利用されていたことから、依存症が広がっていった。こういった事態を受けて、薬物依存は病気であるとの見解が医学会を中心として広まっていった。1920年ごろまでは、生理学的解釈と治療方法が用いられてきたが、この治療方法では依存症問題が解決しないことが多く、新たな治療方法が求められるようになった。そこで登場したのが心理学的分析と治療方法であった。さらに、外来治療が効をそうさないこと、道徳感情に懸念を与えるといったこの現象がくしくも法律および政治的な介入による統制が始まるきっかけを与えているとNolanは指摘する[152]。

こういった時代背景のなかで、1914年にハリソン法が制定された。その後、連邦としての規制は1961年にニューヨークで結ばれた協定「麻薬に関する単一条約」までなされていなかったが、薬物に対する国家的な動向がなかったわけではない。

かつて、禁酒法時代に取締官であったYoung Harry J. Anslingerが1930年に初代連邦麻薬局（U. S. Commissioner of Narcotics）長官に任命され、32年間に渡り、長官を勤め上げている。32年間もアメリカ合衆国の薬物規制の初期段階を支えたことから、Anslingerは「連邦麻薬局の帝王（federal narcotics czar）」と呼ばれていた[153]。彼は、第1次予防である「初犯を犯す前に食い止める」ことを重視しており、初犯者に対する罰金と懲役刑を科すことが効果的な薬物政策になると信じていた。この傾向は、現在でも世界中の薬物戦略の主要な目標として受け継がれている[154]。このように法律による厳格な取締りによって薬物政策を保持し、1961年に具体的に薬物事犯者に

---

151 ibid., p18-20.
152 ibid., p19-20.
153 ibid., p33. 歴代全米薬物統制局の局長は、「薬物帝王」と呼ばれる。その後のアメリカ合衆国の薬物政策を推し進めているONDCPの局長のことは「新しい薬物帝王（a new drug czar）」と表現される。Franklin E. Zimring and Gordon Hawkins "The Search for rational drug control", Cambridge University Press,1992. p177-192.

対して必要的懲役刑などを盛り込んだ「麻薬に関する単一条約」が成立する。この間、中心として行動していたことを受けて、「帝王」と呼ばれるのである。

2　ドラッグ・コート以前の薬物戦略――薬物依存は罪でないと認めた判例

その「帝王」が麻薬局長官の職を辞した1962年に、前章でも確認したように合衆国連邦最高裁判所において画期的な判決が登場する。その判決は、「薬物依存それ自体は犯罪ではない」とし、薬物依存を理由に処罰することは修正憲法第14条に反する残酷な刑罰に当たるというものであった。それまでの違法薬物に関連する行為や対象者は徹底的に規制によって対処するという政策から方向転換を促すような判決（ロビンソン対カリフォルニア判決）が出されたのである[155]。この事例は、Lawrence Robinsonが薬物依存症であるという理由で、カリフォルニア州が90日間ジェイルに拘禁したことに対し、修正憲法第8条および第14条違反であると控訴した事例である。連邦最高裁判所のWilliam Douglas判事は、賛成意見のなかで「なぜ依存症者が犯罪であり罰せられなければならないのか」とコメントし、「病人として扱われなければならない」と表明したのである。彼を含む数名の裁判官が、薬物依存症を病気と考える見解を出しているのである[156]。しかし、注意しなければならないのは、すでに述べたように薬物依存症が病気であるといったことが最高裁で認識されたからといって、拘禁する必要がないといっているわけではないということであった[157]。連邦最高裁はカリフォルニア州法が行った、薬物依存者であるというだけの理由で、身体を拘束し、治療ではなく

154　アメリカ合衆国の薬物問題に司法的な介入によって規制をしていくという流れをアンスリンガー個人で推し進めたわけではないとノーランはいう。国民の反感を買っていれば、推し進めることができなかったであろうし、むしろ、国民の態度に対応して、計算された反応であったとする。Nolan. op. cit., p33-34.

155　Robinson vs. California, 370 U. S.

156　ダグラス判事の賛成意見は次のようなものである。すなわち、"Today we have our differences over the legal definition of insanity. But however insanity is defined, it is in end effect treated as a disease. While afflicted people may be confined either for treatment or for the protection of society, they are not branded as criminals". ibid., p6

157　Nolan. op. cit., p33-34.

刑罰として身体拘束が行われていることを違法としたのである。さらに、彼ら裁判官の賛成意見には、その目的が「社会を守るため」であるならば、身体拘束はありえ、治療が行われるべきであるとの見解を示したのである。

この判決が出た4年後の1966年に「薬物依存および社会復帰法 (Narcotic Addiction and Rehabilitation Act）が成立し、薬物事犯者に対し拘禁刑の代わりに自主的でない入所施設及び通所施設でのトリートメント・プログラムを受けさせる権限が裁判所に与えられた[158]。こういった一種の保安処分化が進行したことには当然に自由の侵害であるとの批判が出される。そこで、1967年に大統領諮問委員会報告書「自由社会における犯罪の挑戦（The Challenge of Crime in a Free Society）」[159]で示されたダイバージョン制度が薬物政策にも採り入れられ、運用されていくのである。

以上のようなドラッグ・コートまでの流れをまとめると次のようになる。まず薬物問題は医療だけの問題から心理学的・道徳的問題へと展開されることで、法律で規制されるようになった。そこで徹底的に法律によって規制が進むことになるのだが、「薬物依存症」それ自体は罪ではないとの見解が連邦最高裁判所によって示されることとなる。そこから、社会安全のための施設収容が認められるようになり、ちょうど時を同じくして、医療モデルや社会復帰思想が注目を浴びるようになっていた。しかし、この社会復帰思想は判断する者に多くの恣意性を有しており、次から次へと対象となる人の幅を広げる結果となった。そういった反省から、厳格に公正に対処をする司法モデルが展開される。詳しくは、後述となるが、この司法モデルによってもたらされた厳格な対応は過剰収容などのさまざまな問題を引き起こした。国家から時代によって厳格な法律で規制されることや、強制的な治療を用いるなど、そのアプローチ方法は違えど、その方向性を左右されてきた薬物犯罪に対し、裁判官自身から立ち上がり、回復者自信が回復する機会を得たのが

158　ibid., p35.
159　この1967年2月に公表された「刑事司法の運営に関する大統領諮問委員会（The President's Commission on Law Enforcement and Administration of Justice）」によって出された「自由社会における犯罪の挑戦」"The Challenge of Crime in a Free Society"は、『法務総合研究所研究部資料21・22・23』として邦訳されている。

「ドラッグ・コート」制度であったのである。

3 ドラッグ・コートの概念

第2章のように、膨大な数の薬物事犯者が検挙され、裁判を受けて、矯正施設に入れられるということが繰り返された。巨額の公費が、警察、裁判所、刑務所などに費やされることになった。こういった政策は薬物乱用や薬物に関連する犯罪に対して、これを減少させる要因にならず、満足のいく結果が得られなかったのである。つまり、単純に薬物使用者を捕まえ、刑務所に送り込んでも薬物依存である者たちは、釈放されるとすぐに昔の習慣に戻り、再度使用に至り、再び裁判や刑務所に戻ってくるということを繰り返していたのである。もちろん、実際に初犯で再使用をしないという者も存在する。その意味では厳罰による対応は第1次予防としての意義は存在するといえるかもしれない。しかし、彼らは社会から離脱させられることによって、職場や家族といった生活の基盤に何らかの支障をきたし、釈放後の状況が以前よりも悪化していることが少なくないのである。また、裁判に関る裁判官などの専門家たちも伝統的な刑事司法裁判で何度同じように事件の処理をしても、根本に抱えている薬物問題などを解決しなければ同じ行為の繰り返しで、何の解決にもならないと考えていた[160]。これらの問題を解決するために、1989年に実務家たちの運用からドラッグ・コートという新たな薬物政策を開始したのである[161]。

ドラッグ・コートは、薬物事犯者に対して(薬物依存が原因で起きた関連犯罪[162]を含む)幅広く総合的な観察や薬物テスト、薬物トリートメント・サービスなどを通して、薬物事犯者に裁判所が関わり、直接的な決定権を有する特別な裁判所である。伝統的な刑事司法手続ではなく、薬物依存という病気を回復させるために治療的な手続にのせ、その経緯を裁判官などがトリートメント修了時まで、約1〜3年の間、集中的に監督し、無事にトリートメ

---

160 Peggy Fulton et al., op. cit., p480. ほか多くの論者が「刑事司法システムは回転ドアである (Revolving-door justice)」と指摘する。例えば、Greg Berman and John Reiblatt "Good Court: the case for problem-solving justice", The New press, 2005, p3. など。

ントが修了すると、刑務所などの拘禁刑を回避するのである[163]。

　また、さまざまな運用形態によるドラッグ・コートが存在する。その具体的な中身は、成人用、少年用、家庭用などのドラッグ・コートに別れるが、さらにそのなかでも次のように細分化される。例えば、基本的には成人用であっても罪状認否手続における有罪答弁前モデル（Pre-plea models）、有罪答弁後モデル（post-plea models）、および判決後に執行猶予として開始されるモデル（Post-adjudication models）である。「全米ドラッグ・コート専門家会議（National Association of Drug Court Professionals: NADCP）」および「全米ドラッグ・コート会議」（National Drug Court Institute: NDCI）のウェブページによると、ほとんどのドラッグ・コートで薬物犯罪および薬物に関連する軽犯罪について対象としているが、重犯罪であってもドラッグ・コート制度が適用される地域もあるとしている。

---

[161] 基本的に本書では、以下の論文等を中心にドラッグ・コートを語る。これまでに示した、邦文及び英文による著書などの他に、平野哲郎「ドラッグ・コート——アメリカ合衆国におけるリハビリテーション・ジャスティス（社会復帰司法）の試み」『判例時報』第1674号、1999年）27〜39頁、西岡繁靖「世界の司法——その実像を見つめて（32）ジョージア州フルトン郡上位裁判所におけるドラッグコートの試み」『判例タイムズ』第52巻17号、2001年）71〜76頁、尾田真言「アパリ、ダルクが提供可能な薬物自己使用事犯者に対する薬物依存症回復プログラム——米国ドラッグ・コート制度を参考にして」『犯罪と非行』第141号、2004年）の各論稿、および Edited by James L. Nolan, Jr. "Drug courts in the theory and in practice", Walter de Gruyter, inc., 2002, C. West Huddleston,　Ⅲ et al., "Painting the current picture: a National report card on drug courts and other problem solving court programs in the United States", Bureau of Justice Assistance, office of Justice Programs, U. S. Department of Justice, May 2005, Volume Ⅰ, No. 2, Greg Berman and John Feinblatt "Good courts: The case for problem-solving justice", The New press, 2005, Edited by James E. Lessenger and Glade F. Roper "Drug courts: a New approach to treatment and rehabilitation", springer, 2007. などの英文報告書ならびに英文著書、そして、「全米ドラッグ・コート専門家会議（National Association of Drug Court Professionals: NADCP）」のウェブページ http://www.nadcp.org/ および、「全米ドラッグ・コート会議（National Drug Court Institute: NDCI）」http://www.ndci.org/ による。

[162] 州によって薬物関連犯罪を含めるところや、暴力犯罪は含めないところなどさまざまな形態を有している制度であるが、ほとんどのドラッグ・コートでは薬物が原因で生じた軽犯罪を含めて運用している。例えば、サンフランシスコのドラッグ・コートでは薬物取得のために行われた窃盗など刑期が1年未満の軽犯罪に対して、まとめてドラッグ・コートで審理され、プログラム修了後には、それら関連犯罪も含めて前科として残らない運用を行っている。

[163] NADCP ウェブサイト http://www.nadcp.org/whatis/ にある "Defining Drug Courts: The Key Components" も参照。

ドラッグ・コートの主な目的は、薬物の単純所持および単純自己使用[164]に対して、裁判所で審理の間に回復施設などと繋がりをもたせ、裁判官や検察官だけでなく、ケースワーカー、心理カウンセラーなど複数人でチームを組み、トリートメントの経過を観察することを通して再度の薬物使用を最小限に抑えることにある[165]。

　少年用のドラッグ・コートは、薬物事犯の非行問題に集中的に介入し、継続して観察するものである。少年の非行行為の問題だけでなく、家族の問題を含め、リハビリテーションおよび教育の面でも関わっていく。そのほかに、被扶養関係ドラッグ・コート（Dependency drug court）は、主に薬物問題で親権を争っている事案において、どちらか一方の親（もしくは両親とも）に対して、子どもが安全に生活できるように薬物問題に対する技術およびトリートメントを施すことを目的としている[166]。

　そして、先に挙げたモデル分類についても概観しておく。有罪答弁前モデルとは、裁判所の監察下におけるトリートメントに参加するならば、起訴が一旦猶予され、ドラッグ・コートが用意した回復プログラムが無事に修了すると、不起訴にされ前科も残らないことになる。つまり、起訴猶予を利用した薬物政策である。もちろん、失敗が続けば伝統的な刑事司法手続によって起訴され、判決を受けることになる。

　有罪答弁後モデルでは、トリートメントが起訴後に行われ、回復プログラムが修了すると公訴棄却の形で裁判が終了になる。厳密には異なるが日本の制度で考えると、家庭裁判所で行われる試験監察を利用した薬物政策に近い制度である。つづけて、判決後モデルは、執行猶予にした状態で行われる薬物プログラムであり、失敗が続けば拘禁刑が執行されることになる[167]。

　このようなさまざまなモデルを有するドラッグ・コートであるが、各州単

---

[164] 日本の覚せい剤取締法は直接に「使用罪」を規定しているが、アメリカ合衆国では州によっては、「使用罪」の規定はなく「所持罪」でそれらをカバーするところが多い。上記で確認したように、最高裁の方向性としては、薬物依存それ自体は罪ではないとする考え方がその要因の1つにあるように思われる。さらに、「使用罪」を規定することは、捜査段階における強制採尿の問題や、再使用による刑事訴追といった刑事訴訟法上の問題としても大きな課題を持っている。
[165] http://www.adp.cahwnet.gov/FactSheets/Drug_Court_Programs.pdf
[166] 上掲PDFファイルデータ参照。

位の目標だけでなく次のような全国共通の鍵となる概念を有している。例えば、各州での例としては、カリフォルニア州の「アルコールおよび薬物プログラム対策局（California Department of Alcohol and Drug Programs: ADP）」が定めている目標は次のようなものである。目標は、①「薬物使用の習慣や常習を減少させ」、②「裁判所がトリートメントを提供し」、③「長期にわたりリハビリテーション・サービスおよび社会的コストの削減といった薬物処遇の可能性を統合したものを提供し」、そして、連邦および州単位で地方のドラッグ・コート制度へのサポートを行うことである[168]。また、全ドラッグ・コートに該当する鍵概念は全米ドラッグ・コート専門家会議であるNADCPから1997年に発表されている。それは、①「ドラッグ・コートは、アルコールおよびドラッグについてのトリートメント・サービスを刑事司法手続と結合させる」、②「対審構造でなく、検察官と弁護人はドラッグ・コート参加者の憲法が要請する適正手続を受ける権利を保護しつつ、公共の安全を促進する」、③「なるべく早期にドラッグ・コートへの参加適合とみなされ、識別されれば迅速にドラッグ・コートのプログラムに参加させられる」、④「ドラッグ・コートは、アルコールおよび薬物犯罪および関連犯罪についてトリートメントおよび社会復帰に向けたサービスへのアクセスを提供する」、⑤「アルコールおよび薬物のクリーン（使わないでいる状態）は、頻繁に行われる薬物テストによってモニタリングされる」、⑥「ドラッグ・コートは、コーディネイトされた薬物戦略によって参加者に対し影響を与える」、⑦「個々人の参加者と裁判官の間で繰り広げられる相互作用が重要である」、⑧「モニタリングとそれに対する評価によってプログラムのゴールおよびその有効性などの達成度を測定する」、⑨「学際的な教育を継続することが、ドラッグ・コートの立案、実行、および運営を効果的に促進させる」、⑩「公的機関、地域社会に根ざした組織間の協力関係を強化す

---

167 また、本書では取り上げないが、「再社会化ドラッグ・コート（Re-entry drug court）」というものもある。これは、「薬物使用者に対する刑の一部の執行猶予制度」に近いものであると考えられる。これまでの単純執行猶予または懲役刑よりも長期の監督下におかれることが想定される。アメリカ合衆国をはじめとする本書で紹介した諸外国には考試期間主義を採用している国も多く、刑の一部執行猶予制度は、これに近づくのではないかとの懸念が残る。

168 http://www.adp.cahwnet.gov/FactSheets/Drug_Court_Programs.pdf

ることが、その地域での支援を生み、ドラッグ・コートの有効性を強化する」[169] の 10 の鍵概念である。州によってもさまざまな形態が存在するドラッグ・コートであっても、この 10 の概念は全国で共通に有することになっている[170]。全米で 2400 近くにもなるドラッグ・コートでは、それぞれのやり方が細かな部分で異なることがある。そういった中で、成功するドラッグ・コートとは、どういったものか、年に一度、ドラッグ・コートの関係者が集まり研修や会議を行っている。それが NADCP である。

引き続き、ドラッグ・コートの運用方法について確認する。上記のような共通概念を持ち合わせていても、具体的な運用方法はそれぞれの裁判所に任されている。しかし、裁判官、検察官および弁護人、トリートメント・プロバイダーは、いずれの裁判所においても欠くことができない存在である。以下では、サンフランシスコ上級裁判所[171] および Hora の説明に沿って、彼らの役割について確認したい。

ドラッグ・コート裁判官は、手続きのすべてを監督し、トリートメントの参加者およびドラッグ・コートの他の構成員を目標に向かってまとめるリーダーシップを取る役割を担う。しかし、一人でトリートメント・プログラムなどを決めることなどはせず、全員の意見を受け入れ、議論してから決定がなされる[172]。

ドラッグ・コート検察官は、専従の検察官が多い[173]。通常の裁判のように起訴および有罪の立証などの検察官の役割の他に、被告人のトリートメント

---

169 C. West Huddleston, Ⅲ et al., op. cit., p10. また、森村たまきは、前掲註 2 書（日本版ドラッグ・コート）、83〜98 頁において、これら 10 の鍵概念をペギー・フルトン・ホラ判事の論稿（Peggy Fulton Hola et al., op. cit.,）を元に紹介し、各概念について詳細に説明している。
170 現在（2014 年末日）も増設中である。
171 筆者は 2003 年、2005 年および 2013 年にアメリカ合衆国カリフォルニア州サンフランシスコのドラッグ・コートおよび Peggy Fulton Hola 氏が裁判長であったカリフォルニア州アラメダ郡のドラッグ・コートを訪れている。その際に、サンフランシスコのドラッグ・コートを紹介した "Policies & Procedures 2003: A bridge to a Golden Future, San Francisco Hall of Justice" を入手した。本書ではサンフランシスコのドラッグ・コートを例に挙げる。なお、アラメダ郡ドラッグ・コートの滞在記は、拙稿「ドラッグ・コート実態調査：カリフォルニア州アラメダ郡のドラッグ・コート」前掲註 2 書（日本版ドラッグ・コート）、126〜130 頁参照。
172 Peggy Fulton Hola et al., op. cit., p 476. および、（平野：1999 年）前掲註 161、28 頁など。

への適正などについても意見を述べる[174]。

　弁護人は被告人がドラッグ・コート・プログラムに参加するかどうかを決める際に必要な存在となる。トリートメントの内容説明、相談、トリートメントへの適正などについて意見陳述を行う[175]。

　ドラッグ・コート関係者は、被告人と弁護人以外であっても、その被告人の回復が、関係者全部のすべての目標であるために、検察官であろうが敵対せず、目標に向かって最善の方法は何かを議論する

　このドラッグ・コートを支えるのに必要不可欠であるのが、対象となる人の回復を支える回復支援団体の存在である。伝統的な法曹三者の法廷での役割が、ドラッグ・コートにおいて従来の刑事司法における絶対的な存在から一線を置くと考えることができれば、トリートメントを提供する支援者たちは、伝統的な手続に比べその役割が大きく変化しているといえる。彼らは対象となる人びととの代理として語り、法廷外でのトリートメントの状況を報告し、薬物検査の経過を伝えるといった重要な役割が与えられている。実際に、法廷前に行われるドラッグ・コート関係者だけでの打合せにおいて、個々の対象者についてどのように経過を見守るべきかという助言を裁判官に行っている[176]。しかし、これは一方で当然のことであるとも思われる。実際にトリートメントの提供者は専門知識に長けており、薬物依存者の行動について鋭い洞察力を持っている。なぜならば、スタッフ自信も薬物依存者からの回復者が多く、回復施設において多くの回復者を見守ってきた経験があるからである。ドラッグ・コートの裁判官は、彼らに対して敬意を払っている。もち

173　2004年および2007年に筆者が訪問調査を行った、ニューヨーク州バッファロー市のドラッグ・コートは2004年の段階では専従の検察官であったが、2007年には事例ごとに検察官が代わるシーンも見受けられた。

174　Peggy Fulton Hola et al., op. cit., p 477-478.

175　ibid., p479

176　筆者が訪れたサンフランシスコドラッグ・コートでは法廷が開かれる前に、その日に審理を行う対象者全員について、今後どのように観察を続けるのかという会議が行われていた。対象となる人がどのような理由で再使用に至ったか、なぜトリートメント施設に行かなかったのかなど、本人に確認するまでは決められないことは当然に審理中に確認を行うのだが、大多数の経過が良好な対象者たちへのアプローチは、ほとんどここで決められていると思われる。そうでなければ、半日に何十人もの対象者を1つの法廷で審理することは不可能である。

ろん弁護人やケース・ワーカーなども対象となる人の利益のためにあらゆる助言をすることになるが、トリートメント提供者は同じ目線で話し、実際に回復することのできるモデルとして目の前にいる存在だからこそ、回復途上である対象者自身が信頼を寄せることになる。

　一方で、ドラッグ・コート・プログラムには、参加者の資格が制限されているため次に、参加者の資格、処遇方法および賞罰について確認していく。ドラッグ・コートでは薬物依存症という病気に対する「治療」を主目的においていることは何度も言及した。各地のドラッグ・コートによっては、自己使用や単純所持と営利目的および譲渡目的とは区別され、これらの参加を認めない場合もある。特に、性犯罪や暴力犯罪を行った者は、ドラッグ・コートに参加できない場合が多い。しかし、一般的には売買人に対するプログラムを実施しているドラッグ・コートもあれば、上記で例を示したように、軽微な関連犯罪であれば、薬物欲しさの窃盗であってもドラッグ・コートで扱う場合もある。また重罪にあたる罪であっても、薬物影響下によって起こされたと考えられる場合は、参加可能とするドラッグ・コートもある。

　つづけて、トリートメントの方法について概観をしておく。主に定期的な薬物検査とグループセッションおよび個人カウンセリングなどを中心に薬物トリートメントは構成される。こういったトリートメントには、通所型で行う施設も寝泊りが可能な入所型の施設も存在する。場合によっては、ヘロイン治療のためにメサドン療法[177]を行う施設もプロバイダーとして存在する。具体的な中身としては、自助グループやAA・NAに参加すること、薬物検査として尿検査を受けることなどが義務付けられる。

　トリートメントの期間は、各ドラッグ・コートや対象者によっても1年〜3年ぐらいと幅がある。そのドラッグ・コートごとの運用方法の違いもある上に、本人たちの回復具合によって、延長されることもある。例えば、ワシントン州キング郡のドラッグ・コートでは薬物自己使用、単純所持の場合、

---

[177] ヘロイン依存症に有効とされてきた治療法で、ヘロインよりも毒性が弱いといわれるメサドン（Methadone）を代用物とし、徐々に使用頻度を減らしていくものである。

伝統的な刑事司法手続においては平均収容期間が30～40日であるのに対し、トリートメントに参加すると1年以上の裁判所による監督下におかれることになる[178]。薬物犯罪は、上記のように伝統的な刑事司法手続であっても短期で処理されることもある。そのために伝統的な刑事司法手続で有罪答弁を行うものの傾向が強い。そういったなかで、通常の手続よりも長期間の介入があるにもかかわらずトリートメントを選択する者は、それだけの負担を覚悟していると見られ、単純に刑務所に行きたくないという理由からだけでは、トリートメント・プログラムを選ばないと考えられている。回復に向けた向上心も併せて要求される。

例えば、カリフォルニア州サンフランシスコ市のドラッグ・コートでは、起訴後に説明を受けたあとに、次の3種の選択肢が与えられる。すなわち、①このままドラッグ・コートで回復プログラムを始めるか、②伝統的な刑事司法手続に従って刑務所に行くか、③事実を争って通常の審理を始めるか、である。実際に薬物を所持していた場合や、すでに陽性反応が出ている状態からの検挙が多いために、実質的には①か②の選択になる。ここで①を選ぶ際に、迅速な裁判を受ける権利や、無罪推定などの憲法上要請される諸権利を放棄することにも同意する。こういったすべてのことを理解しているかを保障するために弁護人が同席している場で同意書にサインをし、開始されることになる。

トリートメントの具体的な中身として、AAやNAのように12ステップ・プログラム[179]を使用するグループが多いが、それが体質に合わない参加者もいる。さらに、他の理由でそれら自助グループに参加できないこともあり、それらを訴えた場合にはすぐに違う回復施設や自助グループへの参加を促す。当然に、依存症の進行度や対象になっている薬物、個人の適正・不

---

[178] 一点気になるのは、都会にあるドラッグ・コートほどトリートメントの期間が短いように思われることである。これは、都会であるがゆえに、対象となる人数が多く、長期のトリートメントを提供することが物理的に不可能であるという別の問題をも抱えているからではないだろうか。
[179] 依存症からの回復を12の段階にわけたプログラムであり、例えば「依存症に対して無力であることを認める」ことが第1段階目に設定される。
　AAは http://www.cam.hi-ho.ne.jp/aa-jso/、NAは http://najapan.org/ をそれぞれ参照。

適正の度合いによっても、提供されるプログラムは異なる。このように、参加者のニーズにあったバリエーション豊かな受け皿が用意されていることもドラッグ・コート制度にとっては重要な意味を持つ[180]。また、基本的に、認知行動療法を使用した、トライ&エラーの繰り返しで薬物依存症に本人たちが自分自身の問題として取り組むようになっている。そのため、薬物検査で1度か2度の再使用が現れた時にも、その理由にもよるが即刑務所に収容するということは行わない。むしろ、トライ&エラーの積み重ねは、回復過程の1つであると考えるために、再使用が見られる場合は、認知行動療法として対処をしながら、徐々にサンクション（賞罰）を課すことになる。

　そのサンクションについても紹介しておく。報賞として、グループセッションやカウンセリングが行われ、それと同時にワークセラピーや高校卒業資格などが得られるさまざまなプログラムが用意されている。これらのプログラムを修了するごとに次のステップへと進む。すべて修了した者には修了式が行われ、修了証明書が授与される。これまで比較的にあまり達成感を感じる生活を送ってこなかった参加者にとっては、このように努力が認められ、評価されることが達成感の意欲を高める。さらに、この修了証明書は就職が困難なプログラム修了者にとって推薦書のような役割を発揮することがある。

　逆に、罰としてのサンクションも存在する。定期的な薬物検査が義務付けされており、その薬物検査が数回にわたり陽性反応が出る場合や、指定されたカウンセリングに不参加が続く場合には、プログラムの延長、出廷する回数の増加、入所施設への入所などが徐々に課されていく。そして、次第に数日間のジェイルへの拘禁、社会奉仕活動などが命じられ、これらの処置を採

180　サンフランシスコで出会った1つのケースを事例として紹介する。生まれて間もない子どもを抱きながら、出廷した若い母親が、指定されたプログラムを提供する施設に通っていないことを裁判官に指摘され、「自宅から遠い上に、子どもを置いて行くわけにはいかない」と主張していた。そこで、提案された裁判所側からの次のプログラムとして、その参加者の自宅から近く、託児所が用意されている施設への参加を促したのである。このように、理由はそれぞれであるが、多くの参加者はまず、「○○のために参加ができない」と証言する。中にはただの言いわけのようにも聞こえるものもあるが、ドラッグ・コートでは、それら言いわけとも思える理由を上記のように多彩な受け皿を巧みに使い分けることで、1つひとつ解消していき、参加者に言いわけができないようにしていくという積み重ねであった。とくに、こういった場面でソーシャル・ワーカーなどの法曹三者以外のスタッフが活躍する。

っても効果が現れない時に、初めてドラッグ・コート・プログラムから離脱させられ、伝統的な刑事司法手続に戻り、刑務所に拘禁されることになる。ここで注意が必要なことは、先述の通りいわゆる薬物の再使用である「リラプス（relapse）」が起こっても、その再使用といった行動は回復の過程の1つであると考えられていることである。認知行動療法として、違うアプローチ[181]を行うための1つの結果であると考える。

ドラッグ・コートが本格化する前に、手探りの状態で開始された頃は、過剰収容問題だけを念頭においた薬物問題への介入が行われたことがあった。それは、ニクソン政権時代に、司法と医療の架け橋として期待された「路上犯罪に対するトリートメント代替措置（Treatment Alternatives to Street Crime：TASC）」としてのドラッグ・コートであったのである。創設当初のドラッグ・コートは、コストの面から過剰収容を避けるために、伝統的な刑事司法過程から外すことだけに着目していた。ただ迅速に処理することだけを行っていたのである。しかし、トリートメントも何も提供されずに、ただ迅速に処理がなされるだけの人びとは、本人たちが抱えていた薬物依存という問題を何ら解決しないばかりか、再犯率の高い薬物犯罪者として危険な人として捜査機関からチェックされるという事態を招くことになった。こういった当初の手法によって、薬物犯罪での再犯者は増加し、再度の手続きでは再犯者として扱われるために、より長期的な必要的懲役刑が科されるようになってしまった。このような背景も刑事司法手続は「犯罪者の回転ドア」であるという表現をもたらした要因となっている。そこで、多くのドラッグ・コートでは、開始当初のドラッグ・コートとの違いを強調するために「ドラッグ・トリートメント・コート」と名づける例が増えている。

三　ドラッグ・コート・ムーヴメントの登場

1989年にフロリダ州マイアミ市デイド郡に初めて登場したドラッグ・コ

181　例えば、金曜日の夜に再使用が見られたら、金曜日の夜は家族と過ごすことであったり、NAのミーティングに参加するといったように、次回の再使用を予防するための1つのエラーであり、回復に向けた1つの失敗に過ぎないと考えるのである。

ートは、2年後には全国で5カ所、5年後には10カ所広がり、さらに3年後には100もの新しいドラッグ・コートが全国に展開されている。1999年から2003年の間に1年ごとに200ものドラッグ・コートが新設された[182, 183]。また、このムーヴメントはワシントンD. C. やグアムといった地域も含めたアメリカ合衆国だけにとどまらず、オーストラリア、カナダ、イングランドおよびウェールズといった諸外国へも影響を与えている。

1994年にわずか20名ほどの実務家が集結し、ドラッグ・コートに関する専門家会議が開催された。これが、NADCPである。1年後に開催された第2回会議では、700名が参加し、2010年代には4,000人を超える専門家たちが参加している。そして、このONDCPが展開する「米国薬物戦略」においても、主要目的の第2では「精神保健乱用サービス局（the Substance Abuse and Mental Health Services Administration's: SAMHSA）」によって、回復に向けたサービスが提供され、司法省においてドラッグ・コート・プログラムについて重要項目として予算がつけられているのである。

この急激な変化をNADCP参加者や、ドラッグ・コート関係者たちは「ムーヴメント」であると呼び、「革命である」とまで言わしめた[184]。

注目すべきは、Nolanが指摘するように、大きなパラダイムの変更が裁判官を含めドラッグ・コートの関係者たちに起こったということである。薬物犯罪は、是非弁別能力のある者が自分の意思で選んで薬物の再使用を繰り返していると考えられてきた「従来の刑事司法パラダイム」から、使用を繰り返すということは、生物学上および心理学上の疾病なのであるという「治療的なパラダイム」へと変更させる十分な要因になったということである。そして、この治療的なパラダイムがドラッグ・コートを効果的に機能すること

---

182 Glade F. Roper "Introduction to Drug Courts", Edited by James E. Lessenger and Glade F. Roper "Drug courts: a New approach to treatment and rehabilitation", springer, 2007. p12.
183 http://www.nadcp.org/whatis/ の "Drug Courts Today" 参照。また、それぞれの数字にあえて「箇所」や「施設」といった用語をつけていない。なぜならば、同じ裁判所の中で違ったモデルのドラッグ・コートを運用しているところも存在し、単純に全米の2,000カ所以上で運営されているわけではないからである。例えば、成人用ドラッグ・コートが月水金曜日に開かれ、酩酊運転常習者用ドラッグ・コートが木曜日だけ開かれるが、それらは同じ裁判所で行うというスタイルもありえるからである。
184 Nolan. op. cit., p39.

こそが、ドラッグ・コート裁判官にとって主要命題として掲げられているのである[185]。この「パラダイム」が本当にパラダイムなのか、それがよいのか悪いのかということではなく、そういった認識の変化をドラッグ・コート関係者に与えたことが重要なのである。伝統的な刑事司法手続では反治療的な効果を生み出しているという認識へと導いたという意味で、このムーヴメントは重要な意味を持つ。そうした背景は、ドラッグ・コートの関係者を見ることで明らかになる。従来的な法曹三者の他に、ソーシャル・ワーカーやカウンセラーなどが住居や生活の保護などのサポートをし、治療プログラムおよび情報提供者として入るだけでなく、裁判のなかで重要な役割を果たしている。心理学において専門的な部分はもちろん心理療法士などが裁判官に助言をすることにもなる。こういったいわゆる「治療的」であるということが司法に影響を与え、それは司法が果たす役割の問題へと展開する。さらに、こういった考え方は、薬物問題にとどまらず、法律の反治療的効果を及ぼすものはすべて対象とされていくことになる。それが問題解決型裁判所の誕生と展開をもたらしたのである。

四　問題解決型裁判所

　ドラッグ・コートは薬物問題を専門に取り扱っている裁判所であった。このドラッグ・コートを含め、司法の持つ効果を用いて、従来は、ただ刑罰を科すといった伝統的な裁判で処理を行っていた行為への新たな裁判としてのアプローチは、「問題解決型裁判所（Problem Solving Court）」[186]と呼ばれる。ドラッグ・コートでの薬物問題のように犯罪行為の本質にある問題の解決を目指したのである。

　問題解決型裁判所は、薬物問題以外にも次のようなものが設立されていった。例えば、ドメスティック・バイオレンスに特化した問題を裁判所がプログラム提供することで関与を試み、伝統的な刑事司法手続以外の解決方法を探る「ドメスティック・バイオレンス・コート」、窃盗などの生活上に起こ

185　Nolan, op. cit., p49-50.

る軽犯罪に対し、地元の警察や被告人などで地域社会において解決を試み、伝統的な刑事司法手続を回避するための「コミュニティ・コート」、病理的及び強迫的にギャンブルにのめり込む人に対して、ギャンブル依存からの回復を目指した「ギャンブリング・コート」、少年たちが地域で起きた少年による軽微な犯罪および非行について、通常の少年裁判による審判を受けるのではなく、同じ年代の少年陪審員たちから、審理を受ける「ティーン・コート」[187]も問題解決型裁判所の1つとされる[188]。特に、酩酊状態での運転を続ける人専門の裁判所であるDWIコートやDUIコートは刑罰のみに頼った解決ではなく、そういった問題を抱える人をどのように治療プログラムとつなげていくのかが重要視されている。この試みは、危険ドラッグによる交通事故を厳罰化によって対応しようとする日本の薬物政策にとって参考となる試みであろう。

　こういった問題解決型裁判所は、厳格に犯罪に対処する共和党であれ、リベラルな対応をする民主党であれ、どちらの政治形態であっても受け入れられていったという経緯がある。それら問題解決型裁判所には、Greg BermanとJohn Feinblattによると、次の5つの命題があるとされる[189]。すなわち、まず、1つ目の命題は、裁判官や検察を含め訴訟関係者は、先例に基づくだ

186　これまでに紹介した論稿および図書の他に、邦文の論稿としては、渡辺千原「治療的法学（Therapeutic Jurisprudence）と問題解決型裁判所」（『アメリカ法、2004第1号』）76～83頁、マリカ・オーマツ〔指宿信＝吉井匡訳〕「トロントにおける問題解決型裁判所の概要：『治療的司法』概念に基づく取り組み」（『立命館法学』第314号、2007年）1181～1193頁など、本書では他に、Daniel J. Becker and Maura D. Corrigan "Moving Problem-Solving Courts into the Mainstream: A report card from the CC-COSCA Problem-Solving Courts Committee", Court Review - Spring 2002. http://aja.ncsc.dne.us/courtrv/cr39-1/cr39-1BeckerCorrigan.pdf, Burce J. Winick "Therapeutic jurisprudence and problem solving courts" Fordham urban law journal, March 2003.p1055-1091. などを参照にした。この「問題解決型裁判所」という文言および概念は他にも、「治療的法学」と相互関係にあるために、「治療的法学」に関連する論稿の中にも「問題解決型裁判所」を紹介するものがあるが、それらは後述する。

187　山口直也『ティーンコート――少年が少年を立ち直らせる裁判』（現代人文社、1999年）

188　森村たまき「ドラッグ・コートの司法モデル」前掲註2書（『日本版ドラッグ・コート』）、147～150頁。

189　Berman et al, op. cit., p34-38. 及び（森村：2007年）上掲書144～146頁。それらは "Redefining Goals", "Making the Most of Judicial Authority", "Putting Problems in Context", "Forming Creative Partnerships", "Rethinking Traditional Roles" である。

けでは不十分な事例が存在し、被害者、犯罪行為者、地域社会のために、それらの権利を保障しつつ行動変容などにより根本的な問題の解決をすべきであるとする①「目的の再定義化」である。次に、これまでは利用されてこなかった裁判所の命令に従わせることで、裁判官の直接監督下での力を積極的に利用する②「裁判官の権威の活用」、個々の独立した情報だけでなく、薬物ならばその薬理作用、ドメスティック・バイオレンスならばその特殊な行動に関するデータ、コミュニティ・コートならばその地域特有の情報といったように、より大きな社会問題として捉えなおす③「コンテクストを通した問題設定」、その目的達成のために、民間のプロバイダーと協力し、学際的なアプローチを用いるとする④「新たなパートナーシップの形成」、そしてそれら新たなパートナーを導入するだけでなく、すでに裁判所において役割を担っていた関係者たちの役割の変化が重要であるとする⑤「伝統的な役割の再考」である。

　こういった、個々の事例だけでなくその背景にある社会的問題関心について、司法の果たす役割を再定義しなおす問題解決型裁判所は、すぐに薬物問題以外の社会的問題へと展開されていった[190]。1994年には司法省の報告で「治療型のドラッグ・コートをモデルとした、他分野を巻き込んだ方法が、他の司法制度の領域にも適用されている」としている[191]。さらに、司法省はこういったムーヴメントに対して、「地域に根ざした改革」であるとし、賞賛をしたのである。

　同時並行として、すでに存在していたドラッグ・コートもこのムーヴメントによって、その適用範囲を拡大している。そもそも単純な薬物所持および自己使用の薬物犯罪に対して行われていた制度であったものが、薬物依存が原因で行ったとされる窃盗や、薬物売買などを対象にし始めただけでなく、当初は参加資格として最初に除外されていた暴力犯罪を含んだ薬物犯罪もその射程範囲に入れ始めたのである。

190　Nolan, op. cit., p143-144.
191　"Justice and Treatment Innovation: The Drug Court Movement", a Working Paper of First National Drug Court Conference, September 1995. U. S. Department of Justice. National Institute of Justice, State Justice Institute, http://www.ncjrs.gov/txtfiles/drgctmov.txt

問題解決型裁判所の特徴として、ソーシャル・ワーカーなどが付され、住居や公的サービス、親権に関することなど生活再建に向けたサポートを同時に行っていくことが挙げられる。社会保障が充実しているとはいえないアメリカ合衆国の社会的弱者へのアプローチの1つとして注目すべき点であろう。

五　治療的法学とドラッグ・コート・ムーヴメント

　ドラッグ・コート・ムーヴメントは、実務の場における声および裁判官たちの活動だけで急激に展開されたわけではなかった。それは、実務家たち自身が述べていることであり、こういったアメリカ合衆国における治療的な解釈によって新しい方法を導入するという現象は、全く新しい法理論の登場によって、支えられている。それが、「治療的法学（Therapeutic Jurisprudence)」である[192]。

　創始者の一人である David B. Wexler によれば、治療的法学とは、「法の手続および法執行において、適正手続や地域社会の安全よりも、治療的であるということが優先されるということではなく、他の関心事と同等のレベルにおいて法が治療的な目標を達成されるように運用されるべきである」とし、法は問題解決のための1つのツールとして使用されるべきであると主張する。元々は精神医療法の専門家であった、David B. Wexler と Bruce J. Winick

---

[192]　上記「問題解決型裁判所」で取り上げた参考文献以外に、本節で参考にしたものは、Edited by David B. Wexler and Bruce J. Winick "Law in a therapeutic key: Developments in therapeutic Jurisprudence", Carolina Academic Press, 1996. Edited by David B. Wexler and Bruce J. Winick "Judging in a therapeutic key: Therapeutic Jurisprudence and the Courts", Carolina Academic Carolina, 2003. David B. Rottman "Does Effective Therapeutic Jurisprudence Require Specialized Courts (and Do Specialized Courts imply Specialist Judges) ?", Court Review-Spring 2000. http://aja.ncsc.dni.us/courtrv/cr37/cr37-1/CR9Rottman.pdf および、邦文による紹介として、千手正治「刑事司法における治療的法学の可能性」（比較法雑誌第35巻1号、2001年）202～213頁、小林寿一「治療的法学の発展と刑事司法への応用」（犯罪社会学研究第29巻、2004年）128～132頁、Warren Brookbanks "Therapeutic jurisprudence: implications for judging", The New Zealand law journal, December 2003, p463-472.〔邦訳：荻野太司＝吉中信人『治療的法学：裁判とのかかわり（1・2）』広島法学第31巻2号・4号、2007年）229～240頁・89～100頁。その役割などの点を考えて「治療的司法」という言葉が使われることも多い。本書では、「治療的法学」の語で統一する。

によって提唱された「治療的法学」という概念である。彼らの主張によると「そもそも法とは治療的あるいは反治療的、どちらにも繋がる社会的な力を有している。行動科学を1つのツールとして、法の持つ治療的または反治療的な影響力を研究し、デュー・プロセスら他の重要な諸価値を侵害することなく、法が持っている治療的な機能を向上させるように考察するもの」である[193]。1990年代からDavid B. Wexlerらによって、この概念が主張され、精神保健法の領域を超えて、この主張に賛同する研究者が他の領域においても、この「治療的法学」概念を利用していくようになる。

理論における「治療的法学」と実践における「ドラッグ・コート」が、お互いを理論と実践として相互利用しあうのは、1997年に開催されたNADCPからであった。Peggy Fulton. HoraとWilliam G. Schmaの両判事並びにDavid B. WexlerとBruce J. Winickの両研究者がパネリストとしてNADCPに参加したことに端を発する[194]。その後1999年にPeggy Fulton Hora, William G. SchmaおよびJohn T. A. Rosenthalによる「治療的法学とドラッグ・コート――アメリカ合衆国における薬物乱用と犯罪に対する刑事司法の革命 (Therapeutic Jurisprudence and the Drug Treatment Court Movement: Revolutionizing the Criminal Justice System's Response to Drug Abuse and Crime in America)」がノートルダム・ローレビューで報告され、それがドラッグ・コートと治療的法学がその実践と理論を補い合う存在であるということが公式に発表されたのである[195]。一方で、治療的法学側からもドラッグ・コートがその理論的基盤を提供するものとして捉え、共同的な研究活動を意識するようになったのである[196]。

ただし、「問題解決型裁判所」および「治療的法学」という考え方とそれ

---

193 David B. Wexler and Bruce J. Winick, 2003, ibid. p7.
194 Nolan, op. cit., p189-190.
195 (森村:2007) 前掲註2書、142～143頁。
196 ドラッグ・コートの実務家側として、John Terrence A. Rosenthal "Therapeutic Jurisprudence and Drug Treatment Courts: Integrating Law and Science", Edited by James L. Nolan, Jr. "Drug courts in the theory and in practice", Walter de Gruyter, inc., 2002, p145-172. 治療的法学側としてBruce J. Winick et al. op. cit., 2003. はパート1の12論文が実際に運営を行っている問題解決型裁判所の説明であり、冒頭に、「この旅立ちにきっかけを与えてくれたビル・シェマ、ペギー・ホラ、ランディ・フリッツラー各判事に捧げる」と記されている。

によってもたらされた司法の再定義は、医療による介入に近い政策へと移行させている可能性がある。しかし、従来の医療モデルと世界中で起こっている新たな医療モデルやドラッグ・コート型の政策には差異がある。それらを次章で検討する。

六　小括

　何度も再使用し、刑務所に収容される薬物使用者を見て「まるで、刑事司法の回転ドアのようなものである」と裁判官たちはどうにもできない葛藤に悩まされていた。伝統的な刑事司法手続のなかで、犯罪に対し犯罪を行った人たちを刑務所に送るだけでは何も解決しないという問題意識から始まったドラッグ・コート制度であった。常々、その背景にある社会的問題の解決をしなければ、何も解決には至らないと葛藤していたのである。特に、アメリカ合衆国における薬物犯罪は、他の犯罪とも関係性が高く、暴力犯罪、窃盗などの財産犯罪は、薬物の影響から起こされているものも少なくない。

　そもそもアメリカ合衆国では、医療の問題として薬物依存の問題が社会問題となり、そういった依存症は病気であり生理学的に治療が行われていた。その回復が思わしくないことから、心理学的な治療が開始され、これが、やがて道徳の問題として薬物依存は捉えられていくきっかけを与えている。この流れが、司法による薬物の取締りにつながり、アメリカ合衆国は、国際的な薬物政策において厳格な取締りを重視した政策を推し進める。そのなかでも、注目すべきは、1962年に連邦最高裁判所によって示された「社会安全のために薬物には規制を残しつつも、薬物依存そのものは犯罪ではない」という捉え方であった。この後1970年代および1980年代から「薬物との戦い」として末端使用者に対しても、厳格な取締りで対処をする政策が繰り広げられた。ただし、「薬物依存者には、治療が与えられなければならない」とする考え方は維持されることになる。

　同時に、1967年に大統領諮問委員会によって提案された「ダイバージョン」の影響も大きいと思われる。このダイバージョン制度は、ネット・ワイドニングを招くことや、その裁量の拡大から懸念される要因もたしかに存在

したが、伝統的な刑事司法の枠組みから早期に離脱させるという考え方は、現在でも刑事司法における1つの方法となっている。ただし、ドラッグ・コートが導入される時期の薬物犯罪に対するダイバージョンは、ただ刑務所人口を減らすこと、かかるコストを減少させることだけに注目をし、なんら裁判所が関わった状態でのトリートメントは行わず、一種の保安処分のような状態を巻き起こしていた。当然に、再使用の防止にも効果がない伝統的な刑事手続から離脱させるだけの政策に非難が寄せられ、トリートメントも裁判官の監督の下に行われる、新たな制度が用いられるに至ったのである。そのために、「ドラッグ・トリートメント・コート」という名称にし、当時のドラッグ・コートと区別する裁判所も現れたほどである。

本章で確認されたドラッグ・コート・ムーヴメントは、瞬く間に全米へと広がり、国境を越えた諸国でも展開がなされた。薬物専門の裁判所によって従来の伝統的な刑事司法手続では解決がなされなかった薬物依存という問題に対し、当事者の回復が本人だけでなく関係者全員の目標であるとする鍵概念を持つた制度が運営されている。

やがて、ドラッグ・コートの展開とは別の次元で展開していた「治療的法学」という概念と相互から関係を持つようになった。「治療的法学」は、伝統的な刑事司法における適正手続に反しない範囲で、決して社会安全のために使用されることがないようにという前提を付けたうえで、法律が持つ、その治療的要因であり、反治療的な要因を理解しつつ、その背後にある社会的問題を解決するための1つのツールとして利用されなければならないと考えるのである。実務家からの行動から発生し、理論的な枠組みを欲していたドラッグ・コート側と、その理論を実証し結果を証明しているドラッグ・コート・ムーヴメントを歓迎した治療的法学側の協力関係が結ばれた。

こういった、「治療的な介入で社会的問題を解決する」という考え方が、薬物を使用する当事者側の要望と、それを支える市民グループの発展、そして常に葛藤を持っていた裁判官に受け入れられたのである。このように、「治療的」という言葉は、刑事司法制度に大きな変革をもたらしている。ムーヴメントと呼ばれるほどの現象を巻き起こした治療的法学と問題解決型裁判所という概念が、再び医療モデルのようなモデルの導入をもたらした。そ

れが、犯罪行為によって与えられる刑事司法的介入の度合いを超えて、そもそも抱えていた社会的問題にまで援助を与えようとしている。裁判所によって公正に行われ、本人の同意を受けた上で行われるドラッグ・コートは、1970年代に批判を受けた社会復帰思想批判で展開された批判によってはそのままに当てはまらないのではなかろうか。

　強制的な治療によって対処する国家では、矯正施設による強制的な薬物治療が行われる。現在の日本が示している方向性は、特別改善指導や薬物検査を用いた社会内処遇も義務付けられており、刑事司法手続のなかでの治療が強制されていることになる。このような、国家の強制的な治療が求められるために、社会復帰すべきとの積極的な要請が薬物使用者に課される。しかし、一個人である市民と国家との関係で行われる刑事司法手続において、これら積極的な社会復帰の要請はなぜ可能なのであろうか。また、どういう根拠からなされるもので、それは押し付けられるものなのであろうか。その弊害除去を可能にした新たな治療的枠組みを考察することは可能なのであろうか。前章と本章から確認されたようにアメリカ合衆国では、裁判官たち実務家の問題意識と回復支援団体の活動によって治療を提供する国家と、それを権利として受け入れる回復者自身のあり方が確認された。治療を一方的に要請する諸国との大きな違いは、ドラッグ・コートは「同意」を前提に始められているということ、そして国家によって一方的に治療が与えられるだけでなく回復支援団体が介入することで回復者の権利として行使できることである。そうでなければ、1970年代に展開された医療モデルおよび社会復帰思想へと逆戻りすることになるからである。特に、司法であれ、医療であれ国家からの提供による薬物政策に回復者自信が立ち上がることを踏まえているアメリカ合衆国のドラッグ・コート制度は、刑事司法に変化をもたらした。日本の薬物戦略でも民間の協力を受けて展開されることが謳われている。今後の薬物政策を考える際に、アメリカ合衆国のドラッグ・コート制度は大いに参考となるものなのであろう。

　「一貫した社会復帰への支援」の実現、回復者としてのモデルを示すことの重要性などから民間の支援団体が刑事司法手続に導入されることが望ましいのではなかろうか。しかし、当然その制度には「回復」をめぐる権利主体

性と、それを行使する際に生じる強制性および同意について考察されなければならない。次章から考察するように、「同意」を前提に行う薬物政策の必要性を確認すると同時に、「同意」を前提に行う政策であっても、注意すべき諸問題が存在しているからである。そこで、次章では、刑事司法手続における処遇の位置づけと、それに対する権利の主体性を検討し、「同意」を前提にしたものであっても、その次の段階で起こりうる諸問題を検討する。

第4章

刑事司法手続における処遇と同意

一　はじめに——問題の所在

　従来、医療の問題として取り上げられた「薬物依存の問題」は、後に心理学的治療が主流になることで、道徳の問題や法律で規制される問題へと変遷していった。しかし、前章で確認されたように、アメリカ合衆国では刑事司法の実務におけるドラッグ・コートの展開、それら実務を支えた理論の面での「治療的法学」の展開により、「治療的」という新たな概念が、問題解決型裁判所を生み出し、展開させ、司法の役割を再定義しようと試みていた。こういった「逸脱行為」の「医療化」、「犯罪」を「病気」と認識することで起こされる「治療的」というムーヴメントは、その逸脱行為に対し、厳罰で対処するという手段から、一見寛容であると思われるような「治療」という手段への変更をもたらし、「病気ならば仕方がない」と考えられるようになる[197]。このような思考の変更は、対処する手段の変更とその根拠にも影響を与える。Talcott Parsons[198] が示すように「病気として認識することで許される犯罪は、同時に治療することを要請される」とされる[199]。現実に、薬物

---

[197]　本田宏治「わが子をドラッグ使用者として語り続けることへの逡巡」(『家族社会学研究』第20巻1号、2008年) 53～54頁。本田は、「犯罪」ではなく「病気」と考えることで、病気ならば仕方がないと意識を変化させる家族関係を指摘する。

犯罪に寛容であるとされる諸国の制度は、次のように大きく二分されることになる。例えば、ハーム・リダクションを行うEUなどでは、刑事司法という強制力を用いず、個人の自由として考え、害の拡大を抑えることを前面に押し出し、HIVなどの他の危険へと害が広がることを防止することに注目する。非犯罪化せずに、薬物使用が本人の意思ならば、刑事司法の枠に入れ、強制的に介入しない「公衆衛生を用いた政策」である。そしてもう1つのアプローチは、強制的な治療を行ってでも、刑事司法手続のなかで対象となる人には治療を課し、積極的に改善治療を求めるという「積極的社会復帰型の政策」である。その背景にある社会問題解決に向けて、むしろ法律が1つのツールとして介入すべきとする「治療的法学」で示された概念は、後者の「積極的社会復帰型の政策」に近い。この積極的社会復帰型の政策は、アメリカ合衆国をはじめ、国家による治療を念頭に置いたオーストラリアなど、第1次予防も念頭に置いているために薬物犯罪を違法として設定している諸国には、「違法である。しかし、病気でもある」という中間的な概念を作り出し、改善更生することが主要命題として処遇が行われる。多くの国で後者のモデルが採用されている。

ただし、病気に対する治療という理由だけでは、刑事司法手続のなかで自由を制限した強制的な治療を行うことはできない。むしろ社会安全・犯罪予防のための強制治療は、刑法改正時の保安処分論として日本では批判されて

198　Talcott Parsons "Social structure and personality", New York Free Press, 1964,〔邦訳：武田良三監訳『社会構造とパーソナリティ』（新泉社、1973年：新装版1985年）〕参照。
199　このように、「逸脱行為」とされてきた薬物犯罪が、「治療の対象」と見られ始めている。Peter Conrad および Joseph W. Scheider は、非医療的問題であると考えられていた問題が、病気または障害という観点から医療問題として捉えなおされることを指摘する。Peter Conrad and Joseph W. Scheider "Deviance and Medicalization: From badness to sickness", Temple University Press. 1980, expanded edition 1992,〔翻訳：進藤雄三監訳『逸脱と医療化――悪いから病へ』（ミネルヴァ書房、2003年）〕を参照。なお、「逸脱行為」については、Howard S. Becker "Outsiders: Studies in the sociology of Deviance", The Free Press, 1963,〔翻訳：村上直之『アウトサイダーズ――ラベリング理論とはなにか』（新泉社、1978年：新装版1993年）〕を参照。しかし、こういった逸脱行為を医療の対象として刑罰の回避または寛容化するといったことにも陰が見え始めているように思われる。例えば、癲癇などの持病を持っている状態で交通事故を起こした場合に、病気であるからやむを得ないといった言説は見られず、より重罰にするような法改正がなされている。

きたことであった。国連の被拘禁者処遇最低基準においても、第60条1項において「刑事施設内の生活を外界の自由な生活に近づけなければならない」と規定されている。一般社会でも患者の同意を元に治療が行われることは今や大前提であり、「治療」である以上は、それは刑事施設であっても強制されるものではない。さらに、1990年に国連で採択された「非拘禁措置に関する国連最低基準規則」(東京ルールズ3.4)においても、非拘禁措置であっても一定の義務を課すのであれば、対象となる人の同意が必要であると規定している。

そこで、以下本章では歴史的な医療と司法概念が刑事司法にどのように影響を与えるのかを、本人のために行われるのであれば、その治療が強制であっても善であると考えられた「医療モデル」が1つのモデルとして確立する一方で、刑事司法の公正さと、有害な行為に対しては法的責任を負わせるとする「司法モデル」が立てられていたモデル論の経緯を確認する。それぞれに対する意義と批判、石塚や小沼によって示された「福祉モデル」[200]の役割、それらと前章で確認した「ドラッグ・コート型の処遇」との位置づけはどうなるのかを考察する。そして、刑事司法手続においては、一定の義務を負わせるものは、本人の同意が必要であり、病気という考え方は、Parsonsが指摘したように「個人の能力を充分に回復させ、一定期間の後に役割遂行しうるところまで復帰させる」という命題が課される[201]ことになろうとも、本人の同意を要するということを確認したい。

さいごに、それら「同意」を前提にする制度であっても、間接強制として次世代における薬物政策が背負うであろう問題点があることを指摘する。つまり、強制的にプログラムを行う日本とは違い、国際的な標準に従って同意を前提に治療的介入を行うドラッグ・コート型の処遇であっても、実質的には「間接強制」がいまだ残っているとういことである。これらの問題点を検討し、解決案を試案することが本書の目的の1つである。

200　石塚伸一「薬物依存からの回復と市民的支援——北九州にダルクを呼ぶ会」石塚伸一編著『現代「市民法」論と新しい市民運動—— 21世紀の「市民像」を求めて』(現代人文社、2003年) 176〜183頁。
201　(武田〔翻訳〕：1985年) 前掲註198を参照。

二 処遇モデル論とドラッグ・コート型処遇

1 医療モデルと司法モデル

　医療モデルとは、刑事司法のシステムを医療のシステムに置き換えて考察するモデルである。つまり、処遇は治療であり、犯罪者は病人として捉える[202]。医療モデル論により、刑事司法の分野に新たに人道化と科学化をもたらすことになったが、医療の裁量を刑事司法手続のなかに認めることにも繋がった。そもそも、刑事施設のなかでの非人道的な処遇が問題とされており、その原因は画一的な強制処遇にあると考えられていたために、処遇の個別化を目指したのである[203]。この医療モデルとしての捉え方は、「犯罪」を「病気」として捉えることから、その病気が治癒するまで治療を行うべきであるというものへと繋がり、不定期刑を中心とする行刑の運用をもたらした。また、「犯罪」が「病気」であるとする考え方は、一個人を社会に適応させるために「治療」を行う思考へと繋がっていく。この医療モデルを用いた政策は1950年〜1960年代を中心として全盛期を迎える。その後、リベラルな主張をするものたちによって、社会復帰を理由として個人を社会に適応させることの賛否が問われるようになった。さらに、平等性や公平性に対する疑問が呈され、医療モデル論は衰退へと向う。それに取って代わる対抗的なモデルとして司法モデル（公正モデルともいわれるが、本書では司法モデルとする）が1970年代から主張されるに至る。ただし、医療モデルを用いた政策はそのまま消えたわけではない。また日本においても、1973年には法制審議会において、保安処分に対する論争が繰り広げられている。1987年には「精神保健福祉法」が制定され、自傷他害の疑いがない措置入院が回避されるようになったのと裏返しに、自傷他害の疑いがある時は、同法によって、措置入院が行える法制は維持されている。ただし、同法によって、原則同意を得てからの入院にすることや、インフォームド・コンセントが定着するよ

202　伊藤康一郎「医療モデル」藤本哲也編『現代犯罪学事典』（勁草書房、1991年）279〜284頁、河合清子「公正モデル」同書294〜296頁。
203　（伊藤：1991年）上掲書279〜280頁。

うになっているという側面も併せ持つ[204]。

　この医療モデルへの不公平さに対する反省から提唱された司法モデルは、量刑の不平等をなくし、社会復帰思想の放棄をもたらした。このように、司法モデルの主張は、社会復帰思想批判と相まって主張されたものである。その批判には、社会復帰プログラムの評価研究として著名な R. Martinson による論文 "What works? Questions and answers about prison reform"[205] が影響を与えている。それまで、医療モデルを中心として声高に謳われていた社会復帰思想によるプログラムが失敗であったとの評価がなされ、「有効なものは何もない（Nothing works）」と報告された[206]。それまで社会復帰思想は、人道的な対応であり、かつ効果が期待されていたが、その効果への疑問から、思想そのものへの非難を受けることとなる。

　医療モデルから司法モデルへと政策が変わった背景には、保守派から「寛大な処遇から厳格な処遇」を要求するために用いられ、リベラル派からも、「社会への適応を強要することへの反対」を要求するために用いられた。そのため、保守であってもリベラルであっても、医療モデルからの司法モデルへの変更について賛成をしたのである[207]。こういった背景から、保守派からは刑罰目的を「社会復帰」から「応報」、「抑止」を重視した厳格な刑事政策が、リベラル派からは「不定期な刑による個人に対する社会適応の強要をやめ、量刑を画一化する」ことを重視した刑事政策が主張され、司法モデルが主張されるに至っている。

　医療モデルとしての捉え方が完全に消滅したわけではなかったが、その後、司法モデルが優先され、量刑における裁判官の裁量の幅を制限することや、

204　（石塚：2003 年）前掲註 200、179 頁。
205　R. Martinson "What works? Questions and answers about prison reform", The Public Interest, Nr. 35, 1974, p22-54.
206　後に、この著名な論文は、社会復帰思想が何の役にも立たないと言ったのではなく、現在ある社会復帰プログラムは万能に効果を発揮するものではないといった批判や、成功とするには基準が厳格すぎるといった批判を受けている。その論文によって「社会復帰プログラムは何の役にも立っていない」という衝撃が大きく、それが本人たちも意図せず、社会復帰思想に不満を感じていた者たちによって援用されていく。
207　（伊藤：1991 年）前掲 206、282 頁。

不定期刑の廃止、パロール制度の廃止が議論されるようになった。司法モデルが主張されることで、受刑者に対する権利保護や権利救済のための不服申立て、訴訟提起の確保、第三者委員会の設置といった制度改革が行われている。このようにリベラル派から見れば、対象となる人には自由意思を持つ1人の人間として人道主義的に扱われることが保障されており、司法モデルは犯罪者の更生ではなく、刑務所制度の更生であると考えられるようになっていた。しかし、同時に犯罪に対し厳格な刑事政策をもたらしていることも事実であり、保守の政党だけでなくリベラルな政党であっても、犯罪に対しては厳格に取り組むことがマニフェストとして打ち出されている。第2章および第3章で確認したように、犯罪への厳格な取り組みは、さまざまな問題を生み出している。そういったなかで、アメリカ合衆国で裁判官たちから始まった社会現象の1つがドラッグ・コート・ムーヴメントであった。

2 福祉モデルとドラッグ・コート型処遇

近年、第3のモデルとして「福祉モデル」が主張される[208]。これは、石塚によると次のように提起される。すなわち、これまで精神障害を処罰の対象と見るのか、治療の対象と見るのかによってその対処が変わる。これまでは、法律家と医師によって「司法モデル」か、または「医療モデル」かということが争われてきたが、「治療共同体」を土台とした回復者自身の自己決定とそれらを支える自助グループの支えに重点を置いた回復モデルの誕生が第3のモデルであるとする。刑事政策の国家的パラダイムから、市民を主体とした市民的パラダイムへの転換から主張されるものである[209]。一方で、医療側

---

[208] (石塚：2003年) 前掲註200、180~182頁。また、医療の分野からも小沼が第3のモデルとして「社会福祉モデル」を主張する。小沼杏坪「薬物依存者に対する治療・処遇の体制の現状と課題」(『警察学論集』第57巻2号、2004年) 129~131頁。ただし、小沼の「社会福祉」モデルは石塚の「福祉モデル」とは、異なるものである。小沼の分類は、その対照となる人に対し、「法的規制モデル（司法モデル）」は社会の安全秩序の維持のために、薬物使用を非行／犯罪として法によって規制されるモデルであり、「医療モデル」は薬物依存症に罹った患者として医療でケアを施す対象であるとし、「社会福祉モデル」は生活の困難者としてケアと保護を与える対象であると分類する。小沼がいう第3のモデルである「社会福祉モデル」は、国からのケアを与えられる存在であるとしていることで、石塚のいう、市民や回復者たちの自己決定によって自らの回復機会を主張するとする自治を尊重するモデル論とは異なる。

からも第3のモデルが小沼から主張されている。小沼がいう第3のモデルは、対象となる人をケアが与えられる対象として捉えるというものである。つまり、薬物依存症に罹患している個々人が「生きる苦しさ」を抱えており、薬物がないと生きていけない生活困難者として、ケアを与えられるものとして捉えるとする[210]。小沼が展開する「社会福祉モデル」は、「医療モデル」が医療とケアがもたらされる病者として捉えているのに対し、生活困難者としてケアと保護が与えられるとする。つまり、国家と対象となる人と縦の関係ではあるが、もたらされるものは、治療ではなく福祉と保護なのであると主張するのである。一方、石塚の主張する「福祉モデル」は、国家と市民の関係は横の関係になる。

　こういった両者のモデル論の違いは、あくまで生活困難者としてケアを与えられる存在であり、国がそれを与える義務を負っていると捉える医療者側の福祉モデル論か、市民および回復者がその回復する機会を自らの権利として、自治が尊重される刑事政策における市民的パラダイム[211]によって主張される福祉モデル論か、という違いがある。ここで注意しなければならないのは、小沼がいうモデルを「医療的福祉モデル」、石塚のいうモデルを「市民的福祉モデル」とするならば、国際的な薬物政策は、寛容政策を推し進める国であるほど、むしろ「医療的福祉モデル」の傾向が強いということである。しかし、「逸脱行為」を「病気」として捉え、回復者がその治療プログラムを与えられるという存在であるということは、治療がもたらされることで、より一層回復しなければならない存在へ変換することを意味している。

209　（石塚：2003年）前掲註200、181〜182頁。
210　（小沼：2004年）前掲註208、129頁。
211　石塚伸一「刑事学におけるパラダイム転換——刑事法学と価値判断について」（『犯罪と非行』第101号、1994年）52〜75頁、（石塚：1996年）前掲註13、同「犯罪者の社会復帰と自助グループの役割——国家的パラダイムから市民的パラダイムへ」（『法学セミナー』第45巻8号、2000年）70〜75頁、同「刑事政策のパラダイム転換——市民の、市民による、市民のための刑事政策」（『刑法雑誌』第40巻3号、2001年）299〜314頁、同「刑事政策におけるパラダイム革命（再論）——国家的パラダイムから、市民的パラダイムへ」（『龍谷法学』第34巻2号、2001年）187〜215頁。なお、「パラダイム」については、トーマス・クーン〔翻訳：中山茂〕『科学革命の構造』（みすず書房、1971年）、および野家啓一『パラダイムとは何か——クーンの科学史革命』（講談社文庫、2008年）を参照。

「医療的福祉モデル」と従来の医療モデルとの違いは、回復者自身の権利としてではなく、プログラムを提供する媒体が、司法的国家か医療的国家かに違いが生じるだけであり、そのどちらであっても、積極的な社会復帰が要請されることになる。つまり、第三のモデルとした「医療的福祉モデル」であっても、回復者は治療の機会を与えられる存在でしかないことになる。

では、ドラッグ・コート型処遇は、司法モデルか、医療モデルか、ないしは「医療的福祉モデル」または「市民的福祉モデル」になるのであろうか。ドラッグ・コート・ムーヴメントは、従来の法のあり方および裁判所のあり方に再定義をもたらした。これは、治療が行われることが最優先で、法によって求められる適正手続よりも治療を優先した医療モデルの再来ではなく、公正をもたらすと同時に厳罰をもって対応した従来の司法モデルとも一線を置かれるものである。裁判所は法がもつ治療的な側面を1つの道具として利用し、国家が治療プログラムを提供することから、石塚の主張する市民的福祉モデルとも厳密には差異が生じる。彼の主張する市民的福祉モデルは、その回復プログラムの中心を担う人が、薬物問題からの回復者自身と、その回復支援のスタッフたちだからである。

たしかにドラッグ・コートにおいては、法曹三者たちだけでなく、回復をサポートする自助グループはなくてはならない存在であり、回復者たちの請求によってそれらプログラムは利用されることは重要なことである。アメリカ合衆国では厳格に対応する一方で、回復者たちが自助として活動することが活発であった。さらに、それを支えるだけの、回復プログラムや回復支援団体が国の政策とは別に独自に発達しているのである[212]。この観点からは、国家から治療が提供される側面を持っているドラッグ・コートにおいても、回復者が主体である「市民的福祉モデル」としての発達も見られるのである。また、小沼の主張するように、対象者はただ国家からの治療の機会が与えられる存在というだけでなく、ドラッグ・コートに参加するには、参加者の同意が大前提とされている。特に、ドラッグ・コートでは2つの福祉モデルが、

---

212 (White：1998年) 前掲註133は、自身がリカバード（回復者）であり、回復施設のスタッフであり、歴史研究家であるホワイト氏によって、アメリカ合衆国における薬物依存の回復プログラムと支援グループの歴史を詳細に紹介している。

どちらか一方が優先されるべきではなく、その両方の要素をもっている。

　刑事司法手続においては、その手続に組み込まれる薬物依存者は自由の制限を受けるともに、直接的または間接的に、自ら回復する機会を奪われている。これらの弊害を除去するためにも国家が各対象者に回復の機会を与えるのは国家の義務である。ただし、それは国家の義務であって、対象者が拒否することによって罰則などを加えて課すことはできない。あくまで「同意」が前提に始められるうえに、自由刑純化論や被拘禁者規則などから導き出されるように、刑事司法手続で行われる処遇には、常に同意が必要なものだからである。ドラッグ・コート型処遇モデルは、上記モデル論のどの部分が欠けても存在せず、新たな処遇モデルであるといえる。では、なぜ刑事司法手続のなかで国は治療の機会を与えなければならないのか、それは同意を前提にしなければならないのかを検討することにしたい。

三　刑事司法手続における処遇

1　人権保障

　当然のことながら、「受刑者」は、拘禁刑や保護観察付執行猶予など、一定程度の自由の制限を含め、それらの執行によるさまざまな制限を受けるとともに、一般市民としての権利を有している[213]。この2つの側面を有することで、刑罰によって直接および間接な制限を受けることと、同時に人間の尊厳および幸福追求権（憲法13条）並びに生存権を基本とした社会に復帰する権利（憲法25条）を有している[214]。

　国際的にも、1955年に制定された国連の被拘禁者処遇最低基準は、当事の「医療モデル」を重視した受刑者個人を社会に適応するように処遇をすることが目指されたものになっていたが、1973年のヨーロッパ被拘禁者最低基準規則、それに引き続く1987年のヨーロッパ刑事施設規則以降は、施設のなかで行われる受刑者の危険性除去を目的とした処遇理念から、その釈放

213　葛野尋之「受刑者の法的地位とその権利保障」(『刑法雑誌』第46巻3号、2007年) 109頁
214　(葛野：2007) 上掲書、109頁。

後の生活再建を目的とした福祉的・援助的な処遇目的へと移行している[215]。つまり、社会復帰が前提とされる上での刑罰は、その人にとっては一過性のものである以上、国は個人の社会復帰を保障しなければならない。従来の自由刑純化論では、こういった自由を制限することによるさまざまな問題への支援の必要性が導き出され、それにともなう弊害への援助がなされるべきであると主張されてきた。しかし、薬物依存症は刑事司法手続に含まれたことで生じた問題ではない。つまり、もともと本人たちが抱えていた社会的問題であり、自由刑に純化しない問題ということになる。

2 自由刑純化論と残された問題へのアプローチ

いわゆる自由を制限する刑罰は、それら刑を受ける者に対し、社会的・精神的・生理的な弊害が生じることから、自由刑純化論[216]は、国家がそれらの弊害を除去する義務を負うとする。これにより、拘禁期間を短縮化すること、それら自由刑の弊害を必要最低限に除去すること、自ら社会内で生活が行えるように支援をすることが国家の負う義務であるとする。それと同時に、あくまで自由の制限がなされるだけであって、そこでは医療問題も含め外部での生活と変わらない援助が得られるべきである[217]。

日本の自由刑純化論者として著名である正木、吉岡の両氏が提言する自由刑純化論とは以下のようなものである。正木は、自由刑純化論を、自由刑が矯正教育であることを前提に、被拘禁者の社会的存在を維持するために人道化によって社会復帰がされなければならないとする[218]。一方、吉岡は、自由刑の目的としての改善更生と、それに基づく処遇が義務化されてしまうことを指摘しつつも、その改善更生の処遇が被拘禁者の自発性に基づくものであるならば、治療という目標の達成には役立つであろうことを主張する。しかし、彼は自由の制限による弊害を加えた上での社会復帰の援助であるという

---

215 土井政和「一貫した社会的援助」(『刑政』第108巻4号、1997年) 55頁、藤井剛「個別的処遇計画の実施──『処遇の個別化』から『個別化された援助』へ」刑事立法研究会編『21世紀の刑事施設──グローバル・スタンダードと市民参加』(日本評論社、2003年) 140頁。
216 「自由刑純化論」は、自由刑が持つさまざまな弊害から自由拘禁のみに純化するべきであるとされるもので、フロイデンタール (Berthold Freudenthal) が主張し、日本では正木亮によって紹介がなされている。正木亮『新監獄学』(一粒社、1968年) 123～136頁。

ことで、そもそも両者が両立しないことから自由刑純化を主張する[219]。

たしかに、各氏が主張されるように、自由の制限に伴う弊害を除去した上で、積極的な矯正教育が提供されるとするか、もしくは、自由刑である以上、その弊害の除去をすることの矛盾から、少なくとも国家から強制的に何もなされるべきではないとする主張は矯正問題の核心をついていると思われる。国が矯正教育を前面に押し出せば、医療モデル論の問題が生じ、一方で、対象者の回復について無関心であってもならないであろう。さらに自由刑に純化しない問題であっても本人が自発的に基本的人権としての社会復帰、幸福追求権としての社会復帰を望む場合には、一般社会では受けることが可能であった治療機会の提供はなされるべきである。次に考えなければならないのは拘禁される以前から抱えていた薬物依存症という問題であり、自由刑に純化する問題を限りなく除去することに加え、自由を制限する以外は、国際基準が定めるように施設外と同等のサービスを受けられるように保障しなければならないといった観点からの考察である。

自由を制限することによって生じる直接的な弊害だけでなく、間接的に生じる弊害の除去にも努めなければならない。自由を制限することで、間接的

217　1976年3月27日に法務大臣から法制審議会に「監獄法改正の骨子となる要綱を示されたい」と諮問を行った。同審議会では「監獄法改正部会」を設置し、「監獄法改正の構想」を示している。法務省矯正局編「資料・監獄法改正」（法務省矯正局、1977年）221頁によると、受刑者の最低基準として、第59「施設は、治療的、教育的、道徳的、精神的及びその他の適切かつ有効な諸々の援助手段を、すべて利用しなければならず、更に、受刑者の個別的処遇上の必要性に従って、それらを適用するように努めなければならない」としている。また第61においては「受刑者の処遇は、社会からの排除ではなく、社会との継続手続関係を強調するものでなければならない。それゆえに社会的諸機関が受刑者の社会的更生の仕事について施設の職員を援助することができる場合には、常にその協力が求められなければならない受刑者とその家族及び有用な社会的諸機関との間のすべての望ましい関係を維持し、かつ、発展させることを任務とするソシアル・ワーカーが各施設と接触を持たせなければならない。法律及び判決に反しない限り、できるだけ広く受刑者の私法上の利益に関する権利、社会保障上の権利及びその他の社会的利益を保全するために、必要な措置が採られなければならない」としている。以上からもわかるように、すでに1977年の監獄法改正案では、あくまで矯正施設での受刑者に対する関わり方は、ただ自由を奪うことになるのではなく、有効な援助手段をすべて利用することが必要とされ、さらに、社会からの排除ではなく社会との継続手続関係を維持し続けることが謳われていたのである。
218　（正木：1968年）前掲註216、123～144頁。
219　吉岡一男「監獄法の改正と処遇理念」（『法学論叢』第95巻5号、1975年）12～15頁、および同『刑事制度論の展開』（成文堂、1997年）242～247頁。

にその回復治療を受ける機会を剥奪していることになるために、治療の機会を与える義務を国は負っている。さらに、受刑者は福祉的サービスを受ける対象であるといえる。従来の福祉対象者は社会的弱者とし、行政によるサービスが提供されるだけの措置が行われるという制度であった。2000年5月に制定された社会福祉法により、福祉の対象はすべての国民であること、利用者が自己の責任において、サービスを選択し利用するものであることが明確化されている。つまり、保護や措置としてのウェルフェアから、個人の選択としてのウェルビーイングが重視され福祉の場面でもインフォームド・コンセントによる自己決定が求められている。以上のように、国家は、医療的サービスの提供および福祉的サービスの提供の面から、その自由の制限によって生じる弊害は積極的に除去しなければならない義務を負うことを次節で確認する。

四　刑事司法手続における同意

「回復」の権利は回復者にあり、それを支援する義務を国が負っている。しかし、その支援はどの程度になされるべきであろうか。それが過剰に押し付けることはできないことはすでに上述したとおりである。自由刑純化論から示される、矯正施設の外と同等のサービスが受けられるということは、医療的サービスも福祉的サービスも同じレベルのものが受けられるということである。一般的な治療において、たとえ精神科、心療内科であってもインフォームド・コンセントを前提とした患者の同意によって治療がなされる[220]。

医療の場では、自己決定の権利を認めると同時に、適切な情報が与えられた上で、患者本人が決める同意が必要である[221]。なお医療の場においてもインフォームド・コンセントと自己決定の関係については、いまだ議論が残さ

---

[220] インフォームド・コンセントの考え方は、一般的には患者の同意または拒否の権利が与えられていることが考えられている。しかし、同時に医師の側にも焦点が当てられているとういことが重要な点である。つまり、医師には説明をする義務があり、それを果たさなければ責任が問われることとなるということである。Ruth R. Faden and Tom L. Beauchamp "A History and Theory of Informed Consent", Oxford University Press, 1986,〔翻訳：酒井忠昭＝秦洋一『インフォームド・コンセント――患者の選択』（みすず書房、1994年）3頁〕。

れている[222]が、少なくとも一般医療と同等レベルの患者の自己決定権[223]が認められなければならない。

　くり返しになるが、たとえ矯正施設であっても国連の被拘禁者処遇最低基準において、その第60条1項において「刑事施設内の生活を外界の自由な生活に近づけなければならない」としており、あくまで自由が制限されているのみであって、処遇を受けるかどうかの選択は、上記で検討したように、憲法第13条「個人の尊厳」、「生命、自由および幸福追求に対する権利」として尊重されるべきである。

　また、矯正施設ではない保護観察を用いた社会内処遇であっても、一定の措置が「同意」を基にして行われなければならないことは、1990年に国連で採択された「被拘禁措置に関する国連最低基準規則」（東京ルールズ3.4)[224]において、「犯罪者に一定の義務を課す非拘禁措置については、正式手続・裁判の前あるいはその代替として適用されるものであっても、犯罪者の同意が必要である」と規定している。また1988年に国際刑務財団によって策定された「自由の制限を含む被拘禁制裁および被拘禁措置のための最低

221　五十子敬子「自己決定と代理意思決定」五十子敬子編『医をめぐる自己決定――倫理・看護・医療・法の視座』（イウス出版、2007年）3頁。インフォームド・コンセントの考え方は、医療だけの問題にとどまらない。例えば、法律、社会科学、道徳哲学の分野でも重要な概念なのである。
222　例えば、黒崎剛はパターナリズムとインフォームド・コンセントの関係において、医療そのものの概念を医療者と患者の主体性を超えた社会的共同作業としなければならないことを指摘している。黒崎剛「インフォームド・コンセントの新たな展望」（『医学哲学医学倫理』第19号、2001年）1-15頁。高柳功は自己決定権の論理はミルの侵害原理から導き出されるが、侵害原理は権力あるいは社会的統制からの個人の自由という意味であって、医療の場でも自己決定が何でも優先される自己決定権至上主義を意味するものではないとの指摘がなされている。高柳功「インフォームド・コンセント雑考――精神科医療における個人的回想とともに」中谷陽二ほか編集『精神科医療と法』（弘文堂、2008年）238～240頁。しかし、社会的統制と医療での自己決定は異なるのではないかとの指摘であるが、刑事司法の中で医療モデルが台頭した経験があることや、現在、新たな医療モデルへと移行しつつあること、国家と個人との関係で行われる刑事司法のなかで行われる医療であることなども踏まえると、一概に社会的統制と医療の自己決定論は異なるとはいえないのではないだろうか。
223　石崎泰雄『患者の意思決定権』（成文堂、2008年）67～69頁。
224　富田正造「被拘禁措置についての国連最低基準（東京ルールズ）」（『罪と罰』第28巻1号、1990年）26頁、杉原弘泰「『東京ルールズ』と拘禁代替策」（『ジュリスト』第972号、1991年）82～83頁。

基準規則」（グロニンゲン・ルールズ第9）においても「対象者の同意」が要求されている。このように対象者の主体性および同意原則が国際基準となっている[225]。

　以上のように、矯正施設であろうと、社会内処遇であろうと治療を受けることに関しては、自由刑純化論の立場から自由の制限以外に課すべきではなく、それによって生じる弊害も含めて外部の生活と差異が生じることがあってはならず、また治療行為である以上、対象となる人の同意が必要であるといえる。実際に、ドラッグ・コートをはじめとする国際的な刑事手続で行われる治療行為は同意を前提に行われているのであり、第1章でも確認されたように、民間団体が加わった状態で行われる効果的な処遇が行われるべきである。ただし、特殊な権力関係は、民間に委託できない。そのためには、「同意」を前提とした制度でなければならない。これらの点から現在の日本の制度としては依然として問題が残されていることになる。

　それでは、同意を前提とすれば刑事手続で行われる治療に問題は生じないのであろうか。本章の最後にドラッグ・コートなど「同意」を前提に「治療的」であることを基本として刑事司法手続のなかで行われる薬物プログラムを題材にその問題点を考察する。

五　強制による薬物治療プログラム

1　直接強制と間接強制治療プログラムの区別

　いわゆる認知行動療法を用いた処遇方法が刑事司法手続のなかで利用されている。具体的には社会内処遇として、通所型の自助グループの利用であったり、回復施設への通所または入寮によって薬物治療・プログラムを受けることになる。そこではカウンセリング、ミーティング、および定期的な薬物検査を受けること[226]が主な薬物トリートメントとして利用されている。

225　正木祐史「社会的援助の理論と課題」刑事立法研究会編『21世紀の刑事施設』（日本評論社、2003年）114～116頁。津田博之『更生保護における社会的援助――3号観察を中心に」刑事立法研究会編『更生保護制度改革のゆくえ』（現代人文社、2007年）48～49頁。また、2007年5月3日に刑事立法研究会よって提出された「更生保護法案についての意見」2頁。

これら薬物トリートメントでは「同意」があることを前提に、開始される刑事手続きにおける薬物治療である。しかし、たとえ上記で確認されたように「同意」を前提にした諸制度であっても、新たな問題が提示される。より治療的な薬物治療プログラムは直接的な強制ではないが、表面上の「同意」があるのみで、実質的には間接的な強制が働いているとTobby Seddonは指摘する[227]。彼が言うには、「強制する」ということは、「権力または威嚇を用いて、誰かに何かを勧めて行わせ、その行為は自発的ではない行為である」とし、それらを次のように分類する。まず、「強制」の定義には「誰かに勧めて何かを行わせる」という「誘導性」、「その行動は自発的ではない」という「非自発性」、「それは権力または威嚇を用いる」という「権力性」の3つである[228]。

　この「誘導性」とは、通常、処遇が提供される個々人には、これから請け負うものを選択する権利があるが、他の選択肢を選ぶことは実質不可能であるため、一種の誘導になっているということである。また、有無を言わさない直接強制とは区別され、表面上は同意の問題がクリアされているがその背後にある力で他を選ぶことを不可能ならしめているという意味で「間接強制」なのである。

　また「非自発性」とは、Farabee, Dらによる調査結果から次のような指摘がなされた。彼らの調査によると、治療に参加している人びとは治療に興味を持っていないどころか、治療そのものを必要なものであるとは考えていない、といった調査結果であった[229]。また、その原因として、他の選択をすることで不利な状況が起こりうる環境のなかで選択が迫られ、それは実際に

226　前述しているように、薬物検査を受けることそのものが治療になっているのではなく、あくまで認知行動療法としてトライ＆エラーの確認として利用されるか、または、自分自身や家族などに、再使用をしていないことを成果として残すことで、回復具合を目に見えるようにするために用いられる。プログラムが付随されないただの薬物検査や、再使用が見つかればすぐに捜査機関が逮捕するようになっているだけの薬物検査は弊害しか生み出さない。

227　Tobby Seddon "Coerced drug treatment in the criminal justice system : conceptual, ethical and criminological issues." Criminology and Criminal Justice 7(3)(2007)., p271-274. また本節は、拙稿「刑事司法における薬物依存者の強制的処遇について」『龍谷大学矯正・保護研究センター研究年報』第5巻（現代人文社、2008年）72～86頁を加筆修正したものである。

228　ibid. p271.

は強制されて参加しているのと同じであり、特に刑事司法で扱うことでより強力な強制下に置かれることになるのである[230]。

それに続いて、「権力性」については、選択時に用意されているものが「地域社会を基盤とする施設収容に代わるもの」か、「刑務所」か、なのであれば、そのようなインフォームド・コンセントが犯罪者に選択肢を与えることができるかどうかは疑問が残る。

以上のように、選択の自由が与えられているとしても、明らかに不利益なもう一方を選択することは困難である。さらに、これらの処遇は、家族関係の問題へと波及すること、財政上の問題へと波及することなど、それぞれで利害関係を含んだ問題が生じることで間接的に強制として影響することがある。同意を基に始められているとされる制度であっても、その状況下での「同意」であることを忘れてはならない。

このように「直接強制」と「間接強制」を区別して考えることが重要である。しかし、これら区別が重要であるとしても、その次に困難なことがある。それは、典型的な「強制的治療」と「自発的治療」とは必ずしも二分法で考えられるものではなく、変動しやすい性質があるということである。例えば、D. B. Marloweらは、「法的圧力によって始められた治療であっても、多種多様な生活範囲において影響を及ぼし、それは心理学的、財政的、社会的、家族学的、そして医療的領域のそれぞれに対して圧力を及ぼすものである」と指摘する[231]。

また、どこからが「外的な圧力（強制）」で、どこからが「内的な圧力（動機）」なのかを明確に分けることは困難であり、その外的圧力で始まったものが内的圧力へと変わったこともありうることから、それは治療の成功として影響を及ぼしていることになるのではないかとの指摘もある[232]。すなわ

---

229 David Farabee, Haikang Shen and Sylvia Sanchez "Perceived Coercion and Treatment Need among Mentally Ill Parolees", Criminal Justice and Behavior, 29(1), p 81-83.
230 Seddon. op. cit. p271-272.
231 Douglas B. Marlowe, Kimberly C. Kirby, Lynda M. Bonieskie, David J. Glass, Lawrence D. Dodds, Stephen D. Husband, Jerome J. Platt and David S. Festinger "Assessment of Coercive and Noncoercive Pressures to Enter Drug Abuse Treatment", Drug and Alcohol Dependence 42(2), 1996, p81.

ち、法的圧力、その他の外部からの圧力、および強制されることによる認識と内的な動機の相互作用は、必要不可欠な要素であるということになる。しかし、いずれにしても刑事司法手続の影響力で、その対象となる人びとが劇的に治療を受けたくなると想定するには、まだ早計である。それは、D. B. Marloweらが示しているように、すでに刑事政策の枠を超えて、対象者ではなく、その家族が参加を求めていることや、プログラムを受けることで得ている財政的な支援が打ち切られる可能性があること、地域社会とどのように接していくかというように、さまざまな要因によって参加が決められているからである。

2 「薬物治療プログラム」と「薬物検査」という間接強制

こういった「薬物治療プログラム」および「薬物検査」を用いた方法は、次のような仮説を元に、その薬物トリートメントの参加が容認されてきたといえる。すなわち、仮説①「薬物依存と薬物関連犯罪には強力な関係があり、その薬物問題を解決しなければならない」、仮説②「こういった薬物犯罪の減少に治療は効果的である」、仮説③「強制的であっても治療には効果があるのではないか」といった3つの仮説である。これらの仮説に実証的データから答えるためには、エビデンスを基にした実証研究はいまだ不十分であるために結論を出すことはできない。一方で、エビデンスによって効果的である治療方法が発見されたとしても、「治療することが善である」とし、国家が何を行っても可能ということにはならない。例えば、強制的に薬物治療プログラムを国家から押し付けることになる。しかし、それら薬物依存者は刑事司法手続のなかでは国家によって治療が行われることになり、彼らの同意によって処遇は提供されるべきなのである。「強制治療」という概念によって刑事司法手続が始まると、犯罪減少ということが主要目的に置かれることになり、社会安全の目的が医療および福祉の目的よりも優先される結果に繋がりやすい。いかに、「同意」を前提にしたトリートメントの提供を行い、

---

232 Douglas Longshore, Michael L. Prendergast and David Farabee "Coerced Treatment for Drug-Using Criminal Offenders", editede by Philp Bean and Teresa Nemitz "Drug Treatment: What Works?" 2004, p115-116.

そしてそのバランスを取るかが要求されている。

3　間接強制の概念的問題

上記のような問題を踏まえつつも、なぜ、そもそも国家が個人の自由を制限できるのかという疑問を考えることとしたい。国家が個人の自由を制限し「治療することが善である」と考えられる要因として重要なものに、「侵害原理」、「パターナリズム」、「モラリズム」の概念がある。

「侵害原理」とは、J. S. Mill によって提唱された問題である。彼によると「文明社会の成員に対し、その意思に反して、正当に力を行使することができる唯一の目的は、他人に対する侵害を防止するということにある」とし、それぞれが持つ自由の領域への侵害を防止するためのみに自由への制約が可能であるとする[233]。

次に、「パターナリズム」とは、本人の利益を守るために本人の意に反して強制介入することを正当化することである。つまり、自由競争社会では社会的弱者や年少者など、さまざまな福祉的利益を与えられるべき人へ、国や地方自治体による干渉・介入のことをいう[234]。そういったメリットを持つ一方で、「本人の利益のため」とされる判断を誰が、どのようにするかによって、本人の利益にかなうかどうかが左右されるというデメリットも併せ持つ。

さいごに「モラリズム」であるが、これは、社会全体の道徳秩序の維持のために、個人または集団の自由を制限するものである。例えば、Patrik Devlin と H. L. A. Hart による「同性愛行為が犯罪か非犯罪か」といった著名な論争があり[235]、法が道徳に対してどこまで規制することができるのかが

---

[233] J. スチュアート・ミル『自由論』〔翻訳：塩尻公明＝木村健康〕（岩波書店、1971年）151頁以下、中村直美『パターナリズムの研究』（成文堂、2007年）229～230頁、澤登俊雄『少年法――基本理念から改正問題まで』（中央公論新社、1999年）127～137頁。

[234] （澤登：1999年）上掲書、130頁。

[235] デヴリン・ハート論争については、井上茂「法律による道徳の強制――イギリスの事実と理論」（『ジュリスト』第262号・第263号、1962年）26～35頁・68～76頁、H. L. A. ハート〔翻訳：小林公＝森村進〕『権利・功利・自由』（木鐸社、1987年）、N. マコーミック〔編訳：角田猛之〕『ハート法理学の全体像』（晃洋書房、1996年）、サイモン・リー〔翻訳：加茂直樹〕『法と道徳～その現代的展開～』（世界思想社、1993年）などを参照。

議論された。近時の違法薬物に関する報道などは、いまだにモラルとしての薬物使用や所持を非難することが多い。特に日本においてはその傾向が顕著に見られる。しかし、すでに薬物問題に対し、モラルの押し付けからの介入は、依然として本人の意思のみによる薬物使用に注目が集まることになり、自己責任論がもたらされることになる。これでは、人からの非難が進み、治療は提供されないという負の連鎖が生じやすいために、モラルからの介入には限界があろう。

特に、薬物犯罪に対する治療において問題となるのは「侵害原理」と「パターナリズム」についてである。国家により人の自由を制限した「治療」が行える根拠としては、地域社会への犯罪予防とその利益を優先させた「侵害原理」からくる根拠と、対象となる人にとって有益であろうと善意の思想からくる「パターナリズム」の根拠である[236]。薬物依存者に対して、日本では刑法改正時に議論された保安処分の問題や、精神保健法で問題となる「自傷他害」の問題へと繋がっていくことにもなる。すなわち、「他害」を防ぐのが「侵害原理」で、「自傷」を防ぐのが「パターナリズム」ということになる。

「他害」を防ぐための原理は、ポリス・パワーともいわれる。それは、これから起こる犯罪や再犯の予測可能性が重要な要素となる。本質的に、こういったことを根拠に行われる治療は、特異な犯罪者の再犯予防を目的とするために、再犯の蓋然性が不可避になる。さらに、その蓋然性が100％科学的に証明がなされるわけではない。そもそも刑罰として科される罰則ではなく、これから犯罪を行う可能性があるという未来の犯罪の危険性によって採られる予防措置になる[237]。言及するまでもなく、将来の犯罪予測は不可能であり、それを根拠とした入院・退院が決められ、自由侵害の期間延長もなされるということは、人権侵害の問題としても指摘される[238]。逆説的に、「他害のお

---

236 Alex Stevens, Tim McSweeney, Marianne van Ooyen and Ambros Uchtenhagen "On Coercion", International Journal of Drug Policy, No.16 (4), 2005, p 207-209.
237 中山研一『心神喪失者等医療観察法の性格』(成文堂、2005年) 38～39頁。
238 西原春夫「保安処分論」宮澤浩一他編『刑事政策講座―第三巻』(成文堂、1972年) 20～21頁。

それ」を根拠に拘禁できるとすれば、障がいを持っていることが、健常者との差別化に繋がるとの指摘もある[239]。

一方、「自傷」を防ぐ原理は、国親思想（パレンスパトリエ）ともいわれる。精神衛生法、および精神保健法の改正が進むに連れて、「脱入院化と強制入院の乱用防止」、「任意入院制度の設置」、患者の権利保障のために「精神医療審査会の設置」といった、自己決定に基づかない一方的な治療への反省から、この思想は批判がなされ、修正が加えられている[240]。

いずれも自由社会に求められる自由とその介入根拠から見て、「我々にとってためになる」という一種のポリス・パワーによって、回復者が強制的に治療されるかどうか決められるものではない。薬物治療プログラムを受けるかどうかは、あくまで本人の問題である。その治療を受ける権利は、社会を守るためや、他人を守るために犠牲にされるものではない[241]。

むしろ、強制的な治療が、その対象となる人たちにとっては有益なものであるとする新たな概念を持ち出す論者がいる。Lawrence O. Gostin である。Gostin は、①「自由の制限であるといっても、そもそも刑事罰として自由の制限を正当化されている上での処分でしかないこと」、②「適正手続が一貫して確保されていること」、および③「対象となる人が必要としており、

---

239 （中山：2005）前掲註237、117頁。
240 歴史的な背景として、1900年には「患害防止の取締」などの目的で「精神病者監護法」が制定され、1919年に「療養の必要の無い者の解放」および「療養の必要な者のための国立施設の設立」などを目的とした「精神病院法」が制定された。さらに1947年には社会保障制度の確立で最低基準の生活が保障されるようになり、1950年には「精神病質者を含めた対象概念の拡大」、「私宅監置の一切禁止」、「精神病患者として入院をさせる取扱者は通報の義務を負う」こと、「病気以外の理由で入院が行われないように、医師二人による診察を受けること」などが規定された「精神衛生法」が制定されている。そして、1987年には「一人の人間として扱うこと」、「人格を認めること」、「解放治療の原則化」、「精神医療も一般の医療に近づけること」および「任意入院の重視」などを規定した「精神保健法」が制定されている。1995年には「精神障害が法律の対象であることを明確にし、精神障害者のための施策の推進に努める」ということが「精神保健及び精神障害者福祉に関する法律」によって目指されて制定されている。広田伊蘇夫『立法百年史──精神保健・医療・福祉関連法規の立法史』（批評社、2004年）16～49、111、266～267頁、川本哲郎『精神医療と犯罪者処遇』（成文堂、2005年）3～4、39頁。
241 この主張はすでに1974年に Norval Morris によって示唆されている。Norval Morris "The Future of Imprisonment", University Chicago Press, 1974. こういったポリス・パワーによる自由への介入について、日本においても刑法改正問題時激しい議論がなされている。

提供されている治療は受け入れやすい治療であること」を理由に、直接および間接強制による薬物プログラムを積極的に認めている[242]。③の「受け入れやすいものであるならばいいではないか」とする見解に関しては、すでに、治療プログラムを受けるかどうかを判断する要因として、明白に判断することは不可能であるということを上記で述べている。彼が指摘する意味が刑務所よりも受け入れやすい処遇であるという意味でなされているのであれば、それこそ、「刑務所」か「地域社会」かの二択を与えていることが、果たして受け入れやすい選択になっているのかという「同意」の程度に関する考察が必要であろう。この問題については、明確にそれらを分離することが不可能であること、いずれにしても押し付けられるものではないことが上述されている。ただし Lawrence O, Gostin の提示した主張は、ドラッグ・コート型処遇にも該当する。そこで、以下では Gostin の見解①および②を検討しつつ、ドラッグ・コート型処遇への疑問について検討したい。

　ドラッグ・コートでは Gostin が出した新たな見解①に対して、治療プログラム中に失敗を繰り返す人は、いずれ伝統的な刑事司法手続に戻され、最初から受けていたであろう刑期を終えてから釈放されることになる。つまり、本来ならばすでに自由の身になっていたであろう対象者が、治療プログラムの失敗により、国家からの介入期間は超過されているということである。一見、1970 年代の社会復帰思想批判で展開されたものと同様の批判に思われる。1970 年代のそれは、医療モデルによってもたらされたものが、刑罰システムそれ自身の要求している枠を超えて、過度に介入期間を延長することにつながった。司法モデルから社会復帰思想批判を振り返ってみると、以下のようなものであった。すなわち①「過度に長期の介入結果をもたらしている」、②「適正手続がなされていない」、③「医療という概念によって、抱え持つ刑罰性が表面に見えない状態になっている」というものである。これは、まさにドラッグ・コート型処遇にも当てはまる批判であるように思われる。例えば、Benedikt Fischer による指摘は、「北米のドラッグ・コートシステ

242　Lawrence O. Gostin "Compulsory Treatment for Drug-dependent Persons: Justifications for a Public Health Approach to Drug Dependency", The Milbank Quarterly, 69(4), 1991. p 573-587.

ムは『健康』と『治療』といった概念をシンボルとして掲げるが、その背景にある『刑罰性』が、薬物依存症に対するコントロールが永続的に支配的であるという事実を覆い隠している」とする[243]。このFischerの指摘はその通りであり、ドラッグ・コート型処遇があくまで、刑事司法手続のなかで行われているということを忘れてはならない。いくら治療的な介入であっても、国家に長期間に及ぶ介入の権限を与えてはいけない。そのために、参加者自身の自己決定が入ることに意義がある。

また、Gostinの2つ目の見解である、適正手続については以下のことが考えられる。ドラッグ・コートのプログラムに参加する際には、参加者は同意書を提出しなければならず、その項目には、憲法上保障される迅速な裁判を受ける権利も放棄することになる。ドラッグ・コートを運営している実務家たちは、同意を得てから参加しているのであって、その参加時にそういった権利放棄をすることにも同意していることから適正手続上の問題も存在しないとの再反論をすることになるだろう。しかし、こういった権利放棄を踏まえたうえでの参加になるために、Fischerの指摘は重要なものとなり、本節の検討である「間接強制」の問題点はなお一層重要な議論となる。

そういった批判は存在するが、ドラッグ・コート型処遇は、依然として1970年代の社会復帰思想とは一線が置かれた型であり続ける。上記のような医療モデルへの批判がドラッグ・コート型にも適応されるように思われるが、1970年代のそれとの大きな違いは、やはり「同意」があって初めて開始されることにある。そういった意味でも、このドラッグ・コート型処遇において検討されなければならないのは「間接強制」の問題であるといえる。

一方、刑事司法手続において薬物トリートメントプログラムを行うことで生じる概念的な問題として、医事法からもたらされる諸問題も検討する必要がある。Batemanは、「医療関係者は倫理規約による医療行為をすることが定められており、いかなる場合であっても患者個人の利益が優先される医療

---

[243] Benedikt Fischer "Doing Good with a Vengeance", Criminal Justice, Vol. 3, No. 3, 2003. p 224.

行為をする義務を持っている。もし、ある薬物使用者が強制されて治療の現場に来て、その同意が疑わしいものであるのならば、医療関係者は患者に対しどのように関わればいいのだろうか。さらに、（刑事司法手続に医療が関わることで）関連する医療の問題として、患者の機密に関してはどのように取り扱われなければならないのか。通報義務ないしは、刑事司法システムと情報を共通しなければならないのか」[244]と疑問を呈している。この疑問は当然で、刑事司法が求めているのは、そういった薬物プログラムや薬物治療に参加しているかどうかの情報である。もちろん、司法と医療の協力体制は、今後望まれ発展するかもしれない。しかし、究極には誰のためになされる「治療」であるのかという点で、医療は患者個人の利益ための医療に集中すべきである反面、刑事司法が求めているのは、社会の利益のためであることを第1の命題にしている。このような歩み寄れない核心部分は維持されなければならない。いわゆる刑事司法手続のなかで行われる治療であっても、医療はその核心部分で独立していなければならないのである。

4　間接強制の犯罪学的問題——次世代における薬物政策

　Ulrich Beck は、第二次世界大戦後の福祉国家による近代化のなかで、社会における不平等の関係は変わらないまま、前代未聞の射程範囲と力学を持った社会の個人化が始まったと指摘する[245]。また、その社会的連携の崩壊や集団的行動の崩壊は流動的なものであり、流動的であるがゆえにそういった社会的崩壊は、権力が非関与をテクニックとして使用した結果であると同時に、境界線のない権力を成立させている、と Zygmunt Bauman は個人化社会における不安定で不確実な社会を指摘した[246]。この個人化が進む社会のなかで、Jock Young は「構造的失業者が生まれゆくなかで、犯罪が起こり、それら反社会的な行為に対して排除が起こる」とし、「排除型社会」[247]と名

244　Bateman, M. "Conflict in Court?", Nursing Times Vol. 97, No. 44, 2001, p 34-35.
245　Ulrich Beck "Riskogesellschaft: Auf de Weg in eine andere Moderne", Suhrkamp Verlag, 1986.〔翻訳：東廉＝伊藤美登里『危険社会——新しい近代への道』〕138 頁。
246　Zygmunt Bauman "Liquid Modernity", 2000。〔翻訳：森田典正『リキッド・モダニティ——液状化する社会』（大月書店, 2001 年）〕19 頁。Zygmunt Bauman "The individualized society", 2001.〔翻訳：澤井敦＝菅野博史＝鈴木智之『個人化社会』（青弓社、2008 年）〕も参照。

付けた社会構造は、社会復帰思想が主流であった「包摂型社会」と対比するように思われる。それは、ただ単に犯罪に厳格に対応することだけが原因で排除されているのではないように思われる。むしろ、流動的で個人化が進む社会においては、Martin Fisher と Helen Beckett が指摘するように、刑事司法システムのなかでは対費用効果として薬物犯罪における治療プログラムが利用されることも原因である[248]。むしろ、効果的であると思われる治療を受けない高度に犯罪性の高い人として危険の要因の１つであると考えられるようになる。このような薬物事犯者が、治療を受けることが合理的な選択であると考えられるようになったのである[249]。この傾向は合理的な選択をするならば薬物プログラムを受けるであろうし、受けないならば危険な要因の１つであるとする見方を作り出す[250]。あくまで、こういった特殊な社会構造を土台にした「自由」の上での「同意」なのである。

　こういったリスク管理を重視する新自由主義的な社会においては、薬物使用者は危険の増加の１つの役割を担うと考えられている。ここで行われる治療プログラムは、こういったリスク管理社会のなかで決定的な管理の役割を果たし、犯罪統制のために用いられる刑事司法トリートメントのために「必要不可欠な条件」となって導き出されるのである[251]。そして、そういったなかで行われる薬物治療と薬物検査は、Feeley, M. と Simon, J. が指摘するように、犯罪性の高い人の危険評価のための流動的な情報を提供することになる[252]。つまり、プログラムの情報提供、および薬物検査は、薬物治療プログ

247　Jock Young "The Exclusive Society: Social Exclusion, Crime and Difference in Late Modernity", SAGE Publications, 1999.〔翻訳：青木秀男＝伊藤泰郎＝岸政彦＝村澤真保呂『排除型社会：後期近代における犯罪・雇用・差異』（洛北出版、2007 年）〕28～30 頁。
248　Martin Frisher and Helen Beckett "Drug Use Desistance", Criminology and Criminal Justice, Vol. 6, No. 1, p 127-145.
249　Seddon, op. cit. p 277-278.
250　Pat O' Malley and Mariana Valverde "Pleasure, Freedom and Drugs: of "Pleasure" in Liberal Governance of Drug and Alcohol Consumption", Sociology, Vol. 38. No. 1, p 25-42.
251　Jay Carver "Drug testing: a necessary prerequisite for treatment and for crime control", edited by Philip Bean and Teresa Nemitz "Drug Treatment: What works?", Routledge, 2004, p172.
252　Malcolm Feeley and Jonathan Simon "Actuarial Justice: The Emerging New Criminal Law", edited by Nelken, D. "The Futures of Criminology", SAGE Publications

ラムを用いた犯罪統制による監視を生み出し、「監視のための材料的基盤」をも提供するということを認識しておかなければならない。

　上記で「排除型社会」を定義したJock Youngはその後、排除から「過剰包摂型社会」として新たな問題点を指摘している[253]。彼のいう「他者化」が引き起こす過剰な包摂は、再び社会復帰思想時代の包摂を生み出しているのではなく、自分とは違うと他人化された薬物依存者たちを合理的で通常の人が持っている合理的判断が欠如した存在であると「病人化」することを示している[254]。ドラッグ・コート・ムーヴメントで、より治療的であるとされた薬物依存者への治療的介入は、同時に積極的な社会復帰が要求される社会を生み出した。それは、包摂であると同時に犯罪統制としての監視を含んでいることとなる。

　以上の弊害が確認されたが、治療的プログラムは全面的に廃止されるべきであるとは考えてはいない。むしろ、「治療的」という概念で隠れようとしている、その刑罰としての側面、およびあくまで犯罪に対する刑事的制裁であることを意識したうえで、各参加者の回復する権利が守られ、機会が提供されなければならないと考える。

　国家が監視を目的とした効果を狙った面も存在するであろうが、保護観察官や矯正施設の職員など実務の最前線で、対象者と向き合っている人は純粋に回復を願って処遇等を行っていることがほとんどである。国家が当初から監視などを意図して治療という名の刑罰を行っているわけではないであろう。あくまで刑事司法手続における立場と関係性にあるかぎり、副次的に監視という効果をもたらしているということ[255]、そして、それは意図せずとも制度化された機構の下では特定の権限を持つ者と持たない者とに非対照的な関係が、そういった効果をもたらすということ[256]を無視してはならないという

253　Jock Young "The Vertigo of late modernity", SAGE Publication, 2007.〔翻訳：木下ちがや＝中村好孝＝丸山真央『後期近代の眩暈』（青土社、2008年）〕
254　（Jock Young：2007）上掲書、380頁。
255　例えば、Foucaultは非対称的な作用関係によってもたらされる総体的な効果であるとする。Michel Foucault "Surveiller et punir: Naissance de la prison", 1975.〔翻訳：田村俶『監獄の誕生』（新潮社、1977年）31頁〕。
256　萱野稔人『権力の読みかた――状況と理論』（青土社、2007年）33頁。

注意を要するということを指摘しておきたい。この非対称的な関係は、国家と個人だけでなく、トリートメント提供者と回復途上者の間にも起こりうる問題である。そして、そういったことを前提とした上で次世代の薬物政策の考察を試みなければならない。

六　小括

　本章では、刑事司法手続で行われる「治療的」な薬物プログラムが何を根拠に行うことができるのかを、自由への制限といった側面から考察した。1960年代を中心に「医療モデル」という概念が主流になっていた。これは、犯罪を病気、犯罪者を病人、処遇を治療と考えるもので、社会的復帰思想もその中に含まれて議論がなされていた。しかし、従来の行刑運用よりも人道的で、その効果が期待されていた社会復帰思想に対して、1つの評価報告がなされる。それがMartinsonが示した「What works?」に対する「Nothing works」という答えであった。そこで、医療モデルは保守派とリベラル派の両サイドから非難の的となる。保守派からは、犯罪に対し寛容に対応されてきたことへの不満から、より厳格に対応することが打ち出され、リベラル派からは、その裁判官の裁量の大きさを不公平であることと主張し、国家が対象となる人に、社会に適応するように矯正することに反対であることを示したためである。

　しかし、犯罪に対し厳格に対応し、必要的懲役刑などの量刑の公平化が同時に進められると、アメリカ合衆国は犯罪者で矯正施設が溢れかえるという結果を生み出した。

　そのような状況のなかで、新たに「福祉モデル」を主張する立場も現れている。それは、石塚によって示された「市民的福祉モデル」である。そのモデルは市民や回復者自身が自治として回復する機会を勝ち取り、自らの権利として自治が尊重されることを福祉の面が充実されたモデルであった。小沼によって示された「医療的福祉モデル」は、回復者はあくまで社会的弱者としてケアを与えられる存在であり、国がその回復の機会を福祉的に与える義務を負っているとするモデルであった。

厳罰による対応から離脱し、独自に寛容的および医療的薬物政策を推し進める国は、むしろ「医療的福祉モデル」の傾向が強い。たしかに、それら薬物問題を犯罪と自由を制限するということは、同時に薬物問題の回復する機会を奪っていることになる。そこで、国は対象となる人びとに医療の機会を提供する義務を負う。しかし、回復するのは、回復者自身であり、一方的な押しつけでなく市民が権利として有しているものなのである。アメリカ合衆国では、厳格に対応する一方で、回復者たちが自助として活動することを容認している。さらに、それを支えるだけの、治療プログラムや回復支援団体が国の厳格な薬物政策とは別に独自に発達している。いわば、「市民的福祉モデル」としての発達も見られるのである。ドラッグ・コートで行われている処遇をモデル化すれば、ドラッグ・コート型処遇モデルは、両者が主張する「福祉モデル」を持った、新たな処遇モデルであるといえる。

　しかし、「逸脱行為」を「病気」として捉え、回復者がその治療プログラムを与えられるという存在であるということは、Parsonsが指摘するように治療により回復しなければならない存在へ変換することを意味している。結局は、市民的福祉モデルを採らずに単なる機会提供だけになれば、回復の機会は回復者自身から求められるのではなく、国から押しつけられる。つまり、プログラムを提供する媒体が、司法的国家か医療的国家かの違いがあるだけであり、そのどちらであっても、積極的な社会復帰が要請されることになる。

　本書では、刑事司法手続における薬物依存者は、刑事司法手続に含まれること、そして刑罰を受けること、そこから直接的および間接的に生じる一定の制約を受けると同時に、一般市民としての基本的人権も併せ持つことを確認した。さらに国際的には、社会復帰を念頭に置いた処遇をすることが要請されており、1973年のヨーロッパ被拘禁者最低基準規則、それに引き続く1987年のヨーロッパ刑事施設規則以降は、施設のなかで行われる受刑者の危険性除去を目的とした処遇理念から、その釈放後の生活再建を目的とした福祉的・援助的な処遇目的へと移行していた。これらによっても、社会復帰を念頭に置いた国家からの支援を得るべき薬物依存者は、治療の機会を与えられる権利を有しているといえる。さらに、国際基準である国連の被拘禁者処遇最低基準において施設内の処遇について、東京ルールズやグロニンゲ

ン・ルールズにおいては、非拘禁による処遇であっても、対象となる者の「同意」が前提とされなければならないといった規準が定められている。こういったことからも、日本において行われる薬物治療プログラムは、そのほとんどが同意を前提とせずに行われており、薬物依存問題をも捜査機関が主となって取り組もうとしているのであれば、それは論外である。なぜならば、薬物トリートメントはあくまで提供される者であった、回復者の権利であることが前提であった。また、諸外国においても、医療を優先するあまりに強制的な薬物治療プログラムを実施するところがある。中毒状態の解毒治療として医療が優先される場合ならまだしも、薬物依存者に対する強制的なプログラムは否定されなければならない。

　それらは、社会福祉の面からも認められる。すなわち、すべての人は福祉のサービスを受ける権利を有しており、それらサービスは、従来こそ行政から措置が行われる社会的弱者といった位置付けであったが、現在は、むしろサービスを自己決定によって受ける権利主体へと移行しているのである。受刑中の人であれ、当然社会福祉のサービスを受ける権利を有しており、国はそれらサービスを提供する義務があるのである。それは、押し付けのパターナリズムではなく、サービスを受ける側が自己決定によって受けることが社会福祉法によっても規定されている。

　こういった議論のなかで、次に着目するのは、「同意」を前提にしていると思われている認知行動療法や薬物検査を含んだ薬物治療プログラムのあり方についてである。

　Seddonが訴えたように、強制するという言葉のなかに、有無を言わせない「直接的な強制」と、一見同意があってもその選択肢はもう一方を選ぶことは困難な「間接的な強制」が依然として問題である。しかし、どこからが外在的な動機で、どこからが内在的な動機であるのかといった判定をすることは困難であり、初期の段階で積極的な関与ではなくても、プログラムの途中段階で消極的になる場合もある。また、家族や財政的な問題からプログラムを開始し、本人の同意とはいえない状態で始まったものが、本人の積極的な回復意思で継続される場合もありうる。

　これら治療プログラムを支える概念的な問題も、本章において検討がなさ

れた。つまり、治療といえども自由を制限してなされる根拠とは何かを検討したものである。そこでは、かつて批判がなされた社会復帰思想批判と同様の問題も混在する。つまり、長期の介入期間をもたらしていること、適正手続違反にあたるのではないかということ、そして、「治療」であるという概念によって、その刑罰性を覆い隠しているのではないかという3つの指摘である。過度な介入時期をもたらすこと、および、適正手続違反であるという批判については、まさにその通であり、ドラッグ・コート型処遇にも通じる問題点である。しかし、ここで1970年代に批判されたものとの決定的な違いは、すべて参加者の「同意」によって開始されているプログラムであるということである。しかし、「同意」があれば、刑事司法手続のなかで何をしてもいいという議論にはならない。それは、3つ目の批判としてなされた、「治療」であるという一面で行われていようとも、この薬物治療プログラムは刑罰なのであり、それを看過してはならない。同意を基に開始される制度であっても、本章で取上げたような問題点依然として残り、それを解消する必要があろう。

　また、あくまで刑事司法手続のなかで行われる、薬物治療トリートメントは、リスク管理社会における危険要因としての監視として働くことを認識しておかなければならない。一見、凶悪犯罪への厳格な処理と軽微な犯罪への寛容化とを二極化しているように思われるが、寛容化は、かつての包摂型社会の包摂ではなく、他者と個人化が発達した社会を基盤としていることが重要である。つまり、Jock Youngによって示された「過剰包摂」は、寛容策として薬物使用者の包摂を行っているのではなく、あくまで合理的な判断をすることが前提とされる社会で、合理的な判断をするならば薬物治療プログラムを受け、そうではない他者へは危険な要因の1つとして捉える。こういった意味からも、「治療」であるから、薬物プログラムは認められるのではなく、むしろ、国家によってもたらされるべき治療の機会と、そのなかで回復者が回復する権利をどのように行使されるべきかを検討する必要があろう。

　以上でドラッグ・コート型処遇モデルの重要性と、それから生じうる問題性を確認した。以下、これらの前提を踏まえ第5章では、処遇主体と「同意」の問題を整理し、日本の刑の一部執行猶予の問題について考察をする。

そして、最終章では、論点整理を行い、日本での薬物政策を題材にその問題点とあるべき日本の薬物政策を検討することにしたい。

第5章

処遇主体と同意
―― ドラッグ・コート型処遇モデルの諸問題 ――

一 はじめに

　本章では、「回復」をめぐる権利並びに義務の関係性、および薬物トリートメントの強制並びに同意について考察されたこれまでの議論を整理する。ドラッグ・コート型処遇が刑事司法制度にもたらしたものは、薬物依存症という刑事司法の枠にとどまらない諸問題に対し、司法がより治療的で福祉的な関わりをすることの可能性とその実践であった。これら治療的なサービスを受けることは、刑事司法制度に含まれた対象者の権利としての「回復」であり、それらサービスを提供する義務を国家が負っている。そして、その国家からのサービスはパターナリスティックに一方的に強制されるものではなく、対象者本人が自己決定によってなされなければならない。これは、医療においても、社会福祉においても当然のことであり、刑事司法であっても医療および社会福祉のサービスを受ける対象であることが確認された。
　つまり、本章までに確認してきたように刑事司法手続における薬物治療プログラムの実施について、国際基準からも憲法上の要請からも「同意」が前提とされ、国家は治療の機会を提供する義務を負い、民間の回復支援団体と協力して行うことが確認され、それら治療プログラムは本人が望む限りにおいて提供されるというものであった。再度、ふり返りながら本章の問題関心

について触れたい。

　民間の支援団体が刑事司法手続に入る利点は、いくつか存在する。例えば、薬物依存症については、医学的にも完全な治療方法が確立しておらず、薬物依存症で苦しむ人に対し、薬物を使用せずに生きていけるモデルを回復経験のある人ならば示すことの重要性が挙げられる。さらに、「やめたくてもやめられない」という葛藤の繰り返しのなかで、回復に成功した人が象徴として存在し、一緒に回復するために手を差し伸べてくれるということが、回復途上者にとって大きな助けになる。一方で、回復者自身にとっても使わない日々を送ることに役立っている[257]。

　違法薬物によって、刑事罰を受けることになった際に、刑罰を受ける義務を負うと同時に、一般社会での生活を保障される権利も有しているのが薬物事犯者である。つまり、社会で生活することがまず前提であり、そこで科される刑罰は一過性のものであって、むしろ生活の土台は塀の外にあるために、いかにして回復する権利を行使し、生活を送るかが課題となる。これまでの縦割り行政としての関わり方でなく、ある施設・ある段階から社会内でも関係が続く民間の団体がともに活動することの意義は大きい。

　こういった民間が刑事司法手続に関与することと国家が治療の機会を提供しなければならない法的な根拠について考察しなければならない。「受刑者」は、憲法31条および36条によって、拘禁刑や保護観察付執行猶予など、一定程度の自由の制限を含め、それらの執行によるさまざまな制限を受ける。しかし、それとともに、憲法13条および25条によって一般市民としての権利をも有しているのである[258]。同時並行的に2つの側面を有することで、刑罰によって直接的および間接的な制限を受けると同時に、人間の尊厳および幸福追求権（憲法13条）や生存権（憲法25条）を有している存在ことは何度も述べた。つまり、そもそも社会復帰が前提とされるうえで行われている

---

[257] 日本ダルクの創設者である近藤恒夫も誰かのためにダルクを作ったのではなく、自分自身が困ったからダルクを作ったのであると述べている。そもそもダルクでは回復したという概念ではなく、使わないでいる日が一日伸びたという感覚で望む。近藤恒夫＝重田園江「ダルクの流儀～薬物依存者の／による社会内処遇プログラム」（『現代思想』第36巻13号、2008年）190～191頁。

[258] （葛野：2007年）前掲註91、143～146頁。

刑罰は、その生存権による社会生活上において一過性のものである以上、国は個人の社会復帰を保障しなければならない。さらに、刑罰として自由を制限することで一般社会での回復の機会を奪っていることになる。それを補う義務が国には生じる。従来の自由刑純化論から、国からは自由を制限することだけが導き出され、それに伴う弊害への援助がなされるべきであると主張がなされてきた。しかし、そういった自由刑に純化する問題だけでなく、国は対象となる人が抱えているその回復の機会を奪っていること、そして対象となる人は円滑な社会復帰をする権利を有していることからも、憲法13条および25条から社会的問題への支援が求められることになる。

　一方で、別の観点からも重要な問題点が存在している。刑罰権の行使として、国と個人との間には特殊な権力関係が存在するからである。それは、例えば刑務作業を行わせることをはじめとした、強制的に何かを行わせる場面で生じる。これら特殊な権力関係は、いくら刑事司法手続のなかであるとしても民間団体に委託することは不可能である。例えば、民間刑務所では刑罰権自体を民間企業に委託している国は存在しない[259]。特に日本のPFI刑務所は刑罰権の執行の一部を委託するとしても、問題が起きれば民間の職員が国の刑務所職員に伝達をし、直接的な権力関係が発生する場面では刑務所職員が対処をすることで運営がなされている。そういった制限のなかであることが、対象となる人に対し、一層の「同意」が必要であることになる。つまり、その効果面や法律上の必要性から民間の団体が刑事司法手続に導入されることになるが、あくまで直接的な権力関係に関わる場面で民間団体が特殊な権力を行使することは困難であり、そういった民間を含めたシステムであるために「同意」が前提となるのである。以上がここまでで確認された内容である。

　そこで、本書の結論に入る前に本章において処遇主体と「強制」・「同意」について整理をしておきたい。従来の刑事司法手続において行われてきた伝統的な処遇主体は司法であり、それはたとえ薬物治療であっても強制として

259　座談会「日本版PFI刑務所について」刑事立法研究会編『刑務所民営化のゆくえ――日本版PFI刑務所をめぐって』（現代人文社、2008年）242頁〔赤池コメント〕参照。

行われてきた。しかし、より「治療的」なものが要求され、「トリートメント」という視点が入る必要性が生じている。ここでは医療的サービスを受ける対象者であり、社会福祉サービスを受ける対象者として捉えられるようになってきた受刑者に対しては、刑事司法のなかといえども、ただ強制的な処遇を行うことは、問題であることを上述した。一方的で強制的な治療は保安処分論の再来を喚起する。そもそも刑事施設であっても同意が前提とされなければならないことは、国際基準や法的な根拠から確認された。そこで、従来のものと新たな刑事司法に求められる制度を概観するために、まず「強制」的に行われるものなのか「同意」を得て行われなければならないのかを分けたうえで、その処遇主体を「司法」、「医療」そして回復者本人を中心とした「民間を含めた多機関連携」に区分した整理と考察が必要であろう。

さいごに、第4章でも確認されたように、いかにその権利主体はサービスを受ける本人であり、その薬物治療プログラムは自己決定によって行われる。そのサービスの提供は国家だけでなく民間も交えたよりニーズに添った提供が行われ、「間接強制」の問題、「国家による監視機能」の問題として触れてきた。さらに、本章では、薬物治療プログラムおよびそれらプログラムの副次的な作用として、ネット・ワイドニングの危険性も指摘しておく。これらは、意図せずとも生じる問題であり、これによって医療的・福祉的な関わりが一切排除されるべきではないと考える。むしろ、「治療的」や「トリートメント」という言語に隠された刑罰性への警鐘であり、その弊害を認識した上で次の段階に進めるものである。そういった作用があることを前提にしつつ、いかに弊害を除去した薬物政策が可能になるのか、この問題点を視野に入れた薬物政策こそが、今後の薬物政策の進むべき方向性であり、本書が目的とするところなのである。

二　処遇主体としての司法、医療と「本人を中心とした多機関連携」

本書において、これまで刑事司法手続における薬物依存者への処遇主体がどのように変換され、望まれるものは何であったかの議論を整理すると、（表5【処遇主体と「同意」】）のような区分がなされる。すなわち、医療的・

【表5　処遇主体と「同意」】

	強制	同意
司法	刑罰（法益の剥奪）【憲法31・36条】	間接強制と偽装的な同意（そもそも同意というものに馴染まない）同意を前提にした治療が求められる以上、限界あり。
医療	保安処分（社会防衛）【法的根拠が微弱】さらには、医療モデル論の危険性がある。	一般的な治療契約での問題（ただし、民間同士の関係であっても情報の格差あり）。同意が原則だが背後にある（刑事司法に採りこむのであれば）権力性により同意が壊れやすい。よってここにも限界があり。
回復者本人を中心とした多機関連携	国にだけ認められていたような権力関係を民間に委託することはできない。権力関係の完全な委託は、暴力的強制に陥る。【法的には根拠が乏しい】	治療共同体と本人が主体。福祉をベースにした本人たちのウェルビーイングが前提である。ただし、国は治療の機会や福祉を提供する義務を負っており、回復者はそれを受ける権利を有している【憲法13・25条】

　福祉的サービスを受ける権利は対象者にあり、国家は治療的サービスを提供する義務を負うが、そのサービスの提供の主体は、「司法」なのか、「医療」なのか、「本人を中心とした多機関連携」なのかという点と、そのサービスの提供はどこまでパターナリズムが提供され、それは「強制」的であるのか、を考察する。

1　司法による処遇主体と「同意」

　従来から、処遇主体としてその役割を担っているのは、司法であった。憲法31条から、法定手続が保障されたうえで、国は個人の「生命・自由の剥奪」が可能となる。さらに憲法36条からは、苦役および拷問にならない一定程度の刑罰を科すことが規定される。司法が主体である場合、従来の刑事

司法では強制的に処遇が行われてきた。一方でアメリカ合衆国ではそこでドラッグ・コート制度がもたらした一大ムーヴメントは、「治療的法学」の概念を伝統的な刑事司法手続に影響を与え、同意を得て刑事司法制度のなかで治療をベースとした薬物政策を行うようになっている。しかし、ドラッグ・コート型の政策には、間接強制の問題が依然として残されており、同意を得ることにそもそもの限界が生じる。司法制度のなかにある「同意」は、同意という性格になじまない部分が残存し、同意を前提にした「治療」の提供と「福祉」の提供が求められる以上、やはり限界が生じる。ドラッグ・コート制度の最大の難関はここにある。

2　処遇主体としての「医療」

では、その処遇主体が医療であった場合はどうであろうか。処遇主体が医療の場合は、その処遇主体と対象者の間にある特殊な権力関係が司法とのそれよりも希薄であるとの見方が可能かもしれない。しかし、犯罪行為および犯罪者を「病気」および「患者」として捉えなおす医療モデルが台頭した時に、より治療的で道徳的な対応と効果がもたらされることが期待されていたが、一方的に与えられた治療は国家による介入の長期化をもたらした。当時の批判とは異なり、国家からの一方的な治療ではなく一般的な医療として介入があるとするならば、それは、治療契約で行える分は刑事司法の枠外の一般社会で行えばよく、刑事司法に巻き込むべきものではない。刑事司法に巻き込まれたうえでの処遇主体としての医療であるということのために多くの問題が残されているのである。

インフォームド・コンセントが医療の現場での主流であるといえども、インフォームド・コンセントによる患者の自己決定権について否定的な立場を示している医療従事者も少なくない[260]。その理由としては、患者が医師による情報を理解しない場合があるためとする[261]。インフォームド・コンセントの概念を2つ示したCanterbury判決[262]では、「医師が患者に他の治療法お

260　マーシャ・ギャリソン〔訳：土屋裕子〕「自己決定権を飼いならすために——自己決定権再考」樋口範雄＝土屋裕子編『生命倫理と法』（弘文堂、2005年）6〜10頁。
261　（石崎：2008年）前掲註223、30頁。

および危険について情報を伝える」ことと、「患者がそれらを理解する」ことの2要件によって、治療行為が正当化されるとしている。つまり、情報を提示するだけでなく、それを理解されて初めてインフォームド・コンセントであり、それによる自己決定であるからこそインフォームド・ディシジョンであるといえるのである。さらに医療従事者から問題として提起されるのは、自己決定権はその他の社会的利益を減少させるほどの価値があるのかどうかであった。ここに、インフォームド・コンセントの関係において、医療そのものの概念を医療者と患者の主体性を超えた社会的共同作業としなければならないとの指摘がなされるのである[263]。この点で、医療が司法ほどの社会統制の関係にないとしても、医師と患者とでは圧倒的な情報の差と治療を与えるものと与えられるものとの縦の関係がどうしても構築される。あくまで刑事司法のなかで行われる薬物治療プログラムであるから、治療者と被治療者が縦の関係であるかぎり処遇主体が医療であったとしても、その背後にある権力性により「同意」性が両立することは困難である。

3　処遇主体としての「本人を中心とした多機関連携」

　処遇主体としての本人と民間団体については、「一貫した社会復帰への支援」などから民間の団体が刑事司法手続に含まれる必要性が生じていることや、薬物乱用防止戦略自身が述べているように民間の団体が入ることが要請されていることは前章までに確認された。従来では、刑事司法手続において、憲法31条および35条によってその強制的な刑罰性を根拠とした処遇とトリートメントが提供されてきたが、同意を前提にした民間を含めた制度であるならば、国は治療機会の提供および必要な資金面での援助を消極的になることがあった。しかし、むしろ13条および25条から刑事司法手続における薬物依存者に治療の機会や資金を提供すべきである[264]。そのような権利として

262　Canterbury v. Spence, 464 F. 2d 772 (D. C. Cir. 1972).
263　（黒崎：2001年）前掲註222、1～15頁。
264　例えば、小沼によると日本の薬物乱用・依存者の処遇人員については、司法：医療：福祉の比率は100：10：1として把握されると分析する。小沼杏坪「薬物依存症の治療・処遇体制の現状と今後の課題」福井進＝小沼杏坪編『薬物依存症ハンドブック』（金剛出版、1996年）227～249頁。

対象者が得られる薬物治療プログラムを行う処遇主体として、治療共同体をはじめとした民間の団体が注目されている[265]。こういった民間の援助団体は、独立した専門プログラムを行う場合であっても、適切な財政保障が課題の1つとなっており、公的な支援を受けているところもある[266]。例えば、民間の薬物依存回復支援団体として著名なダルクは、民間の独立した専門援助プログラムの供給主体であるが、現在は刑務所などの矯正施設へ回復者としてのメッセージを伝えるために薬物改善指導のミーティングに関わっている。これらの活動は公的資金を得るためではなく、矯正施設で薬物依存症に悩む仲間のもとに、回復の1つの方法を伝えることを目的として行われている。日本では公的資金によって運営されている民間団体は圧倒的に少ない状態であるが、ドラッグ・コート制度の受け皿となっているプロバイダーには、運営支金のすべて公的資金を受けているところもあれば、半分は自営を行うプロバイダーも存在し、完全に独立した自主活動によって組織を運営する団体も存在する。さまざまな形態の団体が存在すべきであって、公的な資金を得ることによって圧倒的な権力の差による支配を受けることは問題であるが、これら資金を得て運営をするところもあって当然であろう。もっとも、完全に独立しているからといって、その「同意性」が完全に担保されるわけではないからである。例えば、設立当初の治療共同体であるシナノンは、社会的問題を抱える当事者だけで組織され、公的な支配は受けないことで、その治療共同体としての活動を期待されていたが、特殊な人間関係の集団のなかで階層化が進み、支配する者と支配される者が生み出された経緯を持つ。日本においても、国家施設でなく民間の施設であったとしても戸塚ヨットスクール事件のように強制を用いて従わせることが問題となったこともある。これらの失敗より、新たな治療共同体は専門援助者を加え、回復者の役割を認識しなおしたのである[267]。ここに社会福祉の目が向けられ、多機関における連携

---

265 詳しくは第2章および第3章を参照。
266 同じ「ダルク」という名称であっても、それぞれのダルクは緩やかな連携を保ち、それぞれが全く同じ形態で行われている民間支援団体ではない。つまり、公的資金を一部受けるダルクもあれば、受けないダルクも存在する。
267 (宮永：2008年) 前掲註139、31〜38頁。

が結ばれる意味がある。つまり、これまではむしろ生活保護の申請や就職の斡旋なども自分たちで行わなければならなかった日本の薬物依存回復支援団体に、刑事司法手続における場合であれば、保護観察官や社会福祉士がソーシャル・ワークを行い、行政関係者が福祉の面で支援をし、医療問題は医療従事者が関われることが望まれるのである。

　従来の問題設定からは、「同意」を重視する自己決定権に関する議論では、新自由主義であればあるほど、パターナリズム的な介入が行われ、それを拒むことは「自己責任」であり、「自助努力」で解決すべきであるという原理が出されていた。これにより、むしろ福祉国家理念は衰退することが懸念されていた[268]。しかし、例えば「違法薬物を使用した人」というように犯罪者のレッテルを貼って、社会から排除するのではなく、罪を犯してしまった人への社会的援助を充実させ、医療・福祉・教育などの連関の総体のなかで個人本位の適正な刑事司法への途を選択すべきであると石塚は指摘する[269]。つまり、刑事的制裁はあくまで最終手段としておき、医療・福祉など多分野とのバランスのとれたサービスが提供されなければならない。これは、医療であっても福祉であっても権利主体は対象者であり、それは、上記の理由から処遇主体が民間を含めた多機関連携であったとしても「同意」があって初めて意義をなすのである。

　以上のように、民間を含めた官民共同による薬物治療プログラムの提供が望まれ、それを対象者たちの同意によって行われることが、新たな薬物政策の進むべき道なのである。

　次に、「ネット・ワイドニング」に関する諸問題と民間委託で生じる問題について、考察をする。これまで一手に司法や医療が抱えていた問題を民間や、さらには対象者たちに負わせることは、それまで抱える必要のなかった

268　葛野尋之「刑事法における市民的公共性」石塚伸一編著『現代「市民法」論と新しい市民運動――21世紀の「市民像」を求めて』（現代人文社、2003年）85〜86頁。葛野は少年審判における多様な市民参加とその連携が重要であり、コミュニティにおける市民参加活動の広がりが、少年審判への市民参加の現実的基盤を提供することになると指摘する。

269　石塚伸一「二つの刑事政策――大きな刑事司法か？小さな刑事司法か？」石塚伸一編著『現代「市民法」論と新しい市民運動〜21世紀の「市民像」を求めて』（現代人文社、2003年）140頁。

諸問題を背負うことにもなりかねないからである。

三　ネット・ワイドニング論

1　ダイバージョン概念の登場

特に、社会内処遇として薬物治療プログラムおよび薬物検査が展開される場合に問題となるのが、ダイバージョンとそれに伴うネット・ワイドニングの問題である。1970年前後に展開された社会復帰思想の繁栄とそれらに対する批判を確認しておくことは、本書で取り扱う薬物治療プログラムについても意義がある。そこで、本節において、ダイバージョンの発展とそれに対する批判を確認し、それによってもたらされたネット・ワイドニング論を概観することで、そこに存在する前述とは別の角度から問題について概観しておきたい。

アメリカ合衆国では、1965年7月23日に大統領行政命令第11236号によって、犯罪・非行の原因について調査および、その防止、かつ警察・矯正・刑事司法の運営を改善する目的で「大統領諮問委員会（The President's Commission on Law Enforcement and Administration of Justice）」が設置された。そして1967年にこの大統領諮問委員会の報告書である「自由社会における犯罪の挑戦（The Challenge of Crime in a Free Society）」[270]が刊行された。

この1967年報告書は、犯罪に対する考え方や、犯罪情勢、犯罪予防に関する調査を詳細に検討すると同時に、ダイバージョンによる代替措置を進めようと努めている[271]。具体的には、アルコール依存者対策[272]として「依存患者の治療部門（detoxification unit）」を設置することや、非行少年保護のための「青少年サービス局（Youth Service Bureau）」を設置していることな

270　日本においても1968年に当時の少年法改正問題と関連し、法務省により全文が翻訳され、資料化がなされている。詳しくは、（研究部資料）：前掲註159を参照。
271　長島敦「刑事司法の運営に関するアメリカ大統領諮問委員会の報告について」（『警察研究』第38巻11号、1967年）53～74頁。
272　当時のアメリカ合衆国には「公然酩酊罪（public drunkenness）」というものがあった。

第5章　処遇主体と同意——ドラッグ・コート型処遇モデルの諸問題　　155

どが、代替措置の検討として挙げられる[273]。

　従来の伝統的な刑事司法手続による処分決定以外に司法制度を離脱することを「ダイバージョン」であるとすると[274]、アメリカ合衆国ではそれ以前に少年司法などにおいて、すでに運用されていた制度であり、決して新しいものではないのだが、国家的に構想が取上げられ、「ダイバージョン」という用語が公式に使用されたのが、この1967年報告書からであった。まず、どういった文脈のなかで「ダイバージョン」思想が取り上げられたかを確認する。

　この1967年報告書では、少年非行の対策として、①「少年裁判所の縮小」、②「非公式な処分の奨励」、③「デュープロセス（適正手続）の強化」などが勧告として盛り込まれている。特に、①および②がダイバージョンの概念として考えられたのである。つまり、広範囲に広がりすぎた「少年犯罪」（例えば、しつけが困難であるといった理由で犯罪化されていたことなど）に対し裁判所に送致するのではなく、青少年相談所に送致することや、警察段階などで手続を簡易化し、社会復帰をスムーズに行うために非公式に行われていた手続の制度化などが進められたのである。

　このような、社会復帰を目的としたダイバージョン制度は、人道的であり効果的であるとして展開され、当事のラベリング論[275]の動向とも結びつき、想定される害悪を回避できるものとして期待された。しかし、後述するように警察や裁判所において法に定められている以外の方法でそれらを行うことが、権力の拡大に繋がるとの批判を受け、図らずとも③の問題であった適正手続の観点から非難の対象となるのである。

273　（研究部資料）：前掲註159、6〜7頁。
274　ダイバージョンは非常に多義的な概念であり、どの範囲までの離脱に対して「ダイバージョン」と名づけるのかといった定義の混乱や論争が生じている。前田忠弘「ディバージョンに関する一考察——アメリカ合衆国における議論を中心として」（『愛媛法学会雑誌』第16巻3号、1990年）1〜5頁。
275　ラベリング論に固定的な概念が存在するわけではないが、そのラベリング論の概念の1つとして「犯罪者であるとレッテルを貼ることが2次、3次の犯罪を生む」とするものもある。

2 ダイバージョンの発展と本書での定義

　伝統的な刑事司法手続からの意図的な離脱が「ダイバージョン」であるとされる。しかし、「ダイバージョン」の概念は多義的なものであるために、まず本書における「ダイバージョン」の定義を確定し、その発展を確認する。「ダイバージョン」の定義は、1967年報告書において、その用語が使われることにより当初は「伝統的な刑事司法のルートから外すことがそれである」と考えられていた[276]。しかし、その伝統的な刑事司法のルートから外した状態であっても、依然として国家からの干渉を受けていることなどの指摘を受けるようになった。このため、1973年に第二次諮問委員会報告書[277]が刊行され、「ダイバージョン」の概念に加えて、「非犯罪化（decriminalization）」と「ふるいわけ（screening）」のカテゴリーが追加されている[278]。これにより「ダイバージョン」とは、松尾によると「対象者に対し何もしないというよりは、むしろ、何かをすることであり、広義の『非犯罪化』[279]と『ふるいわけ』が刑事司法手続からの解放であるのに対し、『ダイバージョン』は被告人側のある行動と引換えに刑事訴追を打ち切るものだ」[280]と性格付けがなされている。本書においても、むしろ広義の非犯罪化[281]がなされるのではなく、対象となる人が何かを要求される意味で「ダイバージョン」を定義する。

　ダイバージョンは、特に少年司法の場において用いられた。伝統的な少年

276　松尾浩也「ディヴァージョン（diversion）について――アメリカ刑事司法の最近の動向」平場安治博士還暦祝賀『現代の刑事法学(下)』（有斐閣、1977年）22〜37頁。
277　"A National Strategy to Reduce Crime", "Criminal Justice System", "Police", "Courts", "Corrections", "Community Crime Prevention", "Proceeding of the National Conference on Criminal Justice" の7冊からなる。
278　（松尾：1977年）前掲註276、30頁。
279　「非犯罪化」の例として、1974年に制定された「少年司法および非行防止に関する法律（Juvenile Justice and Delinquency Prevention Act）」がある。これは、少年裁判所での少年の数を減らすこと、ステイタス・オフェンダーの非収容化を図ること、民間の組織によるサービスの提供などが目的とされたものである。
280　（松尾：1977年）前掲註276、22〜37頁。
281　本書では、「非犯罪化」という用語を、その行為自体が「犯罪」か「非犯罪」かといった二分法による非犯罪化を「広義の非犯罪化」とし、無条件解放でなく段階的に行うものを「狭義の非犯罪化」として使用する。

司法手続では、国親思想[282]の価値そのものを変更する必要がないこと、大幅なコストダウンが望めること、伝統的な刑事司法手続により提供されるサービスよりも社会復帰に効果的であると考えられていた[283]。少年司法は、もともと国親思想のもとに裁判所が親の代わりに介入することが考えられている。その後、介入する範囲を拡大し、犯罪少年だけでなく、ステイタス・オフェンダーや、要保護少年[284]などにも介入していくことになった。その介入により問題ありと判断された少年は、施設への送致が可能になった。しかし、本当にその方法が少年の最大の利益であるのだろうかといった論争が巻き起こる。そこに登場したのが「ダイバージョン」の概念であり、上述したように、施設収容に代替し、国親思想はそのままに、社会復帰を念頭に置いたこの概念が広く受け入れられていくのである[285]。また、青少年サービス局が設置されたことを契機に、ダイバージョンの概念に沿った形でプログラムが次々と生み出され、1970年代初期にはアメリカ国内で数百ものダイバージョン・プログラムが運営されていた[286]。

3　ダイバージョンに対する批判

1970年代の後半から、ダイバージョンに対してさまざまな調査が行われ、その効果などに多くの疑問視する報告がなされるようになった。そういった批判がどのようなものであったかを検討する前に、ダイバージョンの目的を確認する必要がある。その目的は、少年司法手続から少年たちを離脱させることで、犯罪者としての烙印が押されることを減少させ、第2次および第3

---

[282] 国親思想とは、「親に代わって子どもの最大の利益を望む」という考え方で、もともとは、国王が国の親として臣下の保護のために、責任を持つというものからなる。平衡法裁判所（equity court）への救済申立てによって、親がいなくなった子どもを保護するために親に代わって遺産の相続問題の解決や、後見人を指定するといったことを行うようになった。

[283] 横山実「アメリカにおける少年司法システムの変革――特に、ディバージョン・プログラムの成果をめぐって」（『國學院法学』第26巻1号、1988年）59〜105頁。

[284] 少年という身分であるがゆえに国家に干渉されるもので、日本の少年法においては、「虞犯少年」がそれに近い概念である。

[285] （横山：1988年）前掲註283、68〜70頁。

[286] Ted B. Palmer and Roy V. Lewis "A Differentiated Approach to Juvenile Diversion", Journal of Research in Crime and Delinquency, Vol. 17, No. 2, 1980, p209. ""

次逸脱行為を減少させること。少年司法手続で行われる強制をともなう統制を減少させること。そして、地域社会や民間の援助を活用し経費の削減を図ること。さいごに、既存の少年司法手続で行われていた以上に保護的で教育的なサービスが提供されることであった。そこで D. Wayne Osgood と Hart F. Weichselbaum によって示された報告[287]を用いて、どのような批判がなされたのかダイバージョンの下記の5つの目的から検討する。その目的とはすなわち、①「烙印を減少させることができたか（to reduce stigma）」、②「強制と社会統制を減少させることができたか（to reduce coercion and social control）」、③「再犯率を減少させたか（to reduce recidivism）」、④「充実したサービスの提供がなされたか（to provide services）」、⑤「経費の削減、少年司法手続の能率をよくすることができたか（to reduce the costs and improve the efficiency of the juvenile justice system）」である[288]。

①については、いわゆるラベリング論者たちは「烙印を減少させる」必要性からダイバージョンを当初評価していたが、刑事司法手続に関わるとすぐに非行少年であるという烙印が付けられるわけではないこと、また新しい烙印付けや非行少年というラベルがそのまま非行の原因となるほど単純な問題ではないと批判された。さらに、少年事件について適正手続きが強調されること、などに加えて、社会復帰思想批判でなされた保守側の主張であった。そもそも責任を負わせることで抑止効果を期待する世論や、「烙印を減少させる」必要性自体が支持されにくい状況などが生じたことから、否定的な評価が下されている[289]。

②については、本節で検討される「ネット・ワイドニング」論にも関わる重要な問題を含んでいる。ダイバージョン・プログラムの導入により既存の機関は、その権限を拡大させることになった。例えば、裁判官は各サービスを裁判所の監督下で行うことや裁判所への送致がその要件になるようにし、

---

[287] D. Wayne Osgood and Hart F. Weichselbaum "Juvenile Diversion: When practice matches theory", Journal of Research in Crime and Delinquency, Vol. 21, No.1, 1984, p34-36.
[288] ibid., p35.
[289] Irving A. Spergel, Frederic G. Reamer and James P. Lynch, "Deinstitutionalization of Status Offenders", Journal of Research in Crime and Delinquency, Vol. 18, No.1, 1981, p29-31. および（横山：1988）前掲註283、81～82頁。

保護観察官は追跡調査を行えるようにした。また警察はステイタス・オフェンダーや要保護少年を裁判所へ次から次へと送致できるようになったのである。

　また、ダイバートする条件が付け加えられたものに、少年の行動を追跡調査するものもある。さらには、対象となる少年の親や兄弟姉妹がカウンセリングを受けることなどを強制するものまで登場した。これらの結果、従来は地域社会において問題解決されていた少年たちがダイバージョンによって国家や行政からの何らかの介入を受けることになったのである。特に、警察はサービスを行う私的な機関にまで影響力を与えたため、その権限が拡大したことが批判されている[290]。

　③については、再犯率の減少を評価する報告も見られる[291]。しかし、ダイバージョンの対象となる少年と、それ以外の少年とに再犯率についての差異はほとんど生じていない。さらに、ここで重要な点は、調査の手法および収集されたデータに関しての疑問が呈されたことにある。つまり、単純に「再犯率」を比較することができなかったのである。なぜならば、これまで刑事司法手続に乗ることがなかったはずの少年たちまで処理する状態になっており、そもそも再犯をするおそれがなかった者が再犯をしないことは当然であって、それらを純粋に比較することができなかったのである[292]。

　④については、必ずしも対象の少年たちのニーズに沿ったサービスが提供されていなかった。中には随意でなく、強制させるものも存在した。そのダイバージョン・プログラムにおけるサービスは、保護観察所や警察によって管理されており、顕著なものになると裁判所に送致せずに警察の段階で条件付のダイバートが行われるものも存在したのである。一方で、民間施設での

290　Edwin M. Lemert は、警察の権限が拡大していくことに対し「警察官は警察官であって、警察官でしかない（a Policeman is a policeman is a policeman）」と警告する。Edwin M. Lemert "Diversion in Juvenile Justice", Journal of Research in Crime and Delinquency, Vol. 18, No.1, 1981, p41-42. 日本においても横山は、虞犯少年たちへの警察の役割の拡大に対して「少年に対する補導活動や相談業務を強化しつつある日本の警察にとっても、傾聴に値する」と指摘する。（横山：1988 年）前掲註 283、77 頁。

291　Palmer and Lewis, op., cit., p211-213.

292　（横山：1988 年）前掲註 283、82〜85 頁。

サービス提供がコストダウンに繋がり、その民間施設のなかでも、より資金を削れるところを削るという競争が激化された。こういった背景から、少年の多くが満足のできるサービスが提供されていないと報告がなされている[293]。

さいごに、⑤については、初期段階で肯定的な評価がなされている。例えば、伝統的なダイバージョン・プログラムの経費について、カリフォルニアで1,983人を対象に行われた調査結果をまとめたMarvin Bohnstedtの報告[294]によると、「プロベーションの受理を受ける代わりにダイバートされた1,193人について11万9,300ドルが、さらに裁判所の審判を受ける代わり、またはプロベーションの受理はあったが裁判所には付されないでプロベーションの監督下に置かれる代わりにダイバートされた790人について39万5,000ドルが、伝統的な刑事司法手続を受けるよりも節約された」としている[295]。しかし、④でも確認されたように、政府の財政難に伴いダイバージョン・プログラムを請け負う機関や、プロバイダーである自助グループなどへの財源が減少され、その数自体が減少し、プログラムとしての質よりも、安価なプログラムを採用するようになっている。つまり、コストの減少はもたらしたが、それに伴う財源のカットでサービスそのものが確実に低下したことが指摘されている。民間の施設への委託や丸投げのような運用になると以上のような問題が生じ、薬物治療プログラムにも起こりうる。

4 これまで対象とされてこなかった人へのネット・ワイドニング

先にも少しふれたが、特にダイバージョンへの批判として指摘されたのは、国家による介入の減少をもたらすことが目的の1つであったにもかかわらず、むしろ以前には介入を受けることがなった少年や家族などにも何らかの介入が行われ、それが拡大しているという問題があった。

このように、ダイバージョン・プログラムは、その対象を伝統的な実務に

---

293 Thomas G. Blomberg "Diversion's Disparate Results and Unresolved Questions", Journal of Research in Crime and Delinquency, Vol. 20, No.1, 1983, p24-38.
294 Marvin Bohnstedt "Answers to Three Questions about Juvenile Diversion", Journal of Research in Crime and Delinquency, Vol.15, No.1, 1978, p116-117.
295 ibid., p116-117.

第5章　処遇主体と同意──ドラッグ・コート型処遇モデルの諸問題 | 161

おいて介入・干渉[296]されることのなかった者にまで拡大し、当初の予想と反しその代替物としてではなく、むしろ補充的・追加的形態として機能したことを指摘されたことから、ネット・ワイドニングの問題点が論じられるようになった[297]。この問題が激しく展開された理由の１つには、ダイバージョン・プログラムが非行防止の観点を取り入れていたことも大きいと思われる。つまり、早期発見・早期処遇の強調がなされ、刑事司法のみならず、学校や福祉機関が受け入れる犯罪・非行防止プログラムへとその内容を変遷させていたことにある。

　特に問題視されたのは、適正手続に関する指摘と、非拘禁化に伴う威嚇による抑止に関する指摘であった[298]。少年事件においては、対象となる人が、その少年だけにしろ、その家族まで含めたプログラムであるにしろ、国家が何らかの形態の干渉をするのであるから、そのプログラムの対象となる人から同意を得るか、明確な基準で適正手続が保障されなければならないからである。しかし、例えば警察によるダイバージョンなどは明確な基準を用意していなかった。つまり、各警察官の個人的な先入観や偏見でダイバージョンの決定がなされ、性別や社会的マイノリティなどにとっては不利益な事態が生じていることが危惧されたのである[299]。その後も、非拘禁化の試みや非犯罪化の試みによってネットの縮小が目指された。しかし、非拘禁化の試みにおいては、ステイタス・オフェンダーを拘禁しなくなった代わりに、警察は非行少年に対する逮捕などを増加させ、従来ではステイタス・オフェンダーであった対象者をより重い犯罪の嫌疑で扱うようになっている[300]。また、非犯罪化の試みについても、結局は他の逸脱行為を新たに犯罪として組み込む

296　澤登によると「国家が行う福祉的援助に関しては、強制的な性質のものを『介入』、強制的ではないにしても『つきまとう』性質を有しているものを『干渉』とする」とし、「介入」と「干渉」を区別している。本書でも特に言及のないかぎり、この定義による。澤登俊雄「矯正・保護における強制の根拠と限界──社会復帰処遇と人権」（『更生保護と犯罪予防』第101号、1991年）４～６頁。
297　（前田：1990年）前掲註274、17頁。
298　横山実「少年司法システムのネット・ワイドニング」八木國之古希祝賀論文集『刑事法学の現代的課題(下)』（法学書院、1992年）481～512頁。
299　（前田：1990年）前掲註274、19～20頁。
300　（前田：1990年）前掲註274、20～24頁。

現象が生じ、それまでのものは、従来よりも重い犯罪とする傾向が生じたのである[301]。

5　家族ないしは支援団体が請け負うことになるネット・ワイドニング

上記3および4でも指摘されたように、対象となる人以外に影響を与えることもネット・ワイドニングの問題である。例えば、家族であってもカウンセリングを受けることが要請されるものは、「ネット・ワイドニング」である。それだけにとどまらず、従来は国家と個人の関係で成り立っていた「統制」の形態および刑罰の一部として誰かに何かを強要していた権力関係を家族もしくは地域社会がその役割を担うことが要請されることになった。すなわち、薬物治療プログラムや検査の対象となる人を引き受け、薬物治療プログラムや薬物検査を受けさせるという状態もネット・ワイドニングなのである。

特に、家族においては、公共領域で求められる「合理的」な管理や統制といったものが、私的領域である家族が請け負うことに、さまざまな問題が生じる[302]。受け入れ先として保護の観点から関わることが主であったものが、管理・監督までも要求されることに繋がる。こういった、従来の国家が担っていた監督義務をその家族に課すわけにはいかない。つまり、薬物再使用がないことが社会復帰であると考える家族ならば、再使用が決して無いように監督することが間接的に義務付けされる。さらには、再使用や違法薬物そのものを発見した際に、どのように対処をすればいいのかという葛藤に悩まされることになる。そういった意味でも、厚生労働省が全国の保健所などの薬物相談員に対し、決して捜査機関に通報する義務があるのではなく、まずは医療につなげ、相談しやすい体制を作り出すと指針を示したことは、大きな意味を持つ。

以上のように、本節で確認されたように司法による統制が広がることで生

301　(横山：1992年) 前掲註298、487～489頁。
302　(本田：2008年) 前掲註197、47頁。本田は家族特有の問題として、薬物使用者を管理・統制するという困難な課題であるにもかかわらず、わが子の断薬責任を放棄することができずに、ドラッグを使用し続けるわが子を囲い込んでしまうということを指摘する。

じるネット・ワイドニングはその否定的な側面が強調されるが、医療や福祉といった支援のネットが拡大することもある種のネット・ワイドニングである。ドラッグ・コート型処遇モデルは、単に司法による統制をもたらしたのではなく、医療や福祉によるプログラムも当然にもたらしている。ただし、いかなるものであれ、国家による干渉を招く以上は、任意のものであり同意が前提とされなければならない。そして、適正手続による制度でなければ、1970年代での批判を繰り返すことになる。つまり、いかに司法による統制のネットによる害悪を制限し、医療および福祉のネットを広げることが重要なポイントとなるのである。

　本章のさいごに官と民が協力した後に生じる問題として、「刑事司法化する福祉」と「福祉化する刑事司法」の問題点を刑の一部執行猶予から考察したい。

四　刑事司法化する福祉と福祉化する刑事司法
　　　──刑の一部執行猶予[303]

1　刑の一部執行猶予

　法務大臣から「被収容人員の適正化を図るとともに、犯罪者の再犯防止及び社会復帰を促進するという観点から、社会奉仕を義務付ける制度の導入の当否、中間処遇の在り方及び保釈の在り方など刑事施設に収容しないで行う処遇等のあり方等についてご意見を承りたい」として、2006年7月26日に被収容人員適正化方策に関する諮問第77号が発せられ、同日開催された法制審議会第149回会議において、同諮問についてまず部会で審議すべき旨が決定された。

　上記の決定を受けて、2006年9月28日に「法制審議会被収容人員適正化方策に関する部会（部会長：川端博教授）」（以下、部会という。）の第1回会議が開催された。当初は、事務当局からの諮問の経緯・趣旨説明がなされており、刑事施設の収容状況について、刑事施設の収容人員数は、過去10年

303　本節は、拙稿「薬物使用者に対する刑の一部の執行猶予制度について──刑の個別化と一部猶予」（『立正法学論集』第46巻1・2合併号、2013年）87～119頁を加筆修正したものである。

間一貫して増加傾向にあり、収容率が2002年以降、116%を下回らない状態が継続しているという現状が紹介されていた。この部会での議論は、刑事施設の過剰収容状態の解消による収容人員の適正化、犯罪者の再犯防止および社会復帰の促進のためには、1「刑事施設に収容しないで処遇を行う方策」、2「いったんは刑事施設に収容した者について、適切な時期に社会復帰が期待できる形で社会内に戻すことができるような方策」、3「刑を受け終わった者に対する再犯防止・社会復帰支援制度」が考えられるとされた。

その後第17回部会会議（2008年10月7日）で具体的な法整備につながる可能性があるものとして、「保護観察の一内容としていわゆる社会奉仕活動を行う制度」と「刑の一部の執行猶予を可能とする制度」の2つに検討対象が絞られている。

「被収容人員適正化方策に関する部会」第17回部会会議（2008年10月7日）に具体的な法整備の可能性として「社会貢献活動」と「刑の一部執行猶予」に検討対象が絞られるまでは、社会内処遇に関して、「施設内処遇及び社会内処遇をより適切に連携させることを可能とすることにより、犯罪者の再犯防止及び社会復帰を一層促進する」ことを基本として中間処遇制度や必要的仮釈放制度の検討などが行われていた。

しかし、結論として、法制審議会は、刑事施設に収容された人員の適正化を視野に入れて、検討を行った部会である「被収容人員適正化方策に関する部会」からの報告を受け、2010年の2月に「初入者及び薬物使用者に対する刑の一部執行猶予制度」および「保護観察の特別遵守事項の類型に社会貢献活動」を加えることを法務大臣に答申した。これを受けて、刑務所の初入者や薬物使用事犯の被告人に対し、刑期の途なかで矯正施設から出し、社会で処遇を行う「刑の一部執行猶予制度」の導入と、保護観察対象者に対し、その遵守事項の一類型として、「社会貢献活動」を命ずることを可能にする制度の導入を提言する要綱（骨子）は、この両制度の導入を内容とする法律案が2011年11月4日に「刑法等の一部を改正する法律案」および「薬物使用等の罪を犯した者に対する刑の一部の執行猶予に関する法律案」が第179回臨時国会に提出された。

そもそも、部会の背景となったのは、刑法犯の認知件数の増加および受刑

者の平均刑期の長期化を主たる原因とした刑事施設の過剰収容問題を解決するためであり、刑事施設に収容せずに行う処遇が検討されていた。そこでは犯罪者の改善、更生および犯罪の予防といった目的を達成しつつ、被収容人員の適正化を図ることが提案された。さらに、窃盗、薬物犯罪などの罪を犯した者は、刑事施設への再入率が高いことから、これらの罪による刑を終わった者に対しても、再犯を防止し社会復帰を支援するための措置を講じることで、被収容者の人員適正化を図るべきであることも課題として議論がなされた。その後、2012年6月1日に衆院法務委員会で趣旨説明がなされるまで行われたが、2012年11月16日の衆議院解散により、衆議院法務委員会に付託されていた刑の一部の執行猶予関連法案は廃案となった。しかし、翌年の3月22日に閣議決定され、国会に再提出された。そして、衆院本会議において全会一致で可決し、2013年6月13日に成立することとなった[304]。

2　刑の一部執行猶予制度の概要

どのような意図で制度の導入が目指されたのかを2011年の第179回国会に提出された「刑法等の一部を改正する法律案の概要」を元に検討する。（下線部は筆者）

> 前に禁錮以上の刑に処せられたことがない者等に対する刑の一部執行猶予制度を創設するとともに、保護観察の特別遵守事項の類型に社会貢献活動を行うことを加える等所要の改正を行う

① 刑法の一部改正
(1) 以下に掲げる者が3年以下の懲役又は禁錮の言渡しを受けた場合において、犯情の軽重及び犯人の境遇その他の情状を考慮して、再び犯罪をすることを防ぐために必要であり、かつ、相当であると認められる時は、1年以上5年以下の期間、その刑の一部の執行を猶予することができるものと

---

[304] 一部執行猶予の要綱（骨子）については、以下のURLを参照のこと。http://www.moj.go.jp/content/000025841.pdf

する。

ア　前に禁錮以上の刑に処せられたことがない者
イ　前に禁錮以上の刑に処せられたことがあっても、その刑の全部の執行を猶予された者
ウ　前に禁錮以上の刑に処せられたことがあっても、その執行を終わった日又はその執行の免除を得た日から5年以内に禁錮以上の刑に処せられたことがない者

(2)　刑の一部の執行猶予の期間の起算日についての規定を設ける。
(3)　(1)の場合においては猶予の期間中保護観察に付することができるものとする。
(4)　刑の一部の執行猶予の猶予期間経過の効果についての規定を設ける。
(5)　刑の一部の執行猶予の言渡しの取消事由についての規定を設ける。

②　更生保護法の一部改正
(1)　刑の一部の執行猶予の言渡しを受けて保護観察に付された者に対する特別遵守事項の設定手続き等についての規定を整備する。
(2)　<u>規制薬物等に対する依存がある保護観察対象者に対する保護観察の特則についての規定を整備する。</u>
(3)　保護観察の特別遵守事項の類型に社会貢献活動を行うことを加える。
(4)　地方更生保護委員会が生活環境の調整に関与するための規定を整備する。

③　恩赦法の一部改正
　刑の一部の執行猶予の言渡しを受けた者に対する減刑及び刑の執行の免除についての規定を整備する。

　2011年第179回国会提出された「薬物使用等の罪を犯した者に対する刑の一部の執行猶予に関する法律案の概要」は以下の通りである。

> 薬物使用等の罪を犯した者について、前に禁錮以上の刑に処せられたことがあるなど、刑法上の刑の一部の執行猶予の言渡しの要件を満たさない場合であっても、規制薬物等に対する依存を改善することが必要であると認められるときは、刑の一部の執行猶予の言渡しを可能とする特則を設けるとともに、その他所要の規定を整備する。

① 薬物使用等の罪を犯した者であって、刑法により刑の一部の執行を猶予することができる者以外のものが、<u>その罪又はその罪及び他の罪について3年以下の懲役又は禁錮の言渡しを</u>受けた場合において、犯情の軽重及び犯人の境遇その他の情状を考慮して、刑事施設における処遇に引き続き社会内においても規制薬物等に対する依存の改善に資する処遇を実施することが、刑の一部の執行猶予の言渡しを可能とする特則を設ける。

② ①に規定する者に刑の一部の執行猶予の言渡しをする時は、猶予の期間中必要的に保護観察に付するものとする特則を設ける。

③ ①に規定する者に言い渡された刑の一部の執行猶予の取消しについては、刑法上の刑の一部の執行猶予の言渡しの必要的取消事由に関する規定の一部を適用しないこととする特則を設ける。

さらに、薬物使用等の罪を犯した者に対する刑の一部の執行猶予に関する法律案の趣旨については、以下のように説明がなされている。

> この法律は、薬物使用等の罪を犯した者が再び犯罪をすることを防ぐため、刑事施設における処遇に引き続き社会内における処遇を実施することにより規制薬物等に対する依存を改善することが有用であることを鑑み、薬物使用等の罪を犯した者に対する刑の一部の執行猶予に関し、その言渡しをすることができる者の範囲及び猶予の期間中の保護観察その他の事項について、刑法（明治四十年法律第四十五号）の特則を定めるものとする

こと。

　具体的には、どのような運用が予想されているのであろうか。部会での議論は以下のようになっている。すなわち、「例えば、現行制度で懲役2年の判決が言い渡された場合、その2年の範囲内で実刑による施設内処遇を行い、かつ仮釈放が認められれば、その残刑期間に限られた部分で保護観察を行うということになろうかと思います。要するにその処遇の枠が刑期の2年間ということになろうかと思います。これに対し、参考試案第1[305]の制度が導入された場合に、例えば、懲役2年、うち1年が実刑、残りの1年が3年間執行猶予という判決が言い渡されますと、まず、その実刑部分の1年により施設内処遇を行うことができ、さらに、残りの1年が3年間執行猶予されますので、その3年間、もちろん保護観察が付けばより積極的な処遇を行うことができますけれども、3年間、その執行猶予の状態に置くということになります。そして、その3年という執行猶予の期間中、再犯等の善行保持の条件に違反したような場合においては、執行猶予が取り消されるという心理的強制を受けながら、自力更生に努めることとなりますので、そういった意味で施設内処遇と相応の期間の社会内処遇を連携させて改善更生を図ることができる」としている[306]。

3　制度導入の意義と問題点

　日本の現行法では、刑の一部だけを猶予することは認められていない[307]。つまり、裁判所で宣告された刑の全体の執行を猶予する全部執行猶予か、全体を執行する実刑かという選択肢しかない。部会の第19回会議で当局は、「比較的軽い罪を犯して、現行制度で実刑が言い渡される場合と執行猶予が言い渡される場合の中間の刑責を有するとともに、一定期間の施設内処遇と

305　第18回部会会議で刑の一部の執行猶予制度に関する参考試案が示されている。http://www.moj.go.jp/content/000002154.pdf
306　第19回部会会議議事録2頁。http://www.moj.go.jp/content/000003855.pdf
307　現行の刑法第25条以下は、裁判所が刑を宣告する場合に、情状により刑の執行を一定期間猶予し、猶予期間を無事に経過した時は、その刑を執行しないこととする制度であり、その一部だけを執行し、残りの一部を猶予するという制度ではない。

相応の社会内処遇を実施することが再犯防止、改善更生に必要かつ有用な者に対し、その刑責を果たせつつ、施設内処遇と社会内処遇を連携させて再犯防止・改善更生を図る」と説明する[308]。刑の個別化や処遇の選択の可能性といった点を根拠として、好意的な判断が示されているものもいくつかある[309]。たしかに、執行猶予中の再犯については、現行法制度の下で、再度の執行猶予は1年以下の懲役または禁錮の場合にのみ可能であるが、同制度によると、刑期が1年を超えて3年までの場合にも、刑の一部の執行猶予が可能となるが、刑事施設への収容期間の長期化が仮に同制度によって緩和されたとしても、監視期間は長期化し、この点は当然問題とされるべきとの指摘が妥当かと思われる[310]。

　制度の賛成論者には、刑の一部執行猶予が比較的刑期が短い対象者に有意義であるとの見解が多い。刑期が長期に及ぶ受刑者の場合は、必要的仮釈放制度の導入が依然として検討されるべきであるということを前提にすると[311]、部会で議論となった社会奉仕活動および刑の一部執行猶予は、比較的刑期が短い対象者に影響を与える可能性が高い。これらの対象者に与える影響としては、より長期間に及ぶ監視機能強化の問題と、対象とされてこなかった人へのネットワイドニングの問題が派生しうる。すでに、更生保護法では、こ

308　部会第14回会議議事録8頁。
309　今井は、刑事政策の基本原理から正当化されるべきであり、かつそれが可能な制度であるとする。今井孟嘉「刑の一部執行猶予」『刑事法ジャーナル』23号（イウス出版、2010年）13頁。神および青木は、社会復帰が促進され、結果として再犯防止効果も得られる制度として歓迎すべきであるとしている。神洋明＝青木和子「刑の一部執行猶予制度導入について――弁護士の立場から」『刑事法ジャーナル』23号（イウス出版、2010年）38〜39頁。太田は考試期間主義の立場から、一部執行猶予は考試期間主義を採る場合の仮釈放と似た効果を有すると指摘し、従来の満期釈放よりむしろ被害者や国民感情としても理解を得やすいとしている。太田達也「刑の一部執行猶予と社会貢献活動」『刑事法ジャーナル』23号（イウス出版、2010年）20〜27頁。永田は行為責任や行為者の事情に合わせた、よりきめ細やかな量定を行うことができるようになると指摘する。永田憲史「刑の一部執行猶予制度導入による量刑の細分化――刑の執行猶予の存在意義の観点からの考察」『刑事法ジャーナル』23号（イウス出版、2010年）46〜47頁。
310　井上宜裕「刑の一部執行猶予――制度概要とその問題点」刑事立法研究会編『非拘禁的措置と社会内処遇の課題と展望』（現代人文社、2012年）167頁。
311　必要的仮釈放を否定し、考試期間主義を主張する太田達也も短期自由刑に対する仮釈放期間が短いことで支援が不十分になることを理由に否定している。太田達也「仮釈放と保護監察期間――残刑期間主義の見直しと考試期間主義の再検討」『研修』705号（2007年10月頁）。

れまで単純執行猶予であった対象者に対し、保護観察付執行猶予を言い渡し、特別遵守事項を付することで監視機能を強化することは可能であろう。しかし、監視機能を強化した再犯防止機能ではなく、生活再建に向けた社会的援助を行うことで、その結果として再犯を防止することとなると捉える必要があるのではなかろうか。

　監視機能強化による再犯防止機能を前提とした保護観察制度は、刑罰的要素を付加するものとして運用される可能性が高い[312]。これは、立ち直りのための支援を提供しようとする更生保護の本来のあり方が、強制的な社会防衛の手段となるためである[313]。保護観察は、その目的を指導監督とするとともに、補導援護が加えられ、その後も、補導援護に重点をおいた保護観察を行い、遵守事項を緩和するとの規定を置くことで発展をしてきた。そもそも更生保護における処遇の理念は、憲法に保障された基本的人権の一般的保障としての「人格的発展の保障」、セーフティネットから排除された人の「生存権の保障」および、刑事手続に関わることで生じる生活上の不利益を排除するための「刑事手続の弊害除去」などに求められる[314]。そのために、更生保護においても他の刑事手続と同様に個人の尊厳と基本的人権の保障が前提とされなければならず、そこでの処遇は本人の主体性と、処遇者および本人の信頼関係に基づく援助として行われなければならない[315]。保護観察制度は、保護観察官が指導監督を強化する「積極的な社会復帰への介入」ではなく、本人の主体性が尊重された、あくまで社会復帰へのサポートの役割として「消極的な社会復帰への介入」でなければならない。つまり、「見守り型」による保護観察こそ社会内処遇において重視されるべきものなのである。

　以上のことから、基本的に考試期間主義を採る刑の一部執行猶予は制度として、問題がある。しかし、刑の個別化としては、薬物事犯の取扱いを従来

312　土井政和「更生保護制度改革の動向と課題――有識者会議提言と更生保護法案を中心に」刑事立法研究会編『更生保護制度改革のゆくえ――犯罪をした人の社会復帰のために』（現代人文社、2007年）9頁。
313　土井（上掲書）9頁。
314　刑事立法研究会社会内処遇班「更生保護法要綱試案」『龍谷大学矯正・保護研究センター研究年報』第5号（現代人文社、2008年）113頁。
315　社会内処遇班（上掲書）113頁。

図20　覚せい剤取締法違反による保護観察開始人員の推移

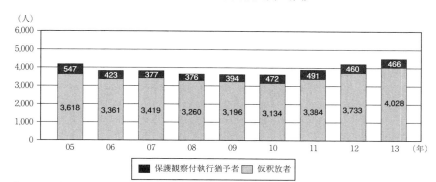

注）保護統計年報による

のものから変えていくという方向性は必要であり、その方法を模索しなくてはならない。そこで、以下では、薬物自己使用者を中心として、刑事司法で行われる従来の刑罰とは異なる治療や支援のあり方を問いながら、それが刑の一部の執行猶予制度で実現が可能であるのかということの検討を試みる。

4　制度導入に伴う諸問題

どの程度の人数が対象となるのであろうか。まず、法制審議会第162回会議で示された「被収容者人員適正化方策に関する諮問第77号」に関する資料の確認をしたい。【図20】は、法制審議会資料として提出されたものにその後の数を加えたものである。

法制審議会総会では、今回の「初入者に対する刑の一部執行猶予制度」の対象となる初入者で刑期3年以下の懲役または禁錮に当たる者は約1万人であり、薬物使用等事犯者で、初入者かつ刑期3年以下の該当者は1万人。刑の一部執行猶予の要件を満たす2度以上の再入者は約3,500人になると報告がなされている[316]。「新しい制度であり、制度として始まったら実際にどれほどの数の判決が言い渡されるのかがわからないが、今の数で予想できる範

316　法制審議会第162回会議議事録、9頁。http://www.moj.go.jp/content/000036301.pdf

図21　覚せい剤取締法違反における有罪確定人員（単純・保護観察付執行猶予）

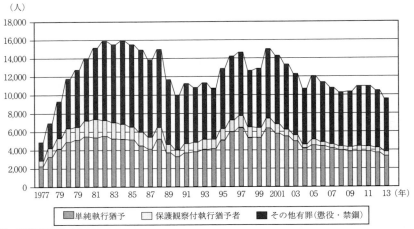

注）保護統計年報による

囲は、先の1万人と3,500人で約1万3,500人である」と報告している。

　覚せい剤取締法違反事件の第一審終局処理人員を確認すると、法制審議会で刑事施設の過剰収容が問題とされていた2008年においては、執行猶予も含めた有罪判決（懲役・禁錮）人員は10,196人であり、そのうち執行猶予判決人員は4,304人である。ここ数年では、有罪判決を受ける人員の約45％～55％の割合で執行猶予が認められている。

　次に、保護観察付執行猶予及び仮釈放の段階での保護観察の運用を確認する。第1章【図13】では、覚せい剤取締法違反で1号ないし4号観察に付された者は約4,000～5,000人であり、これは保護観察対象者の約13％にあたる。また、覚せい剤取締法違反で保護観察に付される者でも仮釈放による者（3号観察）が約80％を占めている。これらのことから現行法であっても、実際に早期に従来の刑事司法過程から外され、社会内処遇を主とした薬物犯罪対策を行うことになれば、これだけの人数が毎年関わることになるということが確認できる。

　以上の図から、従来の仮釈放と全部執行猶予でも毎年これだけの人を対象にプログラムを行うことができるのである。

例えば、特別遵守事項として、薬物治療プログラムおよび簡易薬物検査が義務付けされるようになると、毎年これだけの人数が対象者に加わることになる。現在の保護観察対象者だけでなく、ネット・ワイドニングとして、これまで単純執行猶予であった対象者にも義務付けがなされる運用が行われれば、【図21】の単純執行猶予者もこちらに含まれることになる。

さらに具体的な人数で考察をしてみる。刑の一部の執行猶予が導入されれば、毎年、対象となる人が、【図21】で確認した単純執行猶予であった約4,000人と第1章【図13】で確認した保護観察対象者の約4,000～5,000人を合せて、約1万人近く関わることになる。実際には、このような単純な足し算にはならないとしても、非常に多くの対象者になることが予想される。

今の保護観察制度でさえ、保護観察官の数が足りずに補導援護から指導監督の側面が強くなっていることが指摘されている。そうであるにもかかわらず、さらに対象者が増えることで、簡易薬物検査だけを機械的に行い再使用者を再収容していくという運用がなされる可能性が高い。つまり、監視機能だけを重視した保護観察となる。そういった問題を解消するためには、保護観察官そのものの数を大幅に増やし、一人ひとりと向き合える制度へと充実をさせていくか、刑事司法で行うことを民間回復支援施設に委託することでしか、毎年増え続ける対象者に対応することができない。現実的には、後者の民間委託に流れる可能性が高く、ダルク[317]をはじめとする民間への依存が容易に予想される。しかし、矯正施設での限界を認め、保護観察官が行うより民間への委託をする方が効果は高いと考えているのであれば、なぜ、最初から刑事司法が関わるのかに疑問が生じる。もっとも、問題なのは、機械的に薬物検査を用いた結果だけを民間団体に報告させるという運用がありうるということである。これでは、司法福祉が注目される昨今において、福祉

---

317 薬物依存者の回復および支援を目的とした民間初のリハビリセンターであるダルク（Drug Addiction Rehabilitation Center: DARC）の創設者である近藤恒夫氏は、2009年に世間の注目を集めた酒井法子氏が覚せい剤を使用していた事件に向けたコメントとして次のように述べている。「彼女（酒井氏）は「反省」や「心に誓う」と言っていたが、反省や決意などの意志の力で断ち切れるものではない。家族の愛でもどうしようもない。」とし、覚せい剤はやめるのではなく、やめ続けなければならないと指摘する。近藤恒夫『拘置所のタンポポ——薬物依存再起への道』（双葉社、2009年）16～20頁。

を行う団体は、刑事司法の下請けでしかなく、本来あるべき福祉の姿ではないように思われる[318]。

また、別の観点からも民間に委託することの問題点がある。それは女性のための回復施設が日本において圧倒的に足りていないという現状である。これによって、裁判官が女性のための施設が足りないために女性への一部執行猶予を行えないことがありえる。これでは、公平性と一貫性を失することになるために、男性への一部執行猶予も活用しない可能性も出てくる。こういった運用面での問題が判決にも影響を与えることがあり、すでに社会での受け皿が不足していることを懸念した判決も現実に出されている[319]。

以上のように、いずれにしても、従来の全部執行猶予の運用と必要的仮釈放の活用で対処できない問題が見えてこない。比較的短期間で逮捕、裁判、収容、釈放を繰り返す薬物事犯者への仮釈放では、刑事司法が関われる時間が短期であるために、より長期に関われる猶予期間が必要なのであるとの指摘がなされるかもしれないが、社会生活を崩さないために、早期に刑事司法手続からダイバートさせ、社会内での生活を行いながら、民間に委託しながらやるのであれば、刑事司法の関われる期間が短いとする意見では不十分かと思われる。

5　刑事司法の民間委託と通告義務
(1)　民間委託としての自立準備ホーム

考試期間主義は批判されるとしても、非拘禁的措置を前提とした刑の個別化の可能性は検討されるべきであると思われる。しかし、現在の保護観察の運用では、これら福祉を行うべき民間団体が刑事司法の下請けとして利用さ

318　拙稿「非拘禁的措置の担い手と関連機関ネットワーク――地域生活定着支援センターを中心に」刑事立法研究会編『非拘禁的措置と社会内処遇の課題と展望』（現代人文社、2012年）263～282頁。

319　2012年7月30日に大阪地裁（〔平成23年（わ）第6063号〕）は、広汎性発達障害の一つであるアスペルガー症候群の被告男性に対し、受け皿がないことを理由の1つとし、「社会内にこの障害に対応できる受け皿が用意されていない現状では再犯の恐れが強く心配される」、「許される限り長期間刑務所に収容（中略）することが社会秩序の維持にも資する」とし、求刑を上回る懲役刑を言い渡している。

れることで、規制薬物再使用の通告、または、逃走などの遵守事項違反の通告などが課されることとなってしまうことが懸念される。

　この懸念については、すでに、政府の方針として「新成長戦略」（2010年6月18日閣議決定）から、「再犯防止のための刑務所出所者等の社会復帰支援事業の維持・強化」の事業の1つとして、「緊急的住居確保・自立支援対策」[320]が行われたことによる民間施設での問題から見えてくるかと思われる。法務省が2011年より行うこの事業は、行き場のない刑務所出所者等の帰住先・定住先を確保するために、これまで更生保護施設が中心となり、国の委託を受けて収容保護し、社会生活に適応させるための生活指導等を行ってきたが、更生保護施設だけでは補いきれない数の刑務所出所者等が多数存在するために、民間の施設に依頼をし、引受け先の確保を始めたものである。特に、NPO法人などが管理する施設の空きベッドなどを利用したもので、これらの施設は「自立準備ホーム」と呼ばれる。あらかじめ保護観察所に登録をしておき、保護が必要なケースについて、保護観察所から事業者に対して、宿泊場所、食事の提供とともに、生活指導などが依託されるのである。これに、各地のダルクをはじめとした民間福祉団体が関与しはじめている。そこでは、法務省からの引受先として、契約を結ぶ際に更生保護施設と同等レベルで通報の義務が求められている。すでに始まっている民間団体の刑事司法への取り込みがあるなか、刑の一部の執行猶予が開始され、従来の保護観察では補いきれない数の対象者が、このように民間に委託されるものと思われる。

(2) 薬物依存症と再使用の関係

　ドラッグ・コートでは、薬物の再使用について、回復の過程に起こりうる行動であることを前提にしている。刑事司法や民間支援団体などの薬物検査によるモニタリングがなされることが挙げられているが、そもそもの前提として、1度や2度の再使用が認められたからといって治療プログラムが終了

320　法務省ウェブページ「行き場のない刑務所等の出所者等の住居の確保」http://www.moj.go.jp/hogo1/soumu/hogo02_00029.html

することはない。その理由として、認知行動療法的な関わり方を重視するからであると考えられる。つまり、再使用したことよりも、どのような状態の時に、なぜ使用に至ったかを検討することで、次はそのような状況にならないように行動するためである[321]。

　そういった前提を抜きにした、民間委託では高度に監視強化された刑事司法的運用がなされる可能性が高い。再使用も薬物依存症の治療過程には普通に起こり得る行動であるという観点が重要となる。たしかに、回復過程に再使用が絶対に必要なものとまではいえないが、再使用は起こりうる行動であるとの認識が必要となる。その際に、医療従事者が再使用があることで治療行為を中止させ手放すことの方が問題であると思われる。例えば、糖尿病の人が医師の指示に従わなかった場合や高血圧の人が医師の指示に従わないということが起こりうると思うが、その際に医療行為を放棄することはありえない。

　薬物依存症治療に効果的なものの1つとして、認知行動療法が指摘される。これは、いわゆるトライ&エラーの繰り返しが重要なのであり、薬物を使用せずに生活ができるようにしていくものであるので、再使用はむしろ回復過程への途中段階であると考える。こういった治療行為の一環として、医療の問題を踏まえて考えることで、数回の再使用を医療上起こりうる行為であり、理論上通報することを回避できえたとしても、保護観察の一環として行われることによって生じる問題がある。それが、遵守事項違反の通告であろう。

(3) 民間団体が背負う通告義務

　違法薬物の再使用など新たな犯罪が生じたことにともなう通告といった捜査機関への通告でなくても、保護観察であれば、逃走などの遵守事項違反が再収容されることがありうる。違法薬物の再使用については、現実にも対応が可能であるとしても、仮釈放や執行猶予の受け皿としてダルクが利用され

321　例えば、金曜日の夜に再使用が認められたら、金曜日の夜は家族や薬物との関わりがない友人と過ごすように心がけることであったり、金曜の夜にはグループカウンセリングに参加するようにするといったように、その次の再使用をどのように防ぐのかを考えるためのエラーの1つであると考える。

る問題点としては、更生保護施設と同等の義務を課したり、来るもの拒まず去る者負わずというセルフヘルプのスタイルで成り立つダルクそのものの存在意義に関わる問題が生じる。つまり、保護観察中であるならば、再犯でなくても逃走などにより遵守事項違反となり、再収容となる。

　また、セルフヘルプ性の混乱の問題としては、一部執行猶予執行猶予中や仮釈放でダルクに来ているメンバーと満期釈放で来ているメンバーが混在する問題や、全く刑事司法にかかわらずに来ているメンバーとが同じミーティングを受けることができるかといった問題も生じてくる。

　五　小括

　刑事司法がより治療的で福祉的な関わりをすることが重要視され、治療的なサービスを受けることは、刑事司法制度に含まれた対象者は回復する機会を得ることが権利として保障されていなければならない。そして、その国家からのサービスはパターナリスティックに一方的に強制されるものではなく、対象者本人が自己決定によってなされなければならない。これは、医療においてはインフォームド・コンセントとして、社会福祉においてはウェルフェアからウェルビーイングへと移り変わったことからも、刑事司法の中にいる人であっても憲法第13条および25条から、医療および社会福祉のサービスを受ける対象であることが確認された。

　民間を含めた回復者と専門支援者が刑事司法手続に入ることと国家が治療の機会を提供しなければならない法的な根拠については、以下のことが確認された。すなわち、「受刑者」は、憲法31条および36条によって、拘禁刑や保護観察付執行猶予など、一定程度の自由の制限を含め、それらの執行による制限を受ける義務を有しているが、それとともに、憲法13条および25条によってそれら自由を制限された一般市民としての権利をも有しているということである。

　前章までは上記のように国家は治療的サービスの機会を提供する義務を負い、それらサービスの機会を得ることは回復者自身の権利であることが確認されたが、本章では、これに加え処遇主体と「強制」・「同意」について整理

がなされた。従来の刑事司法手続においては、その処遇主体は司法であり、たとえ薬物治療が目的である処遇であっても強制として行われてきた。しかし、より「治療的」なものが要求され、「トリートメント」という視点が入る必要性が生じていることからも、医療的サービスを受ける対象者であり、社会福祉サービスを受ける対象者として捉えられるようになってきた受刑者に対しては、刑事司法のなかといえども、ただ単なる強制的な処遇だけでは成り立たないようになっていたのである。

さらに、その処遇主体が「医療」であったとしても、あくまで刑事司法のなかで行われる薬物トリートメントプログラムであることが問題である。すなわち、治療を提供する側とされる側という構図は、縦の関係であるかぎり処遇主体が医療であったとしても、その背後にある権力性により「同意」性が両立することは困難だからである。

では、どのような処遇主体が望まれるかの帰結は、「回復者本人を中心とした多機関連携」であった。たとえ、民間の支援団体が処遇主体であっても、その団体が単独で行うことは、その集団内における階層化が進むことや、本来集中しなければならない回復への支援以外にも社会福祉としての関わり方や、医療としての関わり方が過剰に負担となり、すべてを彼らに背負わせることが行われてきたのである。望まれるものは、医療・福祉・教育のバランスが取れた多機関の連携による薬物政策なのである。

さいごに、第4章でも確認されたように、いかにその権利主体はサービスを受ける本人であり、その薬物治療プログラムは自己決定によって行われ、そのサービスの提供は国家だけでなく民間も交えたよりニーズに添った提供が行われようとも、避けることができない問題の指摘もしておかなければならない。それは、ここまで「間接強制」の問題、「国家による監視機能」の問題として触れてきた。本章で確認したことは、ネット・ワイドニングの問題である。たとえ、処遇主体が民間を含む多機関連携になり、「同意」が担保された制度であったとしても、これまで刑事司法が一人で抱えてきた、もしくは抱えてこなかった問題が、これまで対象とされてこなかった人びとや施設に負わされることがありえるからである。たしかに、刑事司法による統制のネット・ワイドニングの問題は依然として残されているが、同時に医療

と福祉のネットも広がることも指摘される。目指すべき薬物政策はこれら刑事司法による害悪を極力抑えた状態での医療と福祉のネットの拡大であろう。

　また、民間委託を刑事司法の枠内で行うことの問題点を刑の一部執行猶予制度への懸念から確認した。これらの問題を踏まえ、次章でまとめたい。

第 6 章

結論
―― 刑事司法手続における薬物依存者の処遇 ――

一 ここまでの考察

　刑事司法手続において、薬物依存者の処遇をすることは、たとえ治療的な関わりであったとしても、何らかの問題が起こることになる。刑事司法手続のなかで行われているにもかかわらず、「治療的」という曖昧な概念が、刑罰性を覆い隠し、犯罪統制として利用される可能性がある。一方で、当然に、矯正施設において、対象となる人のために福祉的な対応を心がけている職員、回復者がスタッフを努める民間の支援グループ、および刑事司法手続に関連する実務家であっても、対象となる人の回復こそが望まれている。つまり、少なくとも実務の場では犯罪統制のために回復プログラムがなされているのではない。人権やその他手段を選ばずに、薬物依存者に対しては何をしてでも回復することが「善」であると考え、現場で薬物依存者に関わっている者はほとんどいないであろう。実際に、これまで厳罰的な対応がなされている処遇から、認知行動療法が取り入れられるようになり、より福祉的に薬物依存者に関われるようになっていることも事実である。また、3次戦略や4次戦略にも示されているように、民間の団体とも協力し、回復プログラムを作成することが法務省だけでなく厚生労働省も含めて目標とされている。こういった、薬物依存者に対し、国家がより福祉的に関わろうとすることを否定

し、それらの改革が全面的に否定されるのではなく、前章までに確認されたような弊害を除去した新たな薬物依存者への関わり方を提案することのほうが、現場の人たちにとっても有意義なことである。また、回復者自身にとってもそれが望ましいと考える。

　そこで、本書でこれまでに確認されたそれぞれの諸問題の弊害に注目し、これら弊害除去はどのようになされるべきか、それが可能であるかを検討したい。以下、本章は次の問題関心から検討を行う。まず、実際に日本が刑事司法手続における薬物依存者への処遇について、新たな問題として第1章で取り上げられた問題を再度考察する。それらは法改正などによってどのように薬物問題と向き合ってきたのかを確認する。たしかに、新たな運用は、より治療的な処遇をもたらし、より福祉的な処遇をもたらした。しかし、刑事司法手続のなかにいる薬物依存者であるからこそ、「同意」が前提とされる運用が大前提である。ただし、同意を前提に行ったとしても、次に生じる問題が間接強制と国家による監視の問題があった。これらは、現場の関係者が意図せずとも生じる現象である。これらの弊害を除去するには、本書でこれまでに確認されたことから、次の要件が挙げられる。つまり、①「同意」を前提にするための第三者を含めた客観性の確保、②プログラムを途中で中止することができる任意性の確保とそれによって不利益な処遇が生じないこと、③一般社会での回復の機会を奪っていることから、国家は治療の機会を提供する立場にあること、そして、④その治療の機会は回復者を含めた民間の団体との協力を得て行われることと、その自治性の確保、さいごに⑤医療者が関ることで生じる医事法上の問題を解決するための医療の独立である。

　厳罰だけの薬物政策は、その反省から、より治療的で、より福祉的な政策が提案されはじめている。しかし、あくまで刑事司法手続のなかで行われることの刑罰性を無視してはならない。それら処遇は本人の「同意」を下に行われることが要求される。また、たとえ「同意」を下に行う処遇であり、現場の関係者が意図せずとも、間接強制と国家による監視という問題が生じる。ただ、「治療」という概念で、それらが許容されるのではなく、そういった弊害を現実問題として捉えた上で、それらの弊害を除去した次世代の薬物政策を考察することが本章の目的であり、本書の目的である。

第6章　結論――刑事司法手続における薬物依存者の処遇　｜　183

二　日本における近年の法改正と薬物政策の転換

1　近年の薬物政策

　従来の日本の薬物政策は、単純自己使用者および単純所持者に対しても厳罰をもって対処をしてきた。また、これら薬物事犯者は再犯を起こす確率が高く、1回目の裁判で執行猶予が得られた場合であっても、すぐに再逮捕となり、場合によっては再犯などを理由として、長期の矯正施設収容がなされるという事態が恒例化していた。

　しかし、2004年の「刑事訴訟法等の一部を改正する法律」（平成16年5月28日法律第62号）、2005年の「刑事施設及び受刑者の処遇等に関する法律」（平成17年5月25日法律第50号）ならびに2006年の「刑事収容施設及び被収容者等の処遇に関する法律」（平成18年6月8日法律第58号）、2006年の「執行猶予者保護観察法の一部改正法律」（平成18年3月31日法律第15号）、および2007年の「更生保護法」（平成19年6月15日法律第88号）は、従来までの薬物政策に大きな転換をもたらしている。

　これら法改正によってもたらされた、もしくはもたらされる可能性の高い新たな薬物政策として、第1章では次の4つの政策が示された。すなわち、①「即決裁判手続を活用した方法」、②「裁判段階から更生保護的手法を活用した方法」、③「矯正施設での特別改善指導を活用した方法」、および④「保護観察所での簡易薬物検査を活用した方法」である[322]。

　これらの新たな処遇方法を行えるようになったことが、薬物依存者にとってさまざまな効果をもたらす。例えば、①については、これまで更生プログラムを受けることのできなかった人びとに回復の機会を提供し、本人たちが望むのであれば自助グループ等の回復支援団体への参加やカウンセリングなどのトリートメントへと繋がる機会を提供できる。②については、従来では単純執行猶予の対象となっていた人びとに対し保護観察付執行猶予にしたうえで特別遵守事項を付することが可能になった。つまり、執行猶予判決とな

---

[322] それぞれの方法の詳細は、第1章を参照いただきたい。

ったとしても何ら治療的な介入は行われてこなかった対象者に対し、簡易薬物検査や薬物治療プログラムを受けることが特別遵守事項に組み込まれれば、それらが義務化されることとなるのである。つまり、社会内において保護観察所を主体とした認知行動療法の実践が行われることになる。③については、従来では一部に限られていたうえに断薬教育が主流であった薬物離脱指導が、受刑者の社会復帰のために、より治療的な処遇が行われることになる。また、被収容者処遇法が副次的にもたらしている効果としては、これまで一部の施設で取り入れられていた民間団体の協力が、全国的に行うことが可能になったことである。法務省矯正局においては、2004年に開かれた「薬物事犯受刑者処遇研究会」で矯正職員だけでなく、依存症治療の専門家や民間回復支援団体のメンバーを含めた矯正施設での薬物指導のあり方が議論されている。それに伴って起きた波及効果は、より治療的で福祉的な標準プログラムが策定されるだけではなかった。実際に、具体的な指導そのものは各施設に任せられているために、施設ごとに試行錯誤と努力によって、新たな処遇方法が考えられていくようになったのである。それぞれの地域で薬物治療の専門家や、回復支援団体が矯正施設をサポートする体制が生まれた。④については、法改正が行われる前から、全国的な施策として本人の自発に基づいた簡易薬物検査が行われていたものについて、法改正によって義務化することが可能になっていることを示している。2004年の実施開始当初は、本人の自発に基づいて行われており、薬物検査の陰性結果を積み重ねることで、断薬の達成感と断薬意思の促進を図ることを目的に運用がなされていた。たしかに、いい検査結果が続くことによって本人だけでなく、支援を行っている家族に対しても成功の証明を見せることが可能になる。これら家族の支援が得られるとういことは、本人の断薬の継続へと役立っていたのである。

2　近年の薬物政策の問題点

こういった新たな薬物政策は、従来の厳罰をもって対処することへの反省から生み出された治療的な処遇である。そして、国家は治療の機会を提供する義務を負っている。なぜなら、刑事司法手続に置かれる対象者は、これら手続による身体的自由の権利を制限される。一方で、自由は制限されようと

も一般市民としての権利は有している。この2つの側面があることで、当然に国家が制限できるのは自由刑による「自由」であって、回復の機会ではない。それらの機会を奪うことで生じた弊害は、取り除かなければならず、一般社会では自由に受けることができた治療の機会を奪っているためにそれらを受ける機会の提供が必要である。

　前章までに以下のことが確認された。例えば、一般社会で医療行為を受ける際に、インフォームド・コンセントを基本にした治療選択の機会が患者自身に与えられることは周知の事実であり、医療行為者はその説明義務を負う。精神科医療においてもそれは変わらない。矯正施設や社会内処遇での、治療行為にもこの前提が必要である。国連の被拘禁者処遇最低基準には、その第60条1項において「刑事施設内の生活を外界の自由な生活に近づけなければならない」としている。あくまで刑罰によって制限されるのは、彼らは自由が制限されているのみであって、特別な処遇を受けるかどうかの選択は、憲法第13条「個人の尊厳」、「生命、自由および幸福追求に対する権利」として尊重されるべきである。また、矯正施設ではない保護観察を用いた社会内処遇であっても、一定の措置が「同意」を元にして行われなければならないことは、1990年に国連で採択された「非拘禁措置に関する国連最低基準規則」（東京ルールズ3.4）において、「犯罪者に一定の義務を課す非拘禁措置については、正式手続・裁判の前あるいはその代替として適用されるものであっても、犯罪者の同意が必要である」と規定されている。さらに、1988年に国際刑務財団によって策定された「自由の制限を含む被拘禁制裁および被拘禁措置のための最低基準規則」（グロニンゲン・ルールズ第9）においても「対象者の同意」が要求されている。このように対象者の主体性および同意原則が国際基準となっている。また、民間団体に特殊な権力関係を委託することはできず、刑事司法手続で行われる治療的な処遇は、同意を元に行われなければならない。

　同意を元に行われる国からのサービスの提供であることは、社会福祉の点からも指摘がなされる。つまり、2000年に規定された社会福祉法は福祉の対象者はすべての国民であることを謳い、それぞれの利用者が自己の決定によって、サービスを選択し利用することを謳っている。従来の社会福祉はそ

の対象者を社会的弱者として捉え、行政による措置が提供されるものとして捉えられていたが、社会福祉法以降、むしろ決定権はサービスを受ける側にあり、それは個人の選択の自由であるとされているのである。これら、社会福祉のサービスは刑事司法手続のなかにいる人へも当然提供されるものであり、これらのサービスは本人たちの決定があって初めて可能となるのである。以上が、確認されたことであった。

　再び、日本の薬物問題の考察を続ける。完全に本人の希望による①を除くすべてが刑事司法手続における「治療」が機会の提供にとどまらず、義務化されることになっている。あくまで刑事司法手続で行われ処遇は、「同意」を前提とした刑事政策が大前提である。ここに日本の薬物政策の問題が存在する。

　このような、国家から積極的に社会復帰が要求される状態が、近年の法改正を行うための会議においても、法改正そのものにおいても見ることができる。例えば、「行刑改革会議」では、再犯防止が掲げられ、被収容者処遇法において特別改善指導が義務として盛り込まれた。また、「更生保護のあり方を考える有識者会議」においては、従来の「補導援護」と「指導監督」によってバランスが保たれていた保護観察制度に対し、より監視を強化した積極的な社会復帰が求められている。つまり、薬物犯罪で例を挙げるならば、特別遵守事項で薬物治療プログラムが行われることや、簡易薬物検査が義務化されることなどがそれに当たる。

　しかし、近年の日本において注目すべき面接法が矯正施設の実務で行われている。今後採るべき薬物政策の1つの方法として動機付け面接法がある[323]。被収容者処遇法によって改善指導が義務化されたとする解釈がある一方で、実務の最前線では、対象者の物事に対する意欲をいかに前向きに取り組もうとさせるかの努力がなされている。これは、被収容者処遇法がその第30条で「受刑者の処遇は、その者の資質及び環境に応じ、その自覚に訴え、改善更生の意欲の喚起及び社会生活に適応する能力の育成を図ることを旨として

323　（里見：2009年）前掲註70、98～104頁、（外川：2009年）前掲註70、114～119頁。

行うものとする」と処遇の原則に規定しているように、基本的には、処遇はその自覚に訴えたものでなければならず、意欲の喚起を育成することにあるためである。処遇原則に関しては、その歴史的な変遷[324]から被収容者の主体性が重視されているかどうかの実態が見えないとの指摘[325]もなされるが、この動機付け面接法のような実務も行われていることは重要なことである。

　動機付け面接法は、1980年代に創案された面接方法で、これまで失敗体験を重ね、自尊心が低下している対象者に対して、対象者の意欲を向上させるために用いられた面接法である。面接では、順に「前考慮期」、「考慮期」、「準備期」、「行動期」、「メンテナンス期」を経て、対象者の内面に重点的に働きかける。基本的な考え方は、対象者が両価値（「自分の行動を変えたいけれど、今のままでもかまわない。」など）的な感情を持っていることを前提として、面接官はその矛盾を明らかにし、共感を示し、自己効力感を支持し、変化への抵抗を扱うという技法である[326]。対象者の自己表現を引き出すこと

---

[324] 処遇の原則は次のような変遷をたどり、現在の被収容者処遇法の第30条になっている。すなわち、①（1980（昭和55）年11月25日法制審議会答申）「監獄法改正の骨子となる要綱」では、「受刑者の処遇は、受刑者の矯正及び社会復帰を図るため、個々の受刑者の資質及び環境に応じて、その自覚に訴え、改善更生への意欲を喚起し、社会生活に適応する能力を涵養するように行うものとすること」（下線部は筆者による。以下同様）とされていたが、②（1982（昭和57）年4月28日第96回国会提出）「刑事施設法案」は、「受刑者の処遇は、その収容を確保しつつ、その者の資質及び環境に応じ、改善更生の意欲の喚起及び社会生活に適応する能力の育成を図ることを旨として行うものとする」と規定し、「その自覚に訴え」が削除され、「その収容を確保しつつ」の文言が付加されている。そして③（1985（昭和60）年）「刑事施設法案」では、「受刑者の処遇は、その収容を確保しつつ、その者の資質及び環境に応じ、その自覚を促し、改善更生の意欲の喚起及び社会生活に適応する能力の育成を図ることを旨として行うものとする」とし、「その自覚を促し」の文言が追加された。続く、④（1985（昭和62）年第108回国会提出）「刑事施設法案」は、「受刑者の処遇は、その収容を確保しつつ、その者の資質及び環境に応じ、その自覚に訴え、改善更生の意欲の喚起及び社会生活に適応する能力の育成を図ることを旨として行うものとする」とし、1985（昭和60）年のものとは「自覚を促し」から「自覚に訴え」に変更されている。その後、（平成2年第117回国会提出）「刑事施設法案」でも「自覚に訴え」は維持され、最後に受刑者処遇法及び被収容者処遇法においては、「その収容を確保しつつ」が削除され、「自覚に訴え」が残されたのである。（石塚：2008年）前掲註67、55～56頁。

[325] （石塚：2008年）上掲書55～56頁。この点、藤井も「国際人権法の展開の観点から処遇主体は被収容者であり、施設は被収容者への援助者に尽きるものであるにもかかわらず、被収容者の希望は『参酌される』に過ぎず、施設は被収容者の希望に拘束されないばかりか、意思に反して処遇を強制できる」と批判している。（藤井：2003年）前掲註215、139～141頁。

を重視して行われ、歪んだ考えを示した際にも、そのまま肯定をすることや、逆に頭ごなしに否定をしないのが特徴的である。つまり、対象者の変化への本質的意欲を高めるために行われ、なりたい自分になるという意欲を引き出し、後押しすることが重視されている[327]。治療的プログラムに対し否定的な態度をとる受刑者であっても、本質的には変わりたいけど変われない自分を悲観しているのではないかという気持ちを確認し、変われるなら変わっていきたいと願う気持ちを援助する面接技法なのである。新法により改善指導が義務化されたとの見解があるなかで、実務においてこのような活動は重要な試みであるといえる。しかし、これは面接官が望ましい方向へと導くことが望まれる面接であり、決してマニュアル化される方法ではないために、その面接官ごとに、治療プログラムを受けることが絶対なる「善」として押し付けないとも限らない。さらに、拒否することにより、何か不利益を被るのではないかとの間接強制が働いていることも事実である。特に、現在は、世界中で積極的な社会復帰を要求される時代であるからこそ、そういった不安は依然として残されている。

　こういった国家からの積極的な社会復帰の要求という傾向は、全世界的に広まっている。世界的に主流となっている薬物政策は、「治療提供型」と「官民協力型」である。本書ではこれまでに後者が望ましいことを確認してきた。また、後者の官民協力型であっても次なる問題を含んでいたのである。それは、同意を前提にした制度のモデルとして、比較対照に取上げたドラッグ・コート型モデルを検討することで問題がより明確になっていた。つまり、薬物政策として抱えている問題は「同意」を前提した制度に変更したところで解決するわけではないということを示している。「同意」を前提にしたドラッグ・コート型モデルが抱えている諸問題をも考察する必要性が生じたのである。

326　（里見：2009 年）前掲註 70、99～100 頁。
327　（外川：2009 年）前掲註 70、114～115 頁。

三　同意を前提にした薬物政策の問題点

1　次世代の薬物政策

　国家による積極的な社会復帰の要請というものは、薬物政策から考察するならば、次のようなモデル論の変化によって起きた新たな時代の刑事政策である。すなわち、法律によって規制が始まることで法律モデルが惹起し、より治療的で福祉的な関わり方をする医療モデルが台頭した。この医療モデルによってもたらされたものは、人道的に薬物依存者に関わること、個別例によって裁量の幅で効果的な治療が提供されるであろうということであった。しかし、1970年代にピークを迎えたこの医療モデルを土台とした社会復帰思想は、保守派だけでなく、人道的な対応を望むリベラル派からも非難を受けることとなる。そういった医療モデルから司法モデルへと政策が変わった背景には、保守派から「寛大な処遇から厳格な処遇」を要求するために用いられ、リベラル派からも、「社会への適応を強要することへの反対」を要求するために用いられた。そのため、保守派であってもリベラル派であっても、医療モデルから司法モデルへの変更について賛成をしていた。こういった背景から、保守派による刑罰目的の「社会復帰」から「応報」、「抑止」を重視した厳格な刑事政策が、リベラル派による「不定期な刑による個人に対する社会適応の強要をやめ、量刑を画一化する」ことを重視した刑事政策が主張され、司法モデルが採用されるに至っている。

　このような背景に、近年の世界的な薬物政策はそれぞれ次世代の政策へと動き出した。日本を始めとして、その多くは、国家からの一方的な治療が提供される「治療提供型」であり、新たな医療モデルへの回帰を想像させる。しかし、本人の「同意」が前提となる制度が必要であり、回復者自身も回復する権利を尊重し、それらを支える回復者支援団体などの民間団体との「官民協同型」モデルが望ましい。これは、第4章で検討された「市民的福祉モデル」および「医療的福祉モデル」が統合された形である。

　これらのことからも、国家から治療の機会が与えられ、本人の同意によって治療プログラムが行われる「ドラッグ・コート型」を基本としたものから、

それらの問題をクリアした薬物政策が今後の日本が進むべき方向性を示していると思われる。くり返すが目指すべき政策として示された「ドラッグ・コート型」においても諸問題が残されていた。それが、「同意」を基にした薬物政策における間接強制の問題と、薬物治療プログラムによってもたらされる副作用の問題であった。

2　同意を前提にした薬物政策における問題点──間接強制問題

　たとえ「同意」を前提に行っていると形式上は述べたとしても、そこに用意される選択肢が「刑務所」か「社会内での薬物治療プログラム」の二択であるならば、実質的な選択肢が与えられているとはいえないのではないか。さらに、その二択だけの問題にとどまらず、その治療プログラムを受けることで生活保護を受けられるか否かといった副次的な影響をもたらすことや、家族の生活にまで変化をもたらすということが、より選択の幅を狭めることになるということが指摘される。

　たしかに、自発的な治療参加なのか、強制的な治療参加なのかを明確に二分することは困難であるかもしれない。さらには、初期段階では自発的でなかった対象者に心情の変化をもたらし、途中から積極的にトリートメントを受けたいと望むようになるかもしれない。そういったなかで実施されるトリートメントには、プログラムの最初の段階だけでなく、途中の段階でも、離脱することで特別な不利益処遇を受けることなく、離脱可能とする任意性の確保が要求されることとなる。

　一方で、Lawrence O. Gostin は次のような主張を展開した。すなわち、治療が提供されるのであるから、当然に完治することが絶対的な「善」であり、むしろ許容されるとする説である。ここで展開された諸要件は、①「自由の制限であるといっても、そもそも刑事罰として自由の制限を正当化されている上での処分でしかないこと」、②「適正手続が一貫して確保されていること」、および③「対象となる人が必要としており、提供されている治療は受け入れやすい治療であること」である。直接および間接強制による薬物プログラムを積極的に認めるとういものであった。これらの諸要件への批判をすることがそのまま、ドラッグ・コート型への批判に繋がるかと思われる。

つまり、①については、治療を前面に押し出せば、刑事司法の枠の外で行えばよく、一方で刑事司法であっても同意を前提に行われているからよいと反論を受けるならば、刑事司法手続における同意のあり方が問われることになる。次に、②についても迅速な裁判を受ける権利や無罪推定法則などの諸権利を放棄することからドラッグ・コートは開始される。これにも同意が前提とされているからよいという反論になるが、何度も指摘するようにドラッグ・コート型への批判に直結する。③については、明確に振り分けることは不可能であることが第4章でも、確認された。つまり、任意性の確保によって補充することでしかこの問題を解決することはできない。ただし、民間の団体に委託するということで生じる関係性を考慮することと、対象となる人には、そもそも不健康でいる権利も有していることからも、刑事司法手続におかれる対処者に強制的に治療を行えないという点を踏まえても、治療であるから刑事司法での強制的な治療の介入が可能であるという根拠とはなりえない。

しかし、Lawrence O. Gostinへの批判からドラッグ・コート型モデルそのものへの2つの疑問がもたらされた。すなわち、なぜ「同意」があるからといって刑事司法手続で自由刑に純化しない社会的問題をも国家が治療することが可能であるのか。そして、ドラッグ・コート型モデルのように「同意」が前提とされる制度であっても、その弊害が生じることがあるということである。前者については、すでに国家から治療の機会が提供されなければならず、回復は本人の権利であって義務ではないこと、それは本人の同意によって提供されることが検討された。後者については、その間接強制の弊害を考慮しつつ、次世代の薬物政策のあり方について考える必要があろう。

3　薬物治療プログラムによる監視

これまでに国家からの治療の提供とそれは「同意」を前提に展開される必要性が確認された。しかし、この弊害を限りなく取り除いたとしても、副次的に生じる問題がある。それは、トリートメントを行うことで国家による監視を招くことである。これは、現場がそう望む、望まざるを問わず生じる現象である。特に刑事司法手続で行われる処遇である以上、問題は存在する。

薬物トリートメントなどが「治療的」という概念で隠れようとしている、その刑罰としての側面を持つこと、あくまで犯罪に対する刑事的制裁が土台にあることを忘れてはならない。そして、その刑事的制裁であることを前提に、各参加者の回復する権利が守られ、機会が提供されなければならないのである。あくまで刑事司法手続における立場と関係性にあるかぎり、副次的に監視という結果がもたらされている。

これに関連する問題は、医事法上の問題としても指摘される。ここでいう医事法の問題とは、刑事司法手続に医療が関ることで、患者の機密に関してどのように取り扱われなければならないのかということである。たしかに、ドラッグ・コート型をはじめとして、国家によって治療がもたらさせる政策は、司法と医療の協力体制によって保たれる。しかし、究極には誰のためになされる「治療」であるのかという点で、医療は患者個人の利益ための医療に集中すべきである。その反面に、刑事司法が求めているのは、社会の利益のためであることを第一の命題にしている。いわゆる刑事司法手続きのなかで行われる治療であっても、医療はその核心部分で独立していなければならないのである。

四　薬物治療プログラムの提案

1　次世代の薬物政策における5つの要件

以上から、薬物政策には、次の5つの要件が必要となる。すなわち、①「国家からの治療機会の提供」、②「第三者を含めた『同意』の客観性の確保」、③「不利益なことを受けない任意性の確保」、④「民間団体の自治と回復者自信の権利保障」、そして⑤「医療の独立」である。

①「国家からの治療機会の提供」とは、刑事司法手続における薬物依存者に対しては、国家がその治療の機会を提供しなければならないということである。薬物依存者は、その刑事司法手続に含まれることで、一般社会での治療の機会が奪われている。自由刑による刑罰によってもたらされる処遇は、いわゆる自由の制限でしかありえない。被収容者処遇法にいう特別改善指導は積極的な治療の提供を促している。これについては、特別改善指導を拒ま

ないことが遵守事項として考えられ、その遵守事項違反については懲罰を科すことができることから、強制的な治療であり、受けることが義務であるとする見解がある[328]。これに対して、本人の自発的な参加に寄らなければ効果が期待できないとする見解[329]と、刑法12条2項に定められる所定の作業に特別改善指導が含まれるとは考えられず、含まれるとすれば罪刑法定主義に反するとしてその義務化に反論する見解があった[330]。国家により治療の機会が提供されること、そしてその治療を受けるかどうかの権利主体はあくまで被収容者にあることを考えると、積極的に治療の機会は提供されなければならず、それを拒否することも受刑者の権利であると考えるのが妥当である。よって、治療することに拒否をすることは、被収容者処遇法が規定する正当な理由にあたると考えるべきである。

②「第三者を含めた『同意』の客観性の確保」とは、薬物治療プログラムを受けることのメリットだけでなく、デメリットも含めて本人だけでなく弁護人などを踏まえた「同意」の確保が重要であることを示している。ここでは、そのデメリットが少しでもあれば、不同意にするように促すということではない。その同意において求められるレベルは、一般社会における医療の現場で必要な同意のレベルで足りる。医療の現場ではインフォームド・コンセントによる医師の説明義務と患者の同意によって治療が開始されているとしても、そこにある同意は、本当に真の同意でない場合がありうる。つまり、その手術を受けることが真の同意でなくても、受けなければ寿命が著しく短縮される場合や、本人だけでなく家族とともに対象者にとって良しとされる選択がされる場合が医療の現場には存在する。自由の制限による弊害以外は、一般社会と同等のレベルでの保障が受けられるべきとする立場からは、一般社会における医療の現場と同レベルでの同意が求められる。しかし、刑事司法手続であるがゆえに、弁護人や身元保証人などの本人以外を踏まえた客観性の確保が重要となろう。

③「不利益なことを受けない任意性の確保」とは、本人が同意をしたうえ

---

328 （名取：2005 年）前掲註67、11～24 頁など。
329 （土井：2007 年）前掲註67、81 頁。
330 （石塚：2008 年）前掲註67、55～56 頁。

で行っていることの保障についての要件となる。いつでも薬物治療プログラムを中止することは可能であり、中止することを望んだ場合に、伝統的な刑事手続で受けていたであろうデメリット以上の弊害をもたらしてはならない。そうでなければ、最初は積極的に同意でも拒否でもない対象者に対して、治療が提供されることの意義が失われる。あくまで治療プログラムを受けたうえで、本人が拒否をするのであれば、それに伴う罰則などは存在してはならず、拒否することは正当な理由にあたるとされなければならない。

④「民間団体の自治と回復者自信の権利保障」とは、回復者自信の権利の保障と刑事司法手続で協力を得る民間団体の自治を確保することである。もし、3次戦略などで示された官民共同という目標が、国家による刑事司法手続の一部となることだけならば、民間の団体が協力する意義が失われることになる。回復者自信の経験とそれらをサポートする回復支援団体の成り立ちからも、目標となる回復者が目の前にいること、回復することが可能であるという認識を与えることが重要なことなのである。それらスタッフが、ただ刑事司法手続の一部分となるということは、簡易薬物検査の捜査当局への情報提供、対象者の参加回数の報告業務にしかなりえないことになる。それでは、民間の回復施設と共同する意味がない。また、薬物治療プログラムを通して、対象者の動向を観察するという行為が国家による監視から、民間の団体によって行われる監視に移行するということになる。副次的にはその効果があることを否定しきれないことはすでに述べたが、支援者があくまで回復者と同じ目線にあることが重要なのである。

民間の団体が自治を持って国家と共同する意義は、回復のプロセスを回復者に示すことができることの他に、「一貫した社会復帰への支援」を可能にさせる効果をも併せ持つことが挙げられる。近年刑事司法分野だけでなく、医療や福祉の分野からも提唱される「一貫した社会復帰への支援」の実現のためにも有効な手段の一つとなるのである。地域生活支援センターなど、これまである施設と社会とをつなぐ一貫した社会復帰を支援するサポート体制が主張されてきた。刑事司法手続の段階で、一般社会での回復支援団体との協力を得られることは、刑事司法手続から外れた場合であってもそれら支援団体との関係性が保たれることになる。この意味でも民間支援団体の自治が

望まれる。

　一方で、刑事司法手続のなかにある場合、国家と個人の間には、特殊な権力関係が生じる。しかし、これら特殊な権力関係を民間の団体に委ねることは不可能である。しかし、民間に委託されることで、民間団体に一定程度の介入ないしは干渉が望まれる場合は存在し、どちらにも関わるグレーゾーンは存在する。しかし、ここでの問題をクリアするためにも、民間団体の自治が必要になる。そして、特殊な権力関係を民間団体に委託することは不可能であり、その意味からも自治が要請されるのである。

　さいごに、⑤「医療の独立」についてである。これは、医療は医療として対象者に関わり、刑事司法からの情報提供などが求められても、患者個人のためになる場合以外では、医療の守秘義務を徹底するということである。その理由としては、上記④でも取り上げたことと重なるが患者のためになされる「治療」であるのかという点で、医療は患者個人の利益ための医療に集中すべきことが医事法からも要請される。あくまで刑事司法が求めているのは、社会の利益のためであることを第一の命題にしていることと、医療として歩み寄れない核心部分は維持されなければならない。いわゆる刑事司法手続のなかで行われる治療であっても、医療はその核心部分で独立していなければならない。この関係性が崩れることは、刑事司法が担ってきた国家からの介入もしくは干渉というものが、医療によってもたらされることになる。これらの刑事司法の外部から支援が、刑事司法のネット・ワイドニングにつながってはいけない。

2　薬物事犯から見る刑事政策の変化

　近年、日本だけにとどまらず、世界中の刑事政策で、いわゆる凶悪犯罪とされるものには、より厳格で長期的な極刑が課され、軽微な犯罪はなるべく早期にダイバートすることが顕著になっている。さらに、犯罪行為そのものへの刑罰から犯罪者が抱えている社会的問題への介入がなされるようになっている。これらに該当する犯罪行為は、一種の病気であるように考えられ「治療」や「トリートメント」という概念を用いて、その処遇が行われる。それは、性犯罪における個別具体的なアイデンティティに関わるものから、

暴力団からの離脱プログラムといった社会的独立を目指したものまで幅広い。伝統的な被害者なき犯罪と言われる薬物犯罪は、こういった個人が抱える社会的問題を国家が「治療」や「トリートメント」という概念を用いて、社会的援助を行う代表的な犯罪となっている。

　本書の目的は、この薬物犯罪を題材に国家が積極的に社会復帰を推し進めている現状と、それが「治療的」や「トリートメント」という概念が用いられ、刑事司法手続のなかで行われているという大前提を軽視しがちであることを指摘することであった。さらに、この治療が関わることで、もたらされた曖昧な刑罰の概念は、その本来刑事司法手続のなかで行われるがゆえに抱えている刑罰性を覆い隠し、回復することが絶対的な善とされることへの疑問を投げかけることが目的であった。

　そういった問題関心の下に、比較対照として取上げたアメリカ合衆国のドラッグ・コート制度では、刑事司法手続のなかで行われる国家からの治療の提供と、回復者自信とそれを支える市民団体の自治によってもたらされた新たな刑事法における変化をもたらした。薬物依存とは「やめたくてもやめられない」という出口のない迷路のようなものである。そういった薬物依存の問題を抱えている人びとにとって、実際に回復者が目標として存在することの意義は、非常に重要なことである。特に、回復者自信とその支援グループの発展が見られたものであった。そして、この薬物犯罪の処遇のあり方を考察することで、国家が積極的な社会復帰を要請することの問題性と、市民的パラダイムが備わった新たな刑事政策の形を確認することができた。

　今後、より強制的な治療を刑事司法手続のなかで要請する国家が誕生するかもしれない。一方で、非犯罪化によって完全に放任型の政策を採る国家も誕生することになるだろう。それとは別に、官民協力型のドラッグ・コート型のような政策を採り入れる国家も誕生するだろう。

　日本は、現在上記のなかで、より強制的な治療を行う国家にも、官民協力型の国家にもなりうる状態にある。この積極的な社会復帰が要請される現代では前者に傾きつつあるといえる。しかし、本書で示されたように、目指される方向は官民協力型のモデルであり、さらにドラッグ・コート型で生じた問題を取り除いた次世代の薬物政策を採ることで、日本独自の薬物政策を打

ち出せる可能性を持っている。それが、回復者自身の権利主体性を中心とした、日本の薬物政策の進むべき方向性なのである。

むすび

　現在、アジア諸国やオーストラリア、欧州諸国のいくつかの国をはじめとして、多くの国々で刑事司法手続における薬物依存者に対し、強制的な治療を用いて対処がなされている。それらは、いわゆる犯罪に厳格なアメリカ型の刑事政策への反省から、刑事司法制度に置かれる人びとに、より治療的で薬物治療プログラムが行われる刑事司法制度への転換が求められた1つの結果であった。そういった新たな政策が求められるなか、薬物規制の世界的先導者として厳格な法規制を用いて対処をなしてきたアメリカ合衆国は、上記の国々とは違ったアプローチで、薬物依存者に対し「治療的」な処遇を用いた。一方、日本では、諸外国ほどに爆発的に違法薬物の問題が刑事司法の場面では湧き上がっていないことなどから、徹底した水際対策に重きをおきつつ、使用者や所持者などの末端にいる人びとに対して取締りによって対応しようとしてきた。こういった徹底した取締りによる薬物政策は、アメリカ合衆国において約30年で5万人ほどであった矯正施設の収容人員が、230万人にまで達する結果をもたらした。その大きな要因の1つが徹底的に厳罰で対処しようとした「薬物との戦い」政策であった。日本でも、同じように末端使用者への徹底した取締りによって、一時期過剰収容状態をもたらし、新たな薬物政策が求められるようになってきたのである。

　薬物事犯者に対し、徹底した取締りを用いたことからさまざまな問題が起こり、新たな政策を用いたのは、日本やアメリカ合衆国だけではなかった。冒頭に挙げた諸外国においても、新たな方法が始められており、その1つの方法が治療的なアプローチだったのである。

　これら薬物犯罪に対して法律で規制していた国では、大まかに次のようなみちすじを辿っていた。すなわち、法律によって規制が始まり、徹底的な医

療の強制と社会復帰思想の展開、それらの反省から始まった公正さを求める司法による厳格化である。この次に採る薬物政策が、再び治療を提供する政策なのか、違ったアプローチをするのか、これが各国の薬物政策に問われている問題である。例えば、オーストラリアのように刑事司法手続のなかで福祉的サポートを充実させたうえで強制的に治療を行う制度を持っている国や、アメリカ合衆国のように新たな裁判制度を用いた「同意」を前提としたアプローチなどである。日本は、ようやく司法による厳格な対処から次なるステップを踏む段階にきている。そこで、実際に日本の刑事司法手続のなかで行われようとしているのが、義務としての治療参加であった。しかし、この方法はすでに医療モデルへの反省から批判がされている方法であり、一方的な治療の提供は、国家からの積極的な社会復帰の要請でしかない。

以上の問題関心から、日本は今後進むべき方向性として望ましいのは、一方的な治療が提供される薬物政策なのか、民間の回復支援団体を含めた多機関の連携による回復者本人の「同意」を前提した薬物政策なのかを考察すること、さらには、「同意」が前提とされる薬物政策であっても、そこに起因する特有の問題点を指摘し、その弊害をも回避した全く新しい薬物政策の提案が本書の目的であった。

第1章では、日本が抱えている薬物事犯者の問題を取上げ、従来の厳罰による末端薬物事犯者への取組みの問題点と、それによって生じた過剰収容を指摘した。また、近年の新たな薬物政策として治療的な観点を盛り込んだ政策が始まったことの意義を取上げると同時に、それら治療的な政策は積極的な社会復帰が要請される背景をもとに、一方的な治療的プログラムであることの問題性を指摘した。

第2章では、新たな薬物犯罪へのアプローチとして厳格な司法モデルから、日本や他の国々で行われている新たな医療モデルへの回帰という方法ではなく、ドラッグ・コートという新たなモデルを提示したアメリカ合衆国の取組みを取上げるために、アメリカ合衆国が薬物政策で抱えていた問題を概観した。すでに示したように、アメリカ合衆国は徹底した薬物犯罪への取締りによって大規模な過剰収容を引き起こしていた。徹底した取締りが繰り広げられる一方で、薬物依存者自体は保護されるべきであるとの連邦最高裁判所の

判決により、回復者の権利が保護され、さまざまな支援を受けることとなる。支援団体などは、後のドラッグ・コート政策を支える重要な立場にまで発展をし、やめたくてもやめられないまま再使用を繰り返す依存症者に対して、回復モデルとして希望を与えているのである。

　第3章では、第2章で確認された多くの問題を抱えたアメリカ合衆国が新たに始めたドラッグ・コート制度の取組みについて考察を行った。伝統的な刑事司法手続への疑問を抱いた裁判官たち実務家と、回復者自信のサポートによって新たに展開されたこのアプローチは瞬く間に全米に広がり、現在はアメリカ合衆国以外の国でも運用されている。ドラッグ・コートは、薬物に関連する犯罪を裁判官の観察下にある状態でトリートメントや簡易薬物検査を用いた認知行動療法的な介入を試みる制度である。この制度は手続の最初の段階で「同意」を基にして始められ、集中的なトリートメントの後に、それらプログラムを無事に修了すれば、刑務所などの施設収容を回避する制度である。

　このドラッグ・コートは、「治療的法学」の概念とともに、大きなムーヴメントを刑事司法にもたらした。治療的法学とは法が持つ効果として治療的にも反治療的にもなりうることから、適正手続や憲法上の要請に反しないかぎりにおいて、法の持つ影響力を治療的な機能の向上に役立てるべきであるとする理論である。この考え方から、従来は自由刑純化論から導かれる拘禁刑に伴って生じた弊害への支援から、そもそも対象となる人が抱えていた社会的問題の解決にも法が役立てられるべきであるとの解決アプローチが作り出されるようになった。それが、問題解決型裁判所である。つまり、これまでは、拘禁刑によって社会生活が中断され、仕事を失った場合に、住居の提供と職業の安定が付与されるべきであると考えられていたいわゆる自由刑に純化する問題から、薬物依存症や家庭内暴力など、拘禁されたことで生じる問題以上に、そもそも本人が抱えていた問題へのアプローチが求められるようになったのである。

　ドラッグ・コート・ムーヴメントは刑事司法に治療的な関わり方をするという新たな定義をもたらした。それは、治療共同体としての薬物依存者たち民間の回復支援施設をその制度に巻き込み、一方的な治療を提供するだけで

なく対象となる人の「同意」を取って開始され、裁判官たちは憲法上の違反がないように回復者たちを見守るという方法だったのである。しかし、なぜアメリカ合衆国のようにこれまで厳格に薬物犯罪に対応してきた国が、このように「同意」を前提にした制度を行うのか。

　国際的な基準からは、矯正施設であっても、社会内で行われる処遇であっても「同意」を前提した制度でなければならず、従来の医療モデルやそこから派生した社会復帰思想への反省から、ドラッグ・コートのような新しいアプローチが生み出されていた。それが第4章で検討されることとなった。

　第4章では、まず従来の処遇モデル論の展開と新たな薬物政策がどういったモデル論になるのか、それら新たなモデル論は「同意」を前提に展開されることになるが、それはどういった根拠から導き出されるのかが検討された。司法モデルへの批判から、第3のモデルとして新たな医療モデルを展開する冒頭で紹介した諸外国の他に、ドラッグ・コートのような政策を採るモデルは、「福祉モデル」であることを紹介した。その福祉モデルであっても、大きく2つに分かれる。すなわち、対象者は、福祉的サービスを受ける社会的弱者として捉えなおし、サービスを受ける対象であると見る「医療的福祉モデル」と、回復者自信が回復する権利を有し、国家と個人という縦の関係ではなく、権利主体として回復支援団体を土台とした治療共同体としての回復を生み出そうとする「市民的福祉モデル」である。前者は、対象の捉え方が犯罪者ではなく治療を与えられる社会的弱者としてみることの必要性を唱えると同時に、「司法」が「医療」という表記に変わったとしても結局は国からの一方的な支援でしかない面を持っている。反面、後者は回復者自信が自らの権利として回復する権利を行使し、あくまで刑事司法は市民の視点からその回復が求められるべきであるとのパラダイムの転換をもたらすと同時に、想定される市民象が強靭な市民であることが求められる。治療共同体の成り立ちのなかで、その失敗を繰り返していたことから、完全に市民だけで運用することは困難であり、治療の機会はあくまで国から提供される権利を有している。それを前提とした上での、「同意」の必要性が第4章では確認された。バランスの取れた官民協力型が実現されることが望ましく、民間の回復団体には国と個人との間に起こる特殊な権力関係までも委託することは

不可能であることから、「同意」を基にした制度が行われる。さらに、国連の被拘禁者処遇最低基準では、施設外と同様の生活に近づけなければならないことが確認されている。つまり、自由刑は自由を制限する以外の制限を与えることはできず、医療問題はインフォームド・コンセントが主流である施設外と同じようにサービスが提供されなければならない。また、社会内処遇であっても東京ルールズおよびグロニンゲン・ルールズから「同意」を前提にした処遇でなければならないことが確認された。さらに、刑事司法制度におかれる人びとは同時に、憲法第13条および第25条による社会復帰のためのサービスを受ける権利主体でもある。2000年の社会福祉法以降、社会福祉を受ける対象者も行政から措置を受ける受身的なサービスの提供であったが、新たな社会福祉法はむしろ権利主体はサービスを受けるすべての人にあり、それらは、決して強制されず、一方的に与えられるものでもない、本人らの希望に沿って行われることが重要である。

引き続き第5章では、「同意」が前提とされた制度であっても、生じる問題点を指摘した。それが、究極的には「伝統的な刑事手続として刑務所にいくか」もしくは、「地域社会の中で治療的プログラムを受けるのか」という二択は選択肢として存在せず、間接強制をもたらすということである。

さらに、薬物トリートメントおよびプログラムの副次的な作用として、国家による監視を招くことになることおよびネット・ワイドニングの危険性も指摘された。これら副次的な作用は、意図せずとも生じる問題であり、これによって医療的・福祉的な関わりが一切排除されるべきだとは考えられない。むしろ、「治療的」や「トリートメント」という言語に隠された刑罰性を無視せずに、その弊害を認識した上で次のステップに進めるのである。そういった作用があることを前提にしつつ、いかに弊害を除去した薬物政策が可能になるのか、この問題点を視野に入れた薬物政策こそが、今後の薬物政策の進むべき方向性であり、本書が目的とするところなのである。

以上の考察のもと、本書では新たな世代の薬物政策として5つの要件を提示した。つまり、「国家からの治療機会の提供」、「第三者を含めた『同意』の客観性の確保」、「不利益なことを受けない任意性の確保」、「民間団体の自治と回復者自信の権利保障」、そして「医療の独立」である。国際レベルで

の刑事司法における処遇として「同意」が前提であること、民間団体の効果的役割と一貫した社会復帰への支援の必要性から民間団体が導入されていること、そこから「同意」が前提とされなければならないこと、たとえ「同意」が前提とされても、派生する問題の除去までを含んだ薬物政策は、いまだどの国においても実現されていない。

　日本が採ろうとしている薬物政策はどうであろうか。近年の薬物政策として始まっている、もしくは可能な方法としては、①「即決裁判手続を活用した方法」、②「裁判段階から更生保護的手法を活用した方法」、③「矯正段階での特別改善指導を活用した方法」、および④「保護観察所での簡易薬物検査を活用した方法である」。本来なら保護観察もつかず、遵守事項も付けられていない自由の身である人に対し、完全に本人の同意によって簡易薬物検査と薬物カウンセリングなどを提供することができる「即決裁判手続を活用した方法」以外は、すべて法律によって義務付けられることになる。このことからも、方向性は一方的な治療提供型であり、新たな医療モデル型に進んでいると考えられる。進むべきは一方的な治療提供をもたらすその方法ではなく、ドラッグ・コート型の官民共同で行われる新たな方法なのであり、ドラッグ・コートが抱える間接強制などの問題をも視野に置いた全く新しい薬物政策こそが進むべき方向性なのである。

　いわゆる凶悪犯罪といわれる重大な犯罪に対する厳罰化の一方で、一見では、軽微な犯罪には寛容な対応をしているように思われる刑事政策であっても、従来の包摂型社会で用いられた社会復帰支援とは異なるものになっている。薬物依存者には治療することが義務付けられ、積極的な社会復帰が求められている。これらの要求は、本来ならば刑事司法手続きにおける刑罰であるにもかかわらず「治療的」という言語を用いたり、「トリートメント」という言語が用いられて、義務付けがなされている。それらは、一般社会ならば「同意」が前提とされた行われるものであるにもかかわらず、刑事司法手続のなかではその前提さえも軽視される傾向にある。

　以上が本書の結論であるが、本書では検討が及ばなかった多くの問題がいまだ残されている[1]。なぜ、「同意」があれば社会的な援助が行えるのか、法律上の根拠と考察が不十分である。また、本書で示された方向性が総論と位

置付けられるとするならば、実際に日本の法制度のなかで各段階での具体的な制度の検討がいまだ不十分であることは否めない。

また、欧州を中心とした非犯罪化と非刑罰化の問題、公衆衛生の観点からの福祉的アプローチについては本書で検討できていない。

いまだ課題は残されてはいるが、これらは次の機会に検討することとしたい。

1　いまだ課題として残っているものは、「いわゆる責任能力とのかかわりでどのように薬物犯罪を考えるのか」、「治療が与えられる存在であるならば、医療観察法における措置での対応はどのように考えるのか」などの法的な問題がある。また、やめたくてもやめられないという概念は、いまだ深く検討されているとはいえず、裁判実務では、再使用に対し、ただ再犯加重がなされているだけである。そういった刑法上の問題を抱えているうえに、刑事司法手続のなかで行われる「治療的プログラム」は、未決段階であれば刑事訴訟法上の問題を有しており、既決後であれば被収容者処遇法および更生保護法上の問題を有することになる。ドラッグ・コート制度においてもアメリカ合衆国では無罪推定原則との権利衝突や、迅速な裁判を受ける権利への侵害を指摘する論者がいる。すでに手続の最初の段階で憲法的な権利を放棄していることから、これら権利への侵害はなされていないとする主張もあれば、むしろ無罪推定原則からあくまで拘禁は最終的な手段であり、十分なサポートを受ける権利があることから治療プログラムを受けることが求められるとする論者もある。さらに、ドラッグ・コート制度は、伝統的な刑事司法の実務家たちに大きな役割の変更をもたらしている。特に、注目すべきは裁判官の役割の変化であった。こういった刑事訴訟法からの問題点も本書では検討が不十分なままである。これらは、別の機会に検討することとしたい。

事項索引

あ
あへん法………15
アンフェタミン………18
医療的福祉モデル………121
医療モデル………118
インフォームド・コンセント………150
エフェドリン………17

か
改善指導………38
覚せい剤取締法………15, 19
覚せい剤乱用者総数把握のための調査研究
　………10
簡易薬物検査………48
旧薬事法………18
行刑改革会議………39
刑事施設及び受刑者の処遇等に関する法律
　………38
刑事収容施設及び被収容者等の処遇に関す
　る法律………38
刑の一部執行猶予………163
国立精神・神経センター精神保健研究所
　………10
国家的パラダイム………120

さ
市民的パラダイム………120
市民的福祉モデル………121
司法モデル………118
上海阿片委員会（The Shanghai Commis-
　sion）………1, 15
自由刑純化論………124
受刑者処遇法………38
処遇モデル論………118
侵害原理………132
全米ドラッグ・コート専門家会議
　（National Association of Drug Court
　Professionals: NADCP)………96
即決裁判………46
即決裁判手続………45

た
第1次乱用期………20
第3次乱用期………20, 22
大統領諮問委員会（The President's Com-
　mission on Law Enforcement and Ad-
　ministration of Justice）………94, 154
第二回ハーグ国際阿片会議………69
第2次覚せい剤乱用期………21
ダイバージョン………154
大麻取締法………15
治療的法学（治療的司法）（Therapeutic
　Jurisprudence）………109
特別改善指導………47
毒物及び劇物取締法………15
ドメスティック・バイオレンス・コート
　………106

な
長井長義………17
認知行動療法………49
ネットワイドニング論………154

は
ハーグ国際阿片会議（The Hague
　International Opium Conference）
　………69
ハーム・リダクション………116
パターナリズム………132
ハリソン法………15
被収容者処遇法………38
被収容者処遇法103条………47
ヒロポン………17
福祉モデル………120

ま

麻薬及び向精神薬取締法………15
麻薬に関する単一条約（Single Convention on Narcotic Drugs of 1961）………1, 70
メタンフェタミン………17
モラリズム………132
問題解決型裁判所（Problem Solving Court）………106

や

薬物依存離脱指導………40, 41
薬物事犯受刑者処遇研究会………39
薬物使用に関する全国民調査………10
薬物専門裁判所（Drug Treatment Court）………68
薬物との戦い（War on drugs）………3, 71
薬物乱用対策推進本部………9
薬物乱用防止五か年戦略………9, 22

ら

路上犯罪に対するトリートメント代替措置（Treatment Alternatives to Sweet Crime: TASC）………104
リタリン………11

A

AA………83

B

Bruce J.Winick………109

D

David B. Wexler………109
D. B. Marlowe………130
DPA………72
DUIコート………107
DWIコート………107

F

Farabee, D………129

G

G・ケルリコウスキ………72

J

Jock Young………137, 139

L

Lawrence O. Gostin………134

N

NA………83
National Drug Control Strategy………67

O

Office of National Drug Control Policy, ONDCP………67

P

PFI刑務所………147

R

R. Martinson………119

T

Tobby Seddon………129
Talcott Parsons………114

U

Ulrich Beck………137

W

William L. White………82

Y

Yong Harry J. Anslinger………92

Z

Zygmunt Bauman………137

【著者略歴】

丸山泰弘(まるやま　やすひろ)
　1980年京都生まれ。
　龍谷大学大学院博士後期課程修了〔博士（法学）〕。
　現在、立正大学法学部准教授。
　主な業績
　(共著)『日本版ドラッグ・コート』（日本評論社、2007年）
　主要論文
　「刑事司法における薬物依存症の治療〜ドラッグ・コート政策の展開と諸問題〜」龍谷法学第42巻3号（2010年）
　「薬物使用者に対する刑の一部の執行猶予制度」立正法学論集46巻1・2号（2013年）
　ほか

刑事司法における薬物依存治療プログラムの意義
―― 「回復」をめぐる権利と義務

2015年3月30日　第1版第1刷発行

著　者　丸山泰弘

発行者　串崎　浩

発行所　株式会社　日本評論社
　　　　〒170-8474　東京都豊島区南大塚3-12-4
　　　　電話　03-3987-8621（販売）　-8592（編集）
　　　　FAX　03-3987-8590（販売）　-8596（編集）
　　　　振替　00100-3-16　http://www.nippyo.co.jp/

印刷所　平文社
製本所　牧製本印刷
装　幀　銀山宏子
検印略　Ⓒ　Y. MARUYAMA　　Printed in Japan
ISBN 978-4-535-52079-0

JCOPY 〈(社)出版者著作権管理機構　委託出版物〉
本書の無断複写は著作権法上での例外を除き禁じられています。複写される場合は、そのつど事前に、(社)出版者著作権管理機構（電話03-3513-6969、FAX03-3513-6979、e-mail:info@jcopy.or.jp）の許諾を得てください。また、本書を代行業者等の第三者に依頼してスキャニング等の行為によりデジタル化することは、個人の家庭内の利用であっても、一切認められておりません。

龍谷大学矯正・保護総合センター叢書　第12巻

薬物政策への新たなる挑戦

日本版ドラッグ・コートを越えて

石塚伸一 編著

■A5判／300頁／本体3,000円＋税

処罰から治療へ、そして予防を中心とした新たなプログラムとは。日本の薬物政策の大胆な転換を示唆する、薬物依存症問題に取組む人々の必読書。

龍谷大学矯正・保護研究センター叢書　第8巻

ドラッグの刑事規制

薬物問題への新たな法的アプローチ

金 尚均 著

■A5判／288頁／本体5,000円＋税

もっぱら刑事罰の対象とされてきた薬物問題について、刑法学の立場から問題の本質を指摘し、あるべき施策を提唱する。

日本評論社　http://www.nippyo.co.jp/　　＊表示価格は本体価格です。別途、消費税がかかります。